사회복지행정론

사회복지행정론

김제선

KNOWLEDGE COMMUNITY 공동체

PREFACE

　사회복지조직은 저소득층이나 청소년, 노인, 장애인 등 우리 사회의 취약계층을 포함하여 국민을 위해 봉사하며, 이윤을 추구하지 않는다. 여기에 비정부(비영리)기구와 정부기구도 아니면서 동시에 준하는 성격을 가지고 있는 중간재적 위치의 성격을 가진 공익 조직이다. 그렇기 때문에 신축성 있게 운영되어야 하고, 또한 정합성과 공익성이 있게 운영되어야 한다. 이것이 곧 사회복지조직이 가진 책임성이다.

　결국 사회복지 관련 법제 및 제도와 정책들이 다양한 사회복지전달체계에서 사회복지사 등 전문가들이 소속된 사회복지조직의 다양한 운영 체계들을 통해 제공되어야 할 때 가능할 것이다. 이러한 가능성을 높여 줄 수 있는 사회복지학 전공교과가 곧 '사회복지행정론'이다.

　아이러니하게도 사회복지행정론은 사회복지교육현장에서 사회복지학과 학생 등 교육생들에게 인기 있는 교과목은 아니다. 당장 미시적 측면에서 사회복지서비스 이용자들에게 직접적으로 제공하는 흥미 있는 지식과 기술을 배우는 교과목도 아니고, 장차 거시적 측면에서 국가 전체 또는 지역사회 차원에서 큰 변화나 움직임을 만들 수 있는 매력 있는 지식과 기술을 배우는 교과목도 아니기 때문이다.

　그런데 사회복지현장실습 등 사회복지시설에서 조금이라도 사회복지조직에 대한 경험을 한 순간부터 많은 학생들이 사회복지행정에 대한 필요성이나 중요성, 심지어 흥미를 갖기 시작한다. 사회복지행정은 사회복지조직 안에서 전문 사회복지사로서 역할을 하는 데 필요한 지식과 기술 등을 배울 수 있는 교과목이기 때문이다.

　수많은 사회복지의 교육현장 및 실천현장에 계셨던, 그리고 지금도 계신 선배 사회복지사, 연구자, 실천 활동가들에 의해 우리나라 사회복지행정에 관한 지식과 지술 등이 학문적으로 다각적으로 연구되고,

실천적으로 체계적으로 적용되면서 사회복지행정론은 성장·발전할 수 있었다. 그리고 그것은 과거 30년 전보다 풍부한 지식과 기술을 담은 전공교재로서 예비 사회복지사, 즉 학생들에게 제공되고 있다고 하겠다. 감사하고, 앞으로도 계속되어야 한다.

본 교재도 그동안 사회복지 교육현장 및 실천현장 등에서 연구된 비교적 일반화된 이론들을 바탕으로 사회복지교육의 길잡이라고 할 수 있는 「2020 사회복지학 교과목지침서(2021~2022)」을 기준으로 목차를 구성하고, 세부 내용을 기술하였다. 따라서 사회복지학에 관심 있는 학생뿐만 아니라, '사회복지사 1급 국가시험'을 준비하는 학생 등에게 필요한 지식과 기술 수준에서 내용을 집필하였다. 물론, 사회복지실천현장의 다양한 사회복지시설이나 기관 등에서 재직하고 있는 사회복지사와 경력이 있고 조직 구성원을 관리해야 하는 중간관리자 또는 이들에게 리더로서 비전과 방향을 제시해야 하는 최고관리자로서 필요한 내용도 포함시키고자 노력하였다.

최근에 이슈화되는 관련 주제나 내용들을 별도로 표시하여 작성함으로서 좀 더 관심을 갖고 스스로 학습하고 생각할 수 있도록 기술하였다. 앞으로도 계속해서 일반화된 이론이면서 사회적으로 이슈화된 주제나 내용들을 성실하게 보완 및 개정할 것을 약속한다.

본 교재를 출판해 준 공동체에 감사를 드리며, 향후 연구자로서뿐만 아니라 동시대에 동일한 사회복지실천현장에서 사회복지학을 발전시키는 데 공헌하는 연구자 및 사회복지사들에게 감사를 전한다.

2021년 서울 방배동 연구실에서

■ 머리말　3

CHAPTER 01　사회복지조직과 행정의 관계　10
제1절　조직의 개념과 형태　10
제2절　사회복지조직의 유형화 및 특징　12
제3절　사회복지조직과 행정의 중요성　17

CHAPTER 02　사회복지행정의 개념 및 특징　24
제1절　사회복지행정의 개념　24
제2절　유사 개념과의 비교　30
제3절　사회복지행정의 범위　35
제4절　사회복지행정의 특징　37

CHAPTER 03　사회복지전달체계와 구성요소　42
제1절　사회복지전달체계　42
제2절　사회복지전달의 주체　54
제3절　사회복지전달의 대상　57
제4절　사회복지전달의 급여　59

CHAPTER 04　사회복지행정의 발달단계　64
제1절　사회복지행정 발달사에 대한 접근　65
제2절　사회사업의 행정 단계　68
제3절　사회복지의 행정 단계　73
제4절　사회서비스의 행정 단계　76
제5절　사회보장의 행정 단계　78

CHAPTER 05　조직이론 및 사회복지조직의 적용　84
제1절　조직이론에 대한 사회복지학적 관심사　84
제2절　고전이론　87
제3절　신고전이론　92
제4절　현대이론　96

CHAPTER 06 사회복지 조직구조의 설계　　　　　　　104
제1절　조직구조의 개념　　　　　　　104
제2절　조직구조의 요소　　　　　　　107
제3절　조직형성의 영향요인　　　　　　　111
제4절　사회복지 조직구조의 설계　　　　　　　115

CHAPTER 07 사회복지조직의 기획 및 의사결정　　　　　　　120
제1절　기획의 개념　　　　　　　120
제2절　기획의 단계　　　　　　　123
제3절　기획전략과 논리모델　　　　　　　128
제4절　의사결정　　　　　　　131

CHAPTER 08 사회복지조직의 인적자원관리　　　　　　　136
제1절　인적자원관리의 개요　　　　　　　136
제2절　직무분석　　　　　　　143
제3절　직원선발과 배치　　　　　　　152
제4절　교육·훈련 및 슈퍼비전　　　　　　　157
제5절　인사평가 및 보상　　　　　　　166

CHAPTER 09 사회복지조직의 리더십과 조직문화　　　　　　　174
제1절　리더십의 개념　　　　　　　174
제2절　리더십에 관한 이론　　　　　　　177
제3절　리더십의 종류　　　　　　　180
제4절　사회복지 조직문화　　　　　　　192
제5절　리더십과 조직문화의 관계　　　　　　　201

CHAPTER 10 사회복지조직의 재정관리　　　　　　　204
제1절　재정관리의 개념　　　　　　　204
제2절　재원의 확보　　　　　　　207
제3절　예산 편성　　　　　　　214

제4절	예산 집행	219
제5절	회계 및 결산	221

CHAPTER 11 사회복지조직의 정보체계관리 228

제1절	정보체계의 개요	228
제2절	정보체계의 구성요소	233
제3절	사회복지 정보체계의 설계 및 관리	236
제4절	개인정보의 보호	244

CHAPTER 12 사회복지조직의 성과관리 및 혁신 254

제1절	사회복지조직에 대한 평가	254
제2절	성과관리의 개념	262
제3절	성과관리의 요소 및 접근	263
제4절	성과관리의 기획 기법	265
제5절	사회복지조직의 혁신	274

CHAPTER 13 사회복지서비스 품질관리 280

제1절	사회복지 품질관리의 필요성	280
제2절	품질관리의 개념	284
제3절	서비스 품질 결정 요인	286
제4절	서비스 품질관리의 기법	289

CHAPTER 14 사회복지조직의 마케팅 294

제1절	마케팅의 개념 및 원리	294
제2절	사회복지조직에서 마케팅의 의미	297
제3절	사회복지 마케팅의 가치	302
제4절	사회복지 마케팅의 전략	304
제5절	사회복지 홍보 방법	309

	■ 참고문헌	312

CHAPTER 1

사회복지조직과 행정의 관계

제1절 조직의 개념과 형태
제2절 사회복지조직의 유형화 및 특징
제3절 사회복지조직과 행정의 중요성

사회복지조직과 행정의 관계

본 장에서는 사회복지조직에서 행정의 필요성 또는 중요성을 이해하고자 한다. 이를 위해 우선 조직과 사회복지조직의 개념에 대해 살펴보고, 우리나라에서는 사회복지조직의 유형 및 종류들이 어떻게 분류되고 있는지를 이해한다. 그 다음에 사회복지조직에서 행정이 도입된 이유에 대해 살펴보고자 한다.

제1절 조직의 개념과 형태

홀과 톨버트(Hall & Tolbert, 2004)는 "우리는 조직에 둘러싸여 있다. 조직 속에서 태어나고 조직 속에서 죽는다. 출생과 사망 사이의 우리의 삶의 공간은 조직으로 채워져 있다. 조직으로부터 벗어나기란 거의 불가능하며 죽음이나 세금처럼 조직은 피할 수 없다"고 하였다.

그렇다면 여기서 말하는 조직(organization)이란 무엇인가? 이에 대해 샤프리츠와 오트(Shafritz & Ott, 1986)는 "특정 목적을 가지고 있는 사회적 단위(social unit)"로, 그리고 에치오니(Etzioni, 1964)는 "특정 목표를 달성할 목적으로 의도적으로 구조화된 계획적인 단위"로 정의하였다.

조직은 사전적으로 "특정한 목적을 달성하기 위하여 여러 개체나 요소를 모아서 체계있는 집단을 이룸, 또는 그 집단"으로 정의되는 것으로(국립국어원, 2021), 특정한 목표를 추구하기 위하여 다수의 사람들이 만든 모임을 말한다. 또한 조직은 임무와 조정에 의해서 유지되는 일련의 역할이 모여 있는 곳이며, 구조적으로 조직은 역할, 임무 그리고 조정을 필요로 한다. 결과적으로 조직은 공통의 목표를 달성하기 위해서 체계화된 구조에 따라 구성원들이 상호작용하며, 다른 조직과는 구별되는 경계를 가지고 외부환경에 적응하는 사회적 단위라고 정의할 수 있다.

조직의 개념과 관련되어 보편성(prevalence)과 편재성(ubiquity)이 논의되어 왔다. 우선 조직의 보편성은 산업화 논리의 주장과 연관되어 설명된다. 즉, 조직은 산업화라는 과정에서 분화되고 전문화되며, 또한 공식화되어 가는 방향으로 변화되는데, 이때 이러한 변화가 어느 사회이든 그 안에 있는 조직들은 보편적인 방향으로 변해간다는 것이다. 반면 조직의 편재성은 문화적 특수성을 주장하는 입장과 연관되어 설명된다. 즉, 산업화 과정은 다양한 방법을 통해서 이루어지기 때문에 반드시 서구사회의 산업화 과정이 다른 사회, 특히 제3세계의 산업화에 따른 조직의 변화를 설명할 수 없으며, 조직이 속한 각 사회의 특성과 문화에 따라 조직의 특성도 다양하게 나타난다고 하는 것이다(권희완 외, 1993).

조직은 여러 가지 형태로 분류된다. 맥카티와 프린스(McCarty & Prince, 1995)는 공적 조직, 민간비영리조직, 민간이익조직으로 분류하였다. 바이너(Weiner, 1990)는 생산일선 조직, 연계조직, 고객서비스 조직으로 분류하였다. 그리고 블라우와 스콧(Blau & Scott, 1962)은 조직을 수혜자 중심으로 호혜적 조직, 기업조직, 봉사조직, 공익조직으로 분류하였다. 민츠버그(Mintzberg, 1983)는 조직구조의 핵심운영부문, 전략부문, 중간라인부문, 기술구조부문, 지원스태프부문에 따라 ① 단순구조, ② 기계적 관료구조, ③ 전문적 관료구조, ④ 사업부제 구제, ⑤ 애드호크라시 등의 형태로 구분하였다.

일반적으로는 가족 또는 정부 등의 조직을 제외한 대부분의 (사회)조직은 경영 목적이 뚜렷하며 구체적인 경제수단들과 관련된 '영리조직(for-profit organization)', 이를 테면 흔히 말하는 기업의 형태가 있는가 하면, 공익이라는 추상적인 개념을 추구하는(Wolf, 2020) '비영리조직(non-profit organization)'

이라는 형태가 있다. 이 중에서 사회복지조직은 비영리조직이라는 형태에 속한다고 할 수 있다.

제2절 사회복지조직의 유형화 및 특징

하젠펠트(Hazenfeld, 1983)는 클라이언트에 대한 기술과 기능의 정상화를 중심으로 사회복지조직을 포함한 비영리조직을 여섯 가지 유형으로 구분하였다. 인간식별기술에 대한 기능의 정상 여부에 따라 첫 번째 유형은 대학이나 신용카드 회사, 두 번째 유형은 법원이나 교도소 등으로 분류된다. 인간유지기술에 대한 기능의 정상 여부에 따라 세 번째 유형은 사회보험관리기구, 네 번째 유형은 공공부조사무소나 요양시설 등으로 분류된다. 그리고 인간변화기술에 대한 기능의 정상 여부에 따라 다섯 번째 유형은 학교, 여섯 번째 유형은 병원이나 수용치료시설 등으로 분류된다.

〈표 1-1〉 하젠펠트의 비영리조직의 유형

기능 \ 기술	인간식별기술	인간유지기술	인간변화기술
정상	(Ⅰ유형) 대학 신용카드회사	(Ⅲ유형) 사회보험관리기구	(Ⅴ유형) 공립학교
비정상	(Ⅱ유형) 소년법원 교도소	(Ⅳ유형) 공공부조사무소 요양시설	(Ⅵ유형) 병원 수용치료시설

출처: Hazenfeld(1983)

지은구(2007)는 조직구조를 건설하는 모형으로 부서화 모형과 비공식적 조직구조모형으로 유형화하였다. 부서화 모형은 프로그램으로 분류되는 부서화, 기능으로 분류되는 부서화, 과정으로 분류되는 부서화, 시장으로 분류되는 부서화, 소비자/ 클라이언트로 분류되는 부서화, 지리적으로 분류되는 부서화, 숫자로 분류되는 부서화, 상품으로 분류되는 부서화, 복합조직(multiple organization) 등이 속한다. 비공식적 조직구조모형은 행렬조직(matrix organization), 연결고리구조(linking pin structure), 프로젝트팀 구조, 동료적 모형(colleginal model), 복합행렬모형(mixed matrix) 등이다.

우리나라의 사회복지조직은 네 가지 유형으로 분류될 수 있다.

첫 번째 유형은 노인복지관, 장애인복지관, 장애인생활시설 또는 종합사회복지관 등으로 불리는 것으로 「사회복지사업법」 등에서는 이를 '사회복지시설'과 '사회복지관'으로 규정하고 있다. 사회복지시설이란 "사회복지사업1)을 할 목적으로 설치된 시설"을, 사회복지관이란 "지역사회를 기반으로 일정한 시설과 전문인력을 갖추고 지역주민의 참여와 협력을 통하여 지역사회의 복지문제를 예방하고 해결하기 위하여 종합적인 복지서비스를 제공하는 시설"을 말한다.

두 번째 유형은 사회복지법인이 있다. 사회복지법인이란 "사회복지사업을 할 목적으로 설립된 법인"으로 정의되며, 시설법인과 지원법인으로 다시 구분된다. 전자는 「사회복지사업법」 제2조의 사회복지시설을 설치·운영할 목적으로 설립된 사회복지법인이며, 후자는 사회복지사업을 지원할 목적으로 설립된 사회복지법인이다.

---

1) 사회복지사업이란 「국민기초생활 보장법」, 「아동복지법」, 「노인복지법」, 「장애인복지법」, 「한부모가족지원법」, 「영유아보육법」, 「성매매방지 및 피해자보호 등에 관한 법률」, 「정신보건법」, 「성폭력방지 및 피해자보호 등에 관한 법률」, 「입양특례법」, 「일제하 일본군위안부 피해자에 대한 생활안정지원 및 기념사업 등에 관한 법률」, 「사회복지공동모금회법」, 「장애인·노인·임산부 등의 편의증진 보장에 관한 법률」, 「가정폭력방지 및 피해자보호 등에 관한 법률」, 「농어촌주민의 보건복지증진을 위한 특별법」, 「식품기부 활성화에 관한 법률」, 「의료급여법」, 「기초연금법」, 「긴급복지지원법」, 「다문화가족지원법」, 「장애인연금법」, 「장애인활동 지원에 관한 법률」, 「노숙인 등의 복지 및 자립지원에 관한 법률」, 「보호관찰 등에 관한 법률」에 따른 보호·선도 또는 복지에 관한 사업과 사회복지상담, 노숙인 등 보호, 직업 지원, 무료 숙박, 지역사회복지, 의료복지, 재가복지, 사회복지관 운영, 정신질환자 및 한센병력자의 사회복귀에 관한 사업 등 각종 복지사업과 이와 관련된 자원봉사활동 및 복지시설의 운영 또는 지원을 목적으로 하는 사업을 말한다.

⟨법인의 의미와 유형⟩

일반적으로 법인(法人, legal person)이라 함은 법률에 의하여 권리능력이 인정된 단체 또는 재산을 말한다. 따라서 설립등기를 하지 않은 경우에는 법인격을 갖추지 못하였기 때문에 '단체'로 보게 되어, 법인과 단체가 구분된다.

법인에는 구성요소에 따라서, 또한 영리성에 따라서 그 종류가 다시 구분된다.

첫째, 구성요소에 따른 종류에는 사단법인과 재단법인이 있다. 먼저 사단법인은 일정한 목적을 위하여 사람들이 결합한 단체로 정의되며, 주무관청의 허가를 받아 설립하게 된다. 여기서 사람이라는 구성원이 필수요소가 되며, 사단법인의 의사는 사원총회를 통해 형성된다. 임의해산이 가능하고 설립목적이 영리를 추구하든, 비영리를 추구하든 설립이 가능하다. 사단법인은 다시 「민법」상의 사단법인, 「상법」상의 사단법인, 기타 특별법상의 사단법인으로 구분된다. 다음으로 재단법인은 일정한 목적에 의하여 출연된 재산에 법인격이 부여된 단체로서 정의되며, 이 단체 역시 주무관청의 허가를 받아 설립하게 된다. 여기서는 일정한 목적을 위해 출연한 재산이 필수요소가 되며, 다만 재단법인의 의사는 설립자의 의사에 따른다는 특징이 있다. 또한 임의해산이 불가능하며 설립목적이 비영리를 추구하는 경우에만 설립 가능하다. 재단법인은 특별법에서 규정하고 있는 사회복지법인, 학교법인, 의료법인, 조합 등으로 다시 구분된다.

둘째, 영리성에 따라 영리법인과 비영리법인으로 분류된다. 먼저 영리법인은 「상법」에 의거하여 일정한 영리목적을 위해 결합한 사람의 집단으로 정의된다. 이 영리법인은 기본적으로 사단법인에 포함되며, 이윤추구를 목적으로 하고, 법인의 사업이익을 구성원 또는 사원 개개인에게 배분하는 특징이 있다. 합명회사, 합자회사, 유한회사, 유한책임회사, 주식회사, 합자조합 등이 영리법인에 해당한다. 다음으로 비영리법인은 「민법」제32조에 의거하여 "학술, 종교, 자선, 기예, 사교 기타 영리 아닌 사업을 목적"으로 설립되는 법인 혹은 기타 특별법에 근거를 두고 설립되는 법인으로 정의된다. 비영리법인의 목적을 달성하기 위하여 필요한 한도에서 그의 본질에 반하지 않는 정도의 영리행위인 수익사업을 허용하게 된다. 다만, 영리행위를 하였을 경우에 그 수익은 고유목적사업의 수행에 충당되어야 하며 구성원에게 배분되어서는 안 된다는 특징을 가진다.

세 번째 유형은 지방자치단체 및 각 읍·면·동에 있는 행정복지센터 또는 읍·면사무소(희망복지지원단)가 있다. 비록 일반행정 업무를 위해 구조화되어 운영되고 있지만, 1987년 이후「사회복지사업법」과「사회보장기본법」 등에 근거하여 사회복지(보장)업무를 담당하는 사회복지전담공무원들에 의해 복지서비스와 급여가 전달되고 있다. 정부와 지방자치단체에 의해 운영되고 있기 때문에 그동안 공공사회복지전달체계로 불렸다가, 2012년「사회보장기본법」의 제정 및 2014년「사회보장급여의 이용·제공 및 수급권자 발굴에 관한 법률」의 제정으로, 그 명칭을 사회보장전달체계로 하고 있다.

네 번째 유형은 국민건강보험공단, 국민연금공단, 근로복지공단 등의 사회보험에 관한 업무를 담당하는 곳 역시 사회복지조직이라고 할 수 있다. 이곳들도「사회보장기본법」및 관련 개별 법령에서 공공사회복지전달체계 또는 사회보장전달체계에 포함되는데, 정부가 특수법인을 설립해서 운영을 한다고 해서 특수법인체라고도 불린다.

이렇듯 세 번째와 네 번째의 유형과 더불어, 첫 번째 유형과 두 번째 유형에서도 사회복지사업을 행하거나 사회복지서비스를 제공하고 있다고 하여 일반적으로 사회복지조직이라고 하며, '사회복지전달체계'에 포함된다. 그러나 엄밀히 말하면 첫 번째와 두 번째의 유형은 '민간'사회복지조직이며, '민간'사회복지전달체계로 이해될 수 있고, 세 번째와 네 번째의 유형은 '공공'사회복지조직 또는 '공적'사회보장기구이며, '공공'사회복지전달체계로 이해될 수 있다. 특히 첫 번째와 두 번째 유형의 조직들은 정부나 지방자치단체가 직접 운영하는 것은 아니지만, '민간위탁운영'이라는 계약에 의해 예산을 보조금이라는 국가 재원을 통해 지원받고 있고, 거의 모든 사업이나 서비스 등을 정부의 법률 또는 지침 등에 의해 준수되며, 실제로 그 운영이나 인력 관리 등이 상대적으로 민간성을 띠고 있지만 다른 비영리조직이나 기업조직에 비해 경직되어 있다는 특징이 있다.

사회복지조직의 특징은 다음과 같이 설명할 수 있다(Wolf, 2020 : 30-32).

첫째, 대중을 위해 봉사한다는 특징이 있다. 다만, 대중을 위해 봉사한다는 개념이 적용되지 않는 경우도 있다. 컨트리클럽이나 노동조합처럼 일반 대중을 위해 운영되지 않을 경우도 있고, 비영리단체의 대상이 일부에게 한정되기도 할 경우가 있기 때문에 비영리단체가 사회의 문제를 해결하거나 필요한 공공서비스를 제공한다는 개념이 적용되지 않을 수도 있다. 그렇다고 하여 사회복지조직이 다수를 위해 봉사하려는 공익이 아예 없다고는 할 수 없기 때문에 사회복지조직은 공익을 위해 일하는 특징이 있다. 공익을 추구하는 목적을 가진 비영리성 조직으로 설립되어야 한다.

둘째, 이윤을 추구하지 않는다는 특징이 있다. 다만, 많은 사회복지조직들은 사업에 직접 참여할 수 있다. 즉, 사업에 참여한다는 것은, 대부분의 사회복지조직에서 영리조직처럼 이윤을 남기는 여러 종류의 사업들을 직접 시행할 수 있다는 것을 의미한다. 하지만 거의 모든 사회복지조직에서 사업을 한다고 하더라도, 심지어 특정 사업으로 이윤이 남는다고 하여 기업(주식회사)들처럼 그 이윤을 주주 등 특정 투자자에게 그 이윤이 배정(분배)되지 않는다. 그 이윤은 다시 서비스 이용자들에게 재분배된다는 특징이 있다. 조직의 지배구조를 개인적 이해관계나 금전적 사익으로 구성해서는 안 된다.

셋째, 영리단체도 아니고 정부기관도 아닌 둘의 중간위치에 존재한다는 특징이 있다. 앞의 유형에서 설명한 것처럼 사회복지조직은 공공성을 띠고 있지만 정부기관은 아니고, 그렇다고 이윤을 추구하는 영리단체도 아니라는 특징을 갖는다. 획일적이고 경직적인 조직구조나 문화를 갖기보다는 전문성과 탄력성을 가진 조직구조나 문화를 추구해야 한다. 다만, 다른 비영리조직이나 기업조직에 비해서는 경직된 문화도 갖고 있다.

넷째, 신축성 있게 운영할 수도 있지만 또한 상당한 정합성과 공익성 등의 운영 능력을 필요로 한다는 특징이 있다. 사회복지조직의 경영자(또는 최고관리자)는 영리조직과 동일한 운영기술과 분석능력을 배워야 하고 이러한 능력을 적절하게 활용할 수 있다. 하지만 이에 대한 적용은 다르다. 영리조직과 사회복지조직(비영리조직)은 모두 기획, 예산수립, 회계, 마케팅 등을 하고, 조직관리, 인사, 정보처리에 관여하고, 때때로 자금을 모아야 하지만, 두 조직 유형에서는 이러한 활동을 다른 방법으로 시행하는 특징을 갖는다.

다섯째, 비슷한 비영리조직과는 달리, 사회복지조직은 조직관리, 조직의 책임, 재무보고, 장기계획을 세우는 것에 있어서 국가의 법률이나 중앙정부나 지방자치단체의 지침 또는 명령 등에 의해 결정되고 시행된다는 특징이 있다.

제3절 사회복지조직과 행정의 중요성

사회복지행정은 다양한 유형과 종류의 사회복지조직들에서 이루어지고 있다. 그러나 1980년대까지만 해도 이러한 사회복지조직은 '사회복지행정이 없는 조직'으로도 평가되기도 했다. 사회복지서비스나 사회복지급여 등을 제공하는 것에 관심을 두었음에도 불구하고 표준화된 행정이라는 부분이 중시되지 않았기 때문이다.

다행히 1990년대 중반부터는 사회복지조직에서 행정을 중요하게 여겼으며, 그 조직의 운영을 행정이라는 틀에서 인식하며 사회복지사 등의 구성원들이 그들의 직무영역 안에 행정을 배치하게 되었다. 이로서 현재의 모든 사회복지조직에서 행정은 중요하게 작용하고 있다.

사회복지행정은 사회복지 이념·정책의 영역과 직접적인 복지서비스의 실천영역을 연결하는 것이다. 즉, 사회복지 이념과 정책을 서비스로 전달하는 과정 그리고 실천했던 내용들을 평가하고 그것들을 다시 보편화시키는 과정에서, 중간적인 형태로서 의의를 가진다.

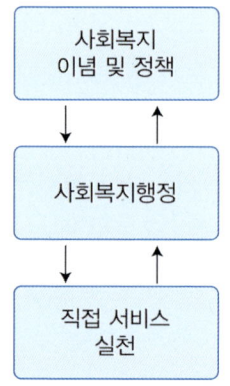

|그림 1-1| 사회복지행정의 역할 관계

　사회복지행정에서는 인간의 욕구충족과 관련된 정책의 결정, 조직의 관리, 서비스의 제공 등에 관한 모든 활동들을 관리하며, 거기에는 인간의 개별적이고 구체적인 욕구의 충족이라는 서비스 활동이 핵심을 차지하고 있다. 대개 이러한 서비스 활동은 공공조직이 아닌 민간조직에서 수행된다는 점에서 사회복지조직을 인간봉사조직(human service organization)으로 이해하기도 한다(Hazenfeld, 1992).

　그렇다면 왜 이러한 사회복지조직에서 사회복지행정에 대한 관심이 높아졌는지, 또한 그 계기는 무엇인지 등을 생각해 볼 수 있는데, 그에 대한 답변은 다음과 같은 다섯 가지로 설명될 수 있다.

　첫째, 사회복지실천에서 방법론이 세분화되었기 때문이다. 사회복지직이 전문직화되면서 과거에는 임상 대 정책이라는 미시적, 거시적 차원의 양분된 사회복지 실천방법론이 중위적 차원의 실천방법론에 추가됨에 따라 각 실천방법론에서 세분화된 사회복지서비스를 한 조직 내의 전문인력들이 적절히 전달하는 과정을 조정하고 통합하는 데 사회복지행정을 도입하는 계기가 되었다.

　둘째, 사회복지비(예산)에 대한 압력과 함께 지출된 비용에 대한 책임성이 요구되는 것이 증대되었기 때문이다. 사회가 산업화, 고도화되면서 사회복지는 점차 확대되고 있고, 그에 비례하여 사회복지 예산의 규모 역시 커지고 있다. 그것은 곧 많은 국민들이나 영리조직에게는 조세 부담이 커지는 것을 의미하며, 그 속에서 정부는 국민의 조세 저항을 인식하지 않을 수 없다. 이 때문에 점차 투입 금액이 증가한 사회복지예산에 대한 효율성과 효과성 등 복지재정에 대한 책임이 요구되어 행정의 기능은 더욱 중요해질 수밖에 없는 계기가 되었다.

셋째, 급여형태의 변화로 개입 지식과 기술에 대한 고도화가 이루어졌기 때문이다. 늘어나는 복지 욕구에 대응하여 확대된 복지 공급에서 과거 현물급여에서 현금급여로, 그리고 최근에는 바우처(이용권) 급여, 또는 기회 등으로 다양한 급여형태로 나타남에 따라, 이러한 급여를 제공하는 사회복지전달체계에서 서비스 또는 급여의 중복이나 누락, 또는 복지사각지대가 일어나지 않게 하는 등의 전달 과정의 실효성 향상을 위해 사회복지행정이 더욱 중요하게 여겨졌다.

넷째, 사회복지시설의 수가 급증하였고, 이들 시설 내 조직구조가 복잡화·공식화·집권화되면서 효율적 운영에 대한 관심이 높아졌기 때문이다. 과거에는 사회복지조직 또는 전달체계가 몇 가지 유형이나 종류들에 국한되어 있었고, 그 규모 역시 작았다. 그러나 점차 다양한 사회복지시설의 설치되고 그 시설의 규모, 인력이나 재정 등이 확대되면서 시설 관리자들의 입장이나 공익성을 갖는 사회복지조직을 지도·감독해야 하는 공무원의 입장에서는 조직 운영의 효율화를 고려하지 않을 수 없었기 때문에 합리적인 조직 관리를 지향하는 행정은 더더욱 중요하게 작용하게 되었다.

다섯째, 사회복지인력, 즉 조직을 구성하고 있는 사회복지사 등을 포함한 조직 내 인적자원에 대한 관점이 변화되었기 때문이다. 과거에는 사회복지시설 등에서 사회복지사를 채용하고 배치하는 데 있어 부담을 갖지 않았다. 사회복지시설이 포함된 사회복지인력의 노동시장에서는 인력 수요보다 인력 공급이 더욱 컸고, 채용된 사회복지사는 특정의 직무에만 배치되기보다는 다재다능한 영역에서 그 인력이 활용되도록 배치하고 근무하도록 하면 되었다. 그 결과 사회복지사 등 사회복지전문직 인력들은 전문성이 향상되기는커녕 지속성을 갖지 못한 채 사회복지노동시장을 이탈하는 부작용이 일어났다. 그것은 곧 해당 사회복지조직의 복지서비스 등의 질적 저하 등으로 나타났거나, 거시적으로 지역사회 또는 국가 전체적으로 우수한 사회복지전문직을 계속 노동시장에 공급하거나 머물지 못하게 하는 문제가 나타났다. 따라서 사회복지조직의 종사자를 인력 관리라는 통제의 관점보다 인적자원관리라는 개발의 관점으로 확장되면서 행정이 더욱 중요해졌다.

사회복지조직에서 사회복지행정에 대한 최근의 변화들이 나타나고 있다.

첫째, 사회복지조직을 둘러싼 다양한 환경이 중요시되면서 사회복지부문에도 공익을 기반으로 한 효율이나 공정 등의 가치가 확산될 것이다. 기존에는 같은 사회복지사업을 하는 사회복지조직은 동업자로서 비경쟁적 관계에 있었다면, 앞으로는 동업자로서 네트워크(network)나 협력(partnership)은 여전히 중요하지만 동일한 조직 내·외적 정보자원체계를 활용하여 쟁쟁을 함으로써 조직의 성장이나 쇠퇴 등이 일어날 가능성이 있다.

둘째, 사회복지조직에서 계속 이야기되는 전문성(professionalism)이 더욱 중요시될 것이다. 그러나 안타깝게도 재량권이라는 부분에 있어서는 축소될 것으로 보인다. 재량권(discretionary power)이 줄어듦으로서 전문가로서의 권위와 지위 역시 낮아질 가능성이 있다.

셋째, 과거에는 민간이 정부조직보다 많은 부분을 차지하고 있었다면 앞으로는 정부의 참여가 더욱더 많아질 것이고, 역할 역시 더 커질 가능성이 크다. 사회복지실천현장에서 민-관 간, 민간부문 간, 공공부문 간 연계와 통합, 네트워크나 협치(goverance) 또는 사례관리(case management) 등이 중요하게 부각될 전망이다. 이때 사회복지사의 특정영역에서의 독자적 서비스 제공보다는 다른 영역과의 연계와 통합이 점점 더 중요해질 것이다.

〈새로운 시장과 '캐즘(chasm) 뛰어넘기'〉

보통의 사람들은 어느 날 갑자기 새로운 시장이 나타났다고 생각하겠지만, 이것들은 이미 오랫동안 낡은 시장을 관찰하며 조금씩 틈을 찾아 세력을 확장해온 사람들이 만든 시장일 확률이 높습니다. 그리고 우리 삶을 획기적으로 변화시킨 '새로운 시장'은 지극히 평화롭고 영원히 지속될 것 같던 낡은 시장을 서서히 전복하다가 어느 날 갑자기 시장 전체를 완전히 파괴하며 등장하는 경우가 많습니다.

90년대 이후 강력했던 대기업들이 몰락하고, 어디신가 깁작스레 신생 기업들이 등장하자 이에 대한 경영학계의 연구도 활발해졌습니다. 왜 더 많은 이점을 가지고 있던 주류 기업이 새롭게 등장한 작업 기업들에 밀려나게 되었는지에 대해서 말이지요. 결론은 매우 단순하게 설명할 수 있습니다. 주류 기업은 이미 확보한 평화롭고 안정적인 시장에 만족하고 있기에, '낡은 시장'의 징조를 무시하기 쉽습니다. 그러는 사이 신생 기업은 서서히 거대 기업의 약점을 파고들며 낡은 시장을 새로운 시장으로 전환하기 시작하고, 이 신생 기업이 '캐즘[2]의 골(거대한 지각 변동으로 인한 극단적 단골)'을 극복하고 대중시장으로 진입할 때 바로 완벽하게 새로운 시장이 탄생하는 것이지요.

출처: 이윤주(2021: 10-11).

---

2) 캐즘(chasm)이란 지면 등의 지각의 틈, 갈라진 틈, 또는 깊은 구렁을 의미하는 지질학의 용어였으나, 제프리 무어(Jeffrey A. Moore)가 1991년 그의 저서 '캐즘 뛰어넘기'라는 책에서 도입되면서 경영학에서도 사용되고 있다. 어떠한 신제품이 출시되면 처음에는 초기소비자에 의해 구매되면서 성공하는 듯 보이지만, 꾸준한 기술이 뒤따라주지 않으면 후기소비자들은 구매하지 않고 공백이 생기게 되는데 이러한 소비의 공백현상을 캐즘이라 한다. 따라서 기업의 부단한 노력이 없으면 그 공백현상은 더욱 더 길어지고 깊어지면서 해당 기업은 결국 극복하지 못하는 경우가 생길 수 있다. 따라서 기업은 끊임없는 기술·마케팅 등의 노력과 혁신이 있어야 한다.

사회복지행정론

CHAPTER 2

사회복지행정의
개념 및 특징

제1절 사회복지행정의 개념
제2절 유사 개념과의 비교
제3절 사회복지행정의 범위
제4절 사회복지행정의 특징

사회복지행정의 개념 및 특징

본 장에서는 사회복지행정의 개념 및 특징에 대해 살펴보고자 한다. 이를 위해 여러분이 현재 알고 있는 지식의 범위 내에서 "사회복지행정의 개념은 무엇일까", "사회복지행정에서 일반적으로 말하는 '행정'과 '경영'의 공통점과 차이점은 무엇일까", 심지어 "일반 기업에서도 행정이라는 용어를 사용하고 있을까" 등을 생각해 보는 것이 좋다. 이는 사회복지행정의 개념뿐만 아니라, 특징을 이해하는 데 분명 도움이 될 것이기 때문이다.

제1절 사회복지행정의 개념

사회복지행정은 다양한 시대적, 사회적 상황들을 반영하고 있으므로 일반적인 정의에 관한 합의점을 도출하기가 쉽지 않다. 사회복지행정을 조금 더 쉽게 이해하기 위해 여기서는 단어에서 보듯, '사회복지'와 '행정'의 두 개념을 각각 살펴본 다음 사회복지행정의 개념을 정의해 보고자 한다. 순차적으로 살펴봄으로써 이해 수준과 과정에 도움을 줄 수 있기 때문이다. 그러나 주의할 점은 두 개념 모두 개념적 정의가 다양한 상태이며, 의미와 특성 등이 서로 다른 두 개념이 결합되면서 사회복지행정은 일반 행정(public administration)뿐만 아니라, 유사한 개념들과는 다른 특수성이 있다는 점이다.

1. 사회복지의 개념적 정의

먼저 사회복지의 개념에 대해 살펴보자. 사회복지의 개념에 대한 정의는 연구자나 국가에 따라 다르다. 이러한 다양한 정의에도 불구하고, 여기서는 실용적 측면에서 접근해 봄으로써 그 의미를 도출해내고자 한다.

사회복지의 영어적 표현인 'social welfare'와 'social work'가 각각 가지고 있는 개념적 정의를 살펴보면 다음과 같다. 'social welfare'는 "인간의 다양한 요구를 해결하며, 사회 기능을 강화하고 유지하도록 설계된 공식적(제도화된), 그리고 비공식적인 프로그램, 정책, 서비스 및 급여들"(Garthwait, 2012)로 정의된다. 그리고 후자의 'social work'는 "사회변화, 인간관계에서의 문제해결, 인간의 역량강화와 해방 등을 위해 인간행동과 사회제도이론을 활용하여 인간이 환경과 상호작용하는 지점에서 개입하는 것"(IFSW, 2000)[1]으로 정의된다.

또한 미국사회복지사협회(NASW : National Association of Social Workers)에서 최근 6판까지 출판한 『The Social Work Dictionary』(Barker, 2013)에서도 사회복지를 "사회유지에 기본이 되는 사회, 경제, 교육, 건강의 욕구를 충족해 주는 프로그램, 급여 그리고 서비스에 관한 국가체계"이며, 또한 "공동체 또는 사회의 집합적 안녕의 상태"로 정의하였다. 즉, 여기서는 사회복지를 욕구를 충족해 주는 개입행위이면서 그것을 통해 불안이 없는 안녕의 상태가 된다는 것을 의미한다.

---

1) 그러나 국제사회복지사연맹(IFSW : International Federation of Social Workers)는 2014년 7월 호주 멜버른에서 개최된 '2014 국제사회복지사연맹총회'에서 새로운 국제사회복지정의(Global Definition of Social Work)를 채택하였다. "사회복지(social work)는 실천에 기반을 둔 전문직이며 사회변화와 발전, 사회통합 그리고 인간의 역량강화와 해방을 촉진하는 학문이다. 사회정의, 인권, 집단적 책임과 다양성 존중의 원칙은 사회복지의 중심이다. 사회복지는 사회복지 및 사회과학이론, 인문학과 토착 지식에 근거하며 삶의 문제를 해결하고 복지를 증진하기 위해 인간과 구조를 연계한다."

결국 사회복지란 인간의 욕구나 사회적 위험, 또는 그로부터 사회적으로 규정되는 사회문제 등을 사회적으로 충족, 해결, 보호 등이 되도록 하는 공식적 또는 비공식적 개입체계로 정의할 수 있다. 이때 개입체계에는 프로그램, 정책, 서비스 및 급여 등이 해당한다.

이러한 개념적 정의를 그림으로 표현하면 |그림 2-1|과 같다. 즉, "네모(□)를 동그라미(○)가 되도록 하는 세모(△)"로 정의할 수 있다.

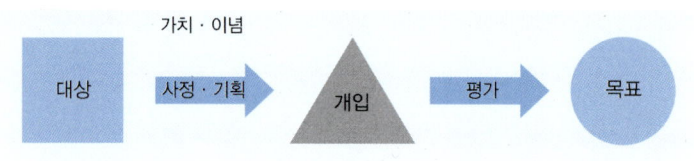

|그림 2-1| 사회복지의 개념도

여기서 네모(□)는 사회복지의 대상이 되는 인간의 욕구, 사회적 위험, 사회문제 등이며, 동그라미(○)는 이러한 네모(□)가 해결된 상태 또는 보호된 상태 등으로서 동그라미(○) 상태가 유지된 것이 아니라 변화된 모습으로 나타난다. 결국 이러한 변화는 세모(△)라는 제3자의 개입을 통해서 가능하다고 할 수 있는데, 이것은 사회복지정책, 제도, 서비스 그리고 이와 관련된 프로그램, 급여 등을 의미한다. 한편 앞의 화살표(⇨)는 욕구와 사회적 위험에 대한 개입의 타당한 근거를 마련하는 상담, 조사 및 기획 등이며, 뒤의 화살표(⇨)는 실제적으로 개입을 통해 욕구가 충족, 사회문제가 해결 또는 사회적 위험으로부터 안전 또는 제거되었는지 등을 검증하는 평가를 의미한다. 마지막으로 바탕을 이루는 부분은 사회복지에 관한 가치와 이념을 의미한다.

정리하면 사회복지는 인간이 가지고 있는 욕구를 충족하고, 인간이 겪을 수 있는 사회적 위험으로부터 보호되며, (지역)사회문제가 해결되는 총체적인 개입행위로 정의할 수 있다. 즉, 대상을 목표로 전환하는 제3자의 개입행위를 사회복지라고 하는 것이다.

2. 행정[2]의 개념적 정의

행정은 우리의 일상생활과 불가분의 관계에 있다. 우리는 가정을 이루고, 사회를 이루고, 국가를 이루며 그 속에서 각자의 임무와 역할을 부여받아 서로 협력하면서 살아가는데, 이때 우리는 내가 아닌 다른 사람과 관계를 맺게 된다. 이러한 관계를 조직화라고 하며, 그것을 제도화하는 것이 곧 행정인 것이다.

그럼에도 불구하고, 행정(administration)의 개념에 대한 정의를 명확하게 규정하거나 합의된 것이 없고, 연구자나 사회에 따라 다르게 정의되고 있다. 그것은 사회현상이 발생하는 상황이나 장소 등 경우에 따라 너무나 다양하고, 그것을 보는 각도도 다르기 때문이다[3](오석홍, 2013; 최창호·하미승, 2010).

니그로와 니그로(Nigro & Nigro, 1988)는 그동안의 다양한 개념적 정의를 토대로 종합적으로 행정의 개념을 정의하고자 시도하였다. "행정은 공익을 위한 협동적·집단적 노력이고, 공공조직들 간의 관계에서 나타나며, 공공정책형성에서 중요한 역할을 맡고 있기 때문에 정치과정의 일부이다. 그리고 사적 경영과는 현저히 다르며, 사회에 서비스를 공급할 때에는 많은 민간집단 및 개인들과 긴밀한 교류들이 나타난다"고 하였다.

행정학적 입장에서 보면 행정이란 "일정한 공동목적을 달성하기 위한 두 사람 이상의 합리적 협동행위"(최창호·하미승, 2010)로 정의될 수 있다. 즉, 달성하려는 공동목적이 어떠한 것이든, 그 공동목적을 달성하기 위하여 두 사람 이상이 합리적으로 협동할 때 나타나는 것이 행정이라는 것이다. 한편 이러한 정의들은 공공부문뿐 아니라, 민간부문까지 포함하고 있기 때문에 공공행정(public administration)이라는 의미에서 다시 정의되고 있다. 즉, 행정

---

[2] 여기서의 행정은 엄밀히 말하면 일반 행정으로 지칭되는 '공공'행정(public administration)을 의미한다. 이하에서는 '행정'이라는 용어로 기술하되, 사회복지행정과 그 차이점을 구별할 때는 '일반 행정'으로 구별해 기술하겠다.
[3] 행정의 개념에 대한 접근은 여러 가지가 있는데(오석홍, 2013 : 87-93), 가장 일반적인 접근으로서 행정법학적 접근과 행정학적 접근 등이 있다(최창호·하미승, 2010).

은 공공목적, 즉 공익(public interest)을 달성하기 위한 두 사람 이상의 합리적 협동행위로 정의된다.

기업(enterprise)이라는 조직의 경우 행정이라는 용어보다 경영학에서 다루는 경영(business, 또는 management)이라는 용어를 더 친숙하게 사용하고 있다. 경영에도 여러 가지 의미가 있으나, 어떠한 일을 계획적 또는 체계적으로 운용하고 관리한다는 의미와 어떠한 목적을 달성하기 위하여 필요한 인적, 물적 그리고 재정 등을 결합한 조직 또는 그러한 활동의 의미가 있다. 결국 한 조직이 가지고 있는 목적을 달성하기 위해 필요한 인적·물적자원 등을 계획적이고 체계적으로 결합하고 운용하는 활동으로 그 개념을 정의할 수 있다.

결국 행정, 경영, 관리 등의 용어들은 모두 넓은 의미에서 어떤 목적(표)을 효과적, 효율적으로 달성하기 위해 한 조직을 조직화하고, 그 조직이 목적(표)을 달성하는 데 필요한 인적·물적자원 등을 합리적으로 계획하고 체계적으로 운용하는 활동행위가 포함되어 있다. 즉, 행정은 제한된 자원으로 조직을 효과적, 효율적으로 관리하려는 목표를 갖는다는 점에서 경영과 공통점을 가지고 있다. 그러나 경영은 그 목적(표)이 해당 조직의 이윤을 추구한다는 점에서 영리조직의 관리인 반면, 행정은 주로 공익을 추구하는 공공성을 가진 조직의 관리라는 점에서 차이가 있다. 즉, 행정은 공공성을 띠고 있는 조직, 이를테면 정부기관, 공공기관에서 목표의 설정, 실행계획의 설립 및 이행 재원의 조달, 인력의 관리 그리고 정부조직에 대한 관리 등을 의미한다.

3. 사회복지행정의 개념적 정의

행정과 사회복지의 두 개념을 복합적으로 결합했을 때는 일정한 기준에 해당하는 사람들에게 규격화된 서비스를 제공하기 위한 관리행위로 연결지을 수 있다. 그것은 우리가 사회복지적 관점에서 볼 때 인간의 욕구와 사회적 위험이라는 것은 다양하고 늘 변화하며, 주관적이고 비획일적인 특징을 가지고 있는 반면, 개입에서는 어떠한 일정한 규격과 공통적인 틀이 적용될 수밖에 없기 때문이다. 그래서 서비스를 제공하는 과정에 일정한 관리가 필요하며, 이것을 사회복지행정이라는 일반적인 의미로 여길 수 있다. 즉, 서비스의 관할 주체와 대상자, 선정 절차 및 서비스 방법, 재원 등에서 공통의 규격화가 이루어진다고 보면 될 것이다.

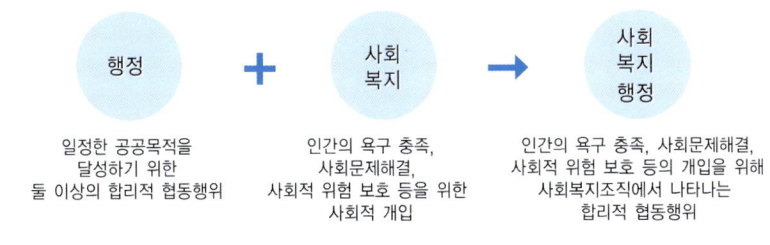

[그림 2-2] 사회복지행정의 개념

국가나 사회가 국민의 욕구를 충족시키기 위해서는 어떠한 개입적 방법을 정할 필요가 있는데, 이때 사회복지에서는 행정에 의해 보다 구체화되고 실행할 수 있는 체계를 만들 수 있었다고 본다. 이 체계를 만들 때 고려한 것은 어떠한 경우에 인간다운 생활을 보장받지 못할지, 인간다운 생활을 어떻게 보장할 것인지에 초점을 맞추어 사회복지행정을 체계화시켰다고 이해할 수 있다.

사회복지행정(social welfare administration)에 대한 개념은 협의적 개념과 광의적 개념으로 구분될 수 있다. 전자의 개념은 사회복지라는 목적(표)을 가지고 있는 조직에 대한 관리이며, 후자의 개념은 인간의 욕구, 사회문제, 사회적 위험 등을 충족하고 해결하며 보호하는 사회복지의 제반 활동으로 사회복지의 가치·이념이나 제도·정책들을 실천적인 서비스, 급여, 프로그램으로 전환시키기 위한 전달체계를 조직화하는 것이다. 또한 그러한 조직들이 그 과업을 수행할 수 있도록 인적·물적자원 등을 계획하고 체계적으로 결합·운용하는 합리적 행동이다.

  요약하면, 사회복지행정의 개념은 사회복지의 제반활동으로 인간의 욕구나 사회문제, 사회적 위험 등을 충족, 해결 또는 보호하기 위해 공식적이고 비공식적인 서비스 이념이나 정책 목표들을 실천적인 서비스로 전환시키는 과정에 대한 조직화이며, 조직의 필요한 자원을 계획하고 체계화시키는 공식화된 운용행위로 정의될 수 있다.

제2절 유사 개념과의 비교

  현실적으로 사회복지행정과 같은 개념으로도 사용되지만 다른 의미를 지닌 복지행정, 사회사업행정, 사회행정, 공공행정 등이 있다.

1. 복지행정

  첫 번째는 복지행정(welfare administration)의 개념이다. 복지행정이라는 것은 사회복지와 관련된 정책결정을 하는 조직에 관한 것을 다루는 개념이다. 즉, 사회복지정책이 수립되고 정책의 목표를 달성하기 위해 조직화된 정부기관의 사회복지정책 결정 그리고 업무의 관리를 의미한다. 이 개념은 행정학 분야에서 발전되어 활용되고 있는데, 행정학의 한 분과로서 사회복지에 관한 행정을 복지행정이라고 파악하는 관점이다. 따라서 복지행정은 거시적 관점에서의 관리를 의미하며 그 주체는 정부기관이 된다. 다시 말해, 복지행정은 민간을 제외한 공공의 영역만을 다룬다.

  반면 사회복지행정이라는 것은 사회복지제도와 정책이 클라이언트에게 전달되는 과정이며, 이때 전달된 과정들이 표준화되고 다시 보편화되기 위해 만들어지는 중간적인 영역에서 공공뿐 아니라, 민간부문을 포함한 사회복지조직이 있다. 그래서 정부기관만을 다루는 영역을 복지행정이라고 한다면, 민간사회복지조직의 관리까지 포함하는 것을 사회복지행정이라고 하는 서로 다른 점이 있다.

2. 사회사업행정

두 번째는 사회사업행정(social work administration)의 개념이 있다. 사회사업(social work)과 사회복지(social welfare)의 개념은 다른 것에서 출발하고 있다. 사회사업은 지식과 기술, 즉 미시적 차원에서, 사회복지는 제도와 정책이라는 측면에서 의미될 수 있다. 사회복지는 바람직한 사회를, 사회사업은 바람직한 인간을 목적으로 한다. 그래서 사회복지는 보편적이고 전체적인 의미를 가지고 있지만, 사회사업은 인간을 대상으로 하기 때문에 선별적이고 개별적인 의미를 가지고 있다. 사회복지는 사전적·예방적·적극적인 특성을 가지고 있는 반면, 사회사업은 사후적·치료적·소극적 특성을 가지고 있다.

이러한 측면에서 사회사업행정은 미시적인 관점에서 프로그램의 개발과 관리에 초점을 두고 있다. 이 개념은 사회사업이론에 기초한다고 할 수 있다. 클라이언트에게 서비스를 직접 전달하는 조직, 즉 사회복지시설에서 일어나고 있는 활동에 관한 것이며, 사회복지조직의 환경과 자원의 획득에 관한 논의는 상대적으로 미흡하다. 특히 미시적 관점과 사회사업전문직의 관점에서 프로그램 개발과 관리에 초점을 두고 있다. 개인과 환경이라는 사회복지의 관심을 가지고 개인의 문제에 치우쳐 잔여적인 사회복지이념을 지지하는 데 오히려 집중되어 있다. 결국 사회사업행정은 정태적(static)이며 폐쇄적인(closed) 관점을 가지고 있는 반면, 사회복지행정은 개념적이지만 동태적(dynamic)이고 개방적인(open-ended) 관점을 가지고 있다는 점에서 두 개념이 서로 다르다.

⟨표 2-1⟩ 사회복지와 사회사업 개념의 비교

구분	사회복지	사회사업
의미	이념적 측면 강조	실천적 측면 강조
목적	바람직한 사회	바람직한 인간
대상	보편적, 전체적	선별적, 개별적
방법	제도와 정책	지식과 기술
특성	사전적, 예방적, 적극적	사후적, 치료적, 소극적

출처 : 조흥식 외(2010), p. 45 재인용.

3. 사회행정

세 번째는 사회행정(social administration)이라는 개념이 있다. 이 개념은 티트머스(Titmuss, 1974)에 의해 제시되었다. 사회행정이란 전체 사회의 욕구와 자원 배분에 관한 지식으로 사회보장과 사회복지조직 및 운영의 조정문제를 다루는 활동이다. 이 개념에서 보면 민간영역의 사회복지조직 또는 사회복지시설 등의 운영과 관련된 활동과 함께 사회보장의 영역까지 포함하고 있다. 최근 우리나라에서 제정 또는 개정된 「사회보장기본법」, 「사회보장급여의 이용·제공 및 수급권자 발굴에 관한 법률」, 그리고 「사회복지사업법」의 법률적 구조를 살펴보면, 민간영역은 사회복지사업 또는 사회복지서비스(사회서비스)라는 개념으로, 공공영역은 사회보장이라는 개념으로 각각 사용되고 있다. 이런 측면에서 전자를 사회복지행정으로, 후자를 사회보장행정으로 이해하는 경우도 있다.

「사회복지사업법」의 역사적 의미와 개정에 대한 과제

국내 사회복지 역사를 뒤돌아볼 때, 「사회복지사업법」(이하 사업법)이 제·개정된 시기는 실천적으로, 정책적으로 사회복지 성장 시기와 내용 면에서 밀접한 관련성을 맺고 있다. 1970년 사업법 제정은 외국 원조단체의 도움이 아닌 우리의 독자적인 사회복지가 성장하는 출발점을 만들었다. 정부와 지방자치단체에서 그 책임과 의무를 소홀히 할 때에도 민간부문은 사업법에 의거하여 사회복지를 실천하고 발전시키는 기본적인 틀을 제공했다. 1980년대 후반부터 2012년 「사회보장기본법」(이하 보장법)이 전면개정되기 전까지 사업법은 민간부문뿐 아니라 공공부문의 사회복지 제공 책임과 역할, 관련 내용 등을 모두 담고 있던 모법(母法)이었다. 이러한 사업법이 현재 개정되어야 하는 과제에 놓여 있다.

우리나라 사회복지 환경이 수요와 공급 모두 빠르게 변화하면서 관련 법률이 큰 폭에서 제·개정되고 있다. 이는 다시 우리의 사회복지전달체계, 급여, 재정 등을 비롯한 구조와 관점을 바꾸는 계기가 되고 있다. 이미 공공부문의 경우 상당수 개편이 추진되고 있거나 완료된 상태이다. 민간부문 또한 조만간 본격적인 개편이 있을 것으로 예상된다.

2012년 전면 개정된 보장법과 2014년 말 「사회보장급여 이용·제공 및 수급권자 발굴에 관한 법률」이 제정됨에 따라 그간 실천적, 정책적 그리고 학술적 차원에서 이해되던 개념 등이 혼동을 겪고 있다. 민간사회복지전달체계와 관련한 전반적 사항을 담은 사업법 개정이 필요하다.

이전까지가 부분적 개편 또는 '선(先)개편-후(後)제도화'였다면, 이제는 전체적 차원에서 선제도화-후개편이 되어야 한다. 하지만 정부가 소극적 태도를 가지고 있거나 사회복지계의 합의보다 갈등이 지속된다면 사업법의 전면 개정은 어려울 수도 있다. 심지어 현장의 목소리가 반영되지 않거나, 민간부문의 바람직한 복지서비스 제공에 관한 역할과 기능, 이를테면 전달체계, 재정, 인적자원, 정보체계 등이 개선되지 않은 채 개정될 수도 있다. 우리의 지속적인 관심이 요구되는 이유가 여기에 있다.

이런 이유들 때문에 사회복지실천 및 교육현장에서는 사업법 개정 방향과 관련한 공론화 작업이 이루어지고 있다. 그간 논의되었던 주요한 방향을 정리하면 다음과 같다. 첫째, 현 시대의 이념과 가치를 충분히 반영하고 자긍심을 가질 수 있는 사회복지 패러다임을 갖도록 해야 한다. 둘째, 확대되는 사회복지 분야와 영역을 포괄하고 사회적으로 합의될 수 있는 개념과 의미를 안은 법제명과 관련 규정 조항들로 구성되어야 한다. 셋째, 사회복지법인·시설 등이 민간 전달체계로서 제 역할과 기능을 할 수 있는 기반과 정부 및 지방자치단체가 지원하는 제도적 근거를 마련해 주어야 한다. 넷째, 전문성을 제고하는 사회복지 인적자원에 대한 관리와 개발, 그리고 그들의 처우 및 지위 향상과 관련한 사회복지사제도의 전반적 사항을 개편하는 내용이 반영되어야 한다. 다섯째, 민관 협치(governance)를 지향하는 진정한 협력(partnership)의 방향이 제시되어야 한다.

4. 공공행정

　네 번째는 일반적으로 호칭되는 (일반)행정으로서의 '공공행정(public administration)'의 개념이 있다. 이 개념은 행정부의 구조와 공무원의 활동을 포함하는 협의의 개념과 조직 일반에 적용할 수 있는 인간 협동의 측면에 초점을 맞추는 광의의 개념으로 구분되며, 일반적으로는 공익목적을 달성하기 위한 공공문제의 해결 및 공공서비스의 생산, 분배와 관련된 정부의 제반활동과 상호작용으로 정의된다(이종수·윤영진 외, 2012). 그리고 일반화되고 규격화 또는 표준화된다는 특징을 갖는다. 그러나 행정에서 효율성이 매우 강조되기 때문에 비용 절감 등과 관련한 사안에 무엇보다 중요한 관심을 두게 된다.

　이러한 특징들을 가장 잘 실천하기 위해 정책집행에 관련한 비용의 최소화 방안으로서 일반화된 규정, 이를테면 지침이나 매뉴얼 등을 따르는 경향이 있다. 반면 사회복지행정은 구체적이고 개별적이라는 특징을 갖고 있다는 점에서 다르다. 사회복지행정의 영역은 헌법에 명시된 국가의 의무와 재정 상황, 그리고 정치적 의사결정과정, 그리고 실제로 클라이언트에게 서비스 개입을 할 수 있는 제도, 정책, 법 등이 명문화되어 있다.

　이러한 점은 공공행정과 사회복지행정이 같다. 하지만 이러한 구체적 규정에도 불구하고 클라이언트와 라포형성 관계를 중요하게 여기고, 개입 대상에 따라 사회복지전문직으로서의 재량권을 발휘하여 각 특성에 따른 개입 여부 판단이나, 개입 내용 등은 다르게 이루어진다는 것이 특징이라 할 수 있다.

<표 2-2> 사회복지행정과 공공행정의 차이점

구분	사회복지행정	공공행정
대상	• 지역사회 내의 인지된 욕구 충족	• 전체 국민 또는 일정한 지역주민의 욕구 충족
서비스 종류	• 손상된 사회적 기능회복 • 사회적·개인적 자원의 제공 • 사회적 역기능의 예방	• 국가 또는 지방자치단체의 유지업무 • 공공정책 입안 및 집행 • 대민업무활동
조직형태	• 다양하고 광범위 • 법령에 위반하지 않는 한 원칙적으로 자유로운 활동	• 법령에 따라 조직되고 표준화된 업무 • 법적 제약 큼
행정가의 책임	• 조직의 내부운영을 지역사회와 연계 책임(정당성, 자원확보 차원)	• 전체 국민 혹은 지역주민에 대한 책임 (선거를 통한 신임)
자원활용 선택	• 수시로 끊임없이 선택할 필요성	• 법령에 따른 업무한도 내에서 활용
재정문제	• 조직의 생존을 위해 적자운영 지양	• 법령에 따라 적자예산 가능
행정참여도	• 조직의 모든 직원이 의사결정	• 직급, 직위에 따른 참여

출처: 우종모(2004) 수정.

제3절 사회복지행정의 범위

굴릭(Gulick Ⅲ; Cook, 1996 재인용)은 행정의 범위 또는 영역을 업무를 수행하는 행위에 초점을 맞추어 초창기에는 'POSDCoRB'로 표현하였다. 즉, P는 기획(Planning), O는 조직화(Organizing), S는 인력관리(Staffing), D는 지휘(Directing), Co는 조정(Coordinating), R은 보고(Reporting), B는 예산작업(Budgeting) 등이다. 그는 이후에 여기에다가 C와 E를 추가하여 포함시켰다. C는 의사소통(Communication)이고, E는 평가(Evaluation)이다. 결국 행정의 범위를 POSDCoRB+CE로 보았던 것이다.

김영종(2010)은 사회복지행정의 영역을 포괄적인 조직관리로서 규정하고 사회복지행정 관리자들은 ① 기획, ② 정보처리, ③ 통제, ④ 통합·조정, ⑤

평가, ⑥ 협상, ⑦ 옹호, ⑧ 인력 배치, ⑨ 모니터링, ⑩ 공급, ⑪ 대외활동, ⑫ 직접서비스, ⑬ 예산활동 등의 업무를 맡게 된다고 하였다.

사회복지행정의 범위는 ① 사회적으로 부여된 임무를 실행 가능한 정책과 목표들로 전환, ② 프로그램 디자인의 실행, ③ 자원의 확보와 할당, ④ 조직 내부와 조직들 간의 운영관리, ⑤ 인력관리와 슈퍼비전, ⑥ 조직의 대표성과 사회적 관계의 담당, ⑦ 지역사회교육, 그리고 ⑧ 모니터링 평가 혁신 등이다.

|그림 2-3| 사회복지행정의 범위

그런데 이러한 사회복지행정의 영역 및 활동 범위는 한 조직 안에 있는 사람일지라도 적용되는 사항이 다르다.

사회복지조직은 보통 그 조직 구성원들을 크게 세 가지 형태로 구분해 볼 수 있다. 최고관리층은 실제로 이 조직을 어떻게 하면 성장시키고 발전하도록 할 것인가에 대한 정책적 판단과 결정에 관한 업무가 주를 이루며, 중간관리층은 최고관리층이 결정한 사항을 구체적으로 실현할 수 있는 단계로 전환하기 위한 설계를 하는 기획과 그것을 일선사원층이 하도록 관리하는 조정과 통제에 관한 업무가 주를 이룬다. 그리고 일선사원층은 기획된 내용을 바탕으로 클라이언트에게 서비스를 하는 과정에 관한 업무가 주를 이룬다.

따라서 일선사원층에 있는 사람은 시행과 기능적 기술을, 중간관리층에 있는 사람에게는 기획과 인간(관리)기술을, 그리고 최고관리층에 있는 사람에게는 정책기술의 직무요구를 하게 된다.

직위	활동영역	필요기술		
최고 관리층	경영 (정책)			정책기술
중간 관리층	관리 (조정/통제)		기획, 인간관리 기술	
일선 사원층	작업 (서비스)	기능(시행)기술		

|그림 2-4| 조직 구성원에 따른 사회복지행정의 영역과 기술

제4절 사회복지행정의 특징

사회복지행정의 특징은 사회복지의 대상이 되는 욕구, 사회문제, 사회적 위험 등의 특성과 밀접한 관련성을 가지고 있다고 하겠다. 인간의 욕구, 사회문제, 사회적 위험은 추상적인 개념으로 눈에 보이지 않으며, 사람마다 의미하는 바, 수준에서 차이가 있다. 또한 시간이 지나면 변화한다.

사회복지에서 중요하게 고려해야 할 욕구는 개인적 문제와 사회적 문제를 일으키고, 인간의 생존과 관련된 근본이 되며 가장 필수가 되는 것이다. 또한 일반적으로 인간의 욕구는 이상적이고 보편적인 인간형을 전제로 하여 인간이 어떠한 목적을 위하여 필요하거나 필수적인 것이 결핍될 때 갖게 되는 공통적인 것을 말한다고 할 수 있다. 이때 정책, 제도, 서비스라는 형태를 통해 인간에게 개입하게 되는데, 이 개입은 인간의 욕구를 충족시키기 위해 욕구를 가진 사람들에게 제3자가 직접적으로 개입하는 행위로 설명될 수 있다.

매슬로(Maslow, 1954), 브래드쇼(Bradshaw, 1972), 앨더퍼(Alderfer, 1972) 등을 비롯한 많은 연구자들에 의해 욕구(needs)의 개념에 관한 정의 역시 다양하게 제시되었지만, 이들 연구자들의 정의에서는 공통적인 특징이 세 가지로 도출된다. 첫 번째는 인간의 욕구는 매우 다양하지만 공통적인 특성을 가지고 있다는 것이다. 두 번째는 그 공통적인 특징을 가지고 있는 욕구 중에 인간의 생존과 직접적으로 영향을 미치고 있는 근본이 되는 욕구가 있다는 것이다. 이 근본적인 욕구가 해결되지 않는다면 다른 욕구가 충족되지 않는다. 즉, 상위에 있는 욕구들이 해결되지 않는다고 하면 그것들은 어떠한 특정한 문제로 나타날 수 있다는 것이다. 세 번째는 그럼에도 불구하고, 욕구는 다양하고 주관적이며, 변화 속에서 비획일적이며 무한한 특성을 가지고 있다는 것이다.

이러한 내용을 토대로 사회복지행정의 특징을 정리하면, 다음과 같다.

첫째, 조직목표의 불확실성 및 효과성 등에 대한 측정척도가 부재하다는 것이다. 기술의 불확실성, 인간의 복잡성, 인간의 기능과 변화는 측정 불가능하다. 사회복지 대상의 주관적이고 비표준화된 변화하는 특성을 표준화하고 제도화하는 것이 쉬운 일이 아니다. 개입에 따른 변화 정도를 측정하는 것이 실제로는 가능하지 않다. 그래서 사회복지행정에서 나타나는 서비스나 정책, 제도 그리고 프로그램과 급여 등의 효과성은 현실적으로 측정불가능하다는 입장도 있다.

둘째, 정형화된 또는 공식화되지 않은 조직에서 개입행위가 이루어지기 때문에, 또 이러한 특성을 지닌 인간을 대상으로 하고 있기 때문에 개입행위를 하는 사회복지사에게 재량권과 전문성이 굉장히 요구된다는 점이다. 그래서 판단이나 충족되어야 할 욕구에 대한 규정이나 어떠한 서비스의 효과성 등을 사회복지사가 일정하게 결정할 수 있는 권한이 있어야 한다.

셋째, 조직의 유연성과 의사소통을 중심으로 하는 의사결정, 즉 일반 기업체나 공공조직에 비해서 사회복지조직에서는 의사결정이 굉장히 유연하고 의사소통을 많이 하면서 일어난다는 것이다. 일반행정과 같은 일반화, 규격화라는 효율적 가치를 추구하고 있지 않기 때문에 사회복지현장에서는 업무에 따른 조직 구성원 간 갈등상황이 여러 형태로 많이 나타날 수 있다. 그러므로 원활한 사회복지행정을 위해서는 많은 의사소통과 유연한 의사결정을 필요로 한다.

넷째, 직원과 클라이언트 간의 관계 중심, 상호활동이 중요하다는 것이다. 사회복지사와 클라이언트 간의 라포(rapport)형성을 중요시한다. 개별적인 서비스의 제공, 조직의 관리, 정책의 결정 등 사회복지 제반활동과 관련되어 있다는 것은 클라이언트와 직접적이고 대면적인 관계의 형성과 긴밀한 상호작용(interaction)이 필요하다.

한 사회의 사회복지환경들, 즉 정부의 역할, 공·사적 사회복지 전달체계의 민주적 내부구조 및 조직을 둘러싼 다양한 이해관계자들과의 관계, 그리고 조직과 프로그램의 재정적, 비재정적 측면 등에서 사회복지행정의 책임성이 고려되어야 할 필요가 있다. 사회복지행정의 특수성으로 인하여 일반행정 등 여타 분야와는 달리, 동일한 업무가 수행되더라도 그 결과가 다를 수도 있음은 물론이거니와 다른 사회복지조직 간에 같은 결과가 나타날지라도 각기 다른 관점에 따라 다른 해석이 가능한 이유이다. 따라서 사회복지행정에서 책임성의 논의는 프로그램, 서비스 또는 조직에 대한 다양한 권한과 영향력을 가진 존재들에 대한 상대적인 개념으로 이해되어야 하고(김영종, 1999), 또한 조직과 프로그램의 재정 및 기타 자원들을 포괄적으로 다루고 있는 것으로 이해되어야 한다(김제선, 2008).

사회복지행정론

CHAPTER 03

사회복지전달체계와 구성요소

제1절 사회복지전달체계
제2절 사회복지전달의 주체
제3절 사회복지전달의 대상
제4절 사회복지전달의 급여

사회복지전달체계와 구성요소

본 장에서는 사회복지행정을 구성하고 있는 사회복지전달체계를 살펴본다. 사회복지서비스가 필요한 국민들에게 전달되는 과정에 있는 다양한 주체들 간의 체계를 사회복지전달체계라고 부를 수 있는데, 공익성을 갖는 사회복지행정의 특징으로서 사회복지전달체계를 이해하는 것은 무엇보다 필요하다. 그 다음으로 사회복지서비스의 전달의 대상은 누구이며, 그들에게 무엇을 제공하는지, 즉 급여의 형태들에 대해 살펴보는 것이다. 여기에 본 교재의 중반 부분에서 다루고 있는 재정[1]을 포함한 사항들은 사회복지학개론의 기본 토대를 이루고 있는 구성요소들로서 사회복지조직의 운영 목적과 연결된 중요한 고려사항이 될 것이다.

제1절 사회복지전달체계

1. 사회복지전달체계의 개념 및 유형

사회복지전달체계의 개념에 대해 최성재·남기민(1997)은 사회복지서비스의 공급자 간을 연결시키기 위하여 또는 복지서비스의 공급자와 소비자 간을 연결시키기 위하여 만들어진 조직이라고 정의하였다. 김영종(2010)은 다수의 조직과 프로그램들로 이루어진 것으로 설명하였다. 즉, 한 사회가 사회복지 공급의 필요성에 직면하여 이를 실현하고자 할 때, 이들 조직과

---

[1] 사회복지전달체계를 운영하는 구성요소이면서, 사회복지조직을 운영하는 데 있어 주요한 행정 범위인 재정에 대해서는 제10장을 참고하길 바란다.

프로그램 구성요소들이 공급자 혹은 생산자로서의 역할을 담당하게 되는데, 이때 이들은 개별화되어 있지 않고 서로 묶여 체계적 속성[2])을 띠고 있다. 길버트와 스펙트(Gilbert & Specht, 1974)는 사회복지서비스 전달과정의 행정조직과 서비스의 공급자, 그리고 서비스를 받는 수요자 사이의 조직적 배열(organizational arrangements)이라고 정의하였다. 프리들랜더와 앱트(Friedlander & Apte, 1980)는 클라이언트를 둘러싼 모든 공적·사적 복지기관들에서 제공하는 서비스의 연결망으로 정의하였다.

요약하면, 사회복지전달체계는 사회복지 관련 급여 및 서비스의 공급자와 수요자를 연결해 주는 조직체를 의미한다. 다만, 유의할 점은 사회복지 관련 서비스와 급여 등이 수요자에게 적절히 제공되기 위해서는 조직 내적 구조 등의 체계도 중요하지만, 그와 관련된 외부환경도 중요한 요소임을 잊어서는 안 된다. 이러한 사회복지전달체계는 사회복지를 공급하기 위한 것이기 때문에 사회복지행정은 사회복지조직과 프로그램들이 띠고 있는 전달체계적 속성을 파악하고 관리하는 역할이 요구된다.

사회복지전달체계를 어떠한 관점에서 보느냐에 따라 그 유형이 여러 가지로 분류된다.

첫째, 기능적 관점에서 보면 행정관리체계와 집행체계로 구분된다. 행정관리체계는 의사결정, 즉 정책을 결정하거나 복지서비스를 기획, 지원하고 관리하는 조직군을 말하며, 집행체계는 행정전달체계가 결정한 내용을 실행에 옮기거나 또는 서비스를 직접적으로 전달하는 기능의 조직군을 말한다. 또한 사회사업행정(social work administration)의 관점에서 보면 이러한 행정관리체계는 간접적으로 지원하는 체계이고, 집행체계는 직접적인 서비스를 제공하는 체계로 다시 그 의미가 설명된다. 따라서 행정관리체계의 주요

---

2) 여기서 체계(system)란 사전적으로 낱낱의 부분들이 짜임새 있게 조직되어 통일된 전체라는 뜻을 가지고 있다. 즉, 어떠한 한 조직에 대한 요구와 그것을 실현하기 위한 기획, 생산, 소비 등의 제반과정을 통해 요구가 해결되도록 하는 전달과정의 짜임새를 의미한다.

한 기능은 서비스를 기획하고, 지휘하며, 지원하고, 관리하는 것 등이며, 집행체계의 주요한 기능은 서비스 수급자들과 직접 대면적인 상호작용관계를 통해 서비스를 직접적으로 전달하는 것 등이다.

〈표 3-1〉 구조와 기능에 따른 전달체계 유형

유형	특징	비고
행정 관리체계	• 의사결정, 즉 정책을 결정 • 서비스를 기획하고, 지휘하며, 지원하고, 관리하는 기능들을 중심으로 묶여지는 조직 • 간접적으로 지원하는 체계	간접적 서비스 관리체계
집행체계	• 행정체계가 결정한 내용을 실행에 옮김 • 서비스 수급자들과 직접 대면적인 상호작용관계를 통해 서비스를 직접적으로 전달하는 과정에 있는 조직 • 직접적인 서비스를 제공하는 체계	직접적 서비스 제공체계

둘째, 관리·운영의 주체가 누구인가에 관한 관점에서 국가 및 지방자치단체가 주도적인 역할을 담당하는 공공(공적)전달체계와 민간이 주도적인 역할을 담당하는 민간(사적)전달체계로 구분된다. 공공전달체계는 보건복지를 중심으로 한 정부조직 관련 부서들의 위계적인 체계망으로 구성되며, 민간전달체계는 복지재단, 자원봉사단체, 사회복지협의회, 이용 및 수용시설들, 단체 및 개인 등의 수평적인 체계망으로 구성된다. 민간전달체계와 달리, 공공전달체계는 「정부조직법」에 의한 법률적 조직으로 구성되며, 재원이 조세 등을 통해 국가예산으로 직접 조달되고, 직원이 「공무원법」에 따라 채용 및 신분이 보장되는 등의 특징이 있다.

〈표 3-2〉 관리와 운영 주체에 따른 전달체계 구분

구분	특징
공공(공적) 전달체계	• 국가가 주도적인 역할을 담당 • 보건복지를 중심으로 한 정부조직 관련 부서들의 위계적인 체계망 • 정부의 조직, 국가예산을 통한 재원의 조달, 직원의 공무원 신분 등의 특징이 있음

민간(사적) 전달체계	• 민간이 주도적인 역할을 담당 • 복지재단, 자원봉사단체, 사회복지협의회, 이용 및 수용시설들, 단체 및 개인 등의 수평적인 체계망

셋째, 서비스의 종류와 성격에 따라 서비스별 네트워크(network)로 구분된다(김영종, 2010). 앞의 두 관점에 따른 분류가 서비스 수요자들의 측면에서는 전달체계로부터 어떠한 영향을 받는지 등을 직접 반영하지 못하고, 오히려 서비스 공급자들의 효율성만을 강조하게 될 위험성이 있다. 따라서 서비스 전달체계를 서비스 네트워크별로 구분하려는 시도는 서비스 수요자들의 측면을 보다 직접적으로 반영하며, 또한 지역사회 내에서 이루어지는 제반 서비스의 수요자와 공급자들 간 네트워크가 연결되어 있기 때문에 지역사회적 관점에서 반영된다.

이에 따라 사회복지서비스 전달체계에 관한 구조를 분류해 보면 조직군, 핵심 조직, 그리고 네트워크-유지구조로 분류된다(김영종, 2010). 첫 번째, 조직군은 특정한 서비스전달체계에 포함되어 있는 모든 조직으로 서비스전달체계를 어떻게 규정하는가에 따라 규정된다. 두 번째, 핵심 조직은 조직군에서 핵심이 되는 조직으로 한 전달체계 내에서 조직들 간에 이루어지는 다양한 성격의 교환관계들에서 조정의 역할을 적절히 수행하거나, 다수의 조직들이 필요로 하는 주요 자원들을 통제하고 있거나, 혹은 공식적/합법적으로 조정과 통제의 역할을 부여받고 있는 조직이다. 사회복지전달체계에서는 공공과 민간조직들이 혼합되어 조직군을 형성하는데, 대개의 경우 공공조직들이 핵심 조직의 역할을 수행하는 것이 보통이다. 세 번째, 네트워크-유지구조는 한 전달체계 내의 조직들의 경우 네트워크를 개발하거나 유지하는 데 필요한 구조들을 갖추고 있다. 비공식적인 조직들 간의 모임(예 기관장이나 프로그램 담당자들 간의 모임), 조직들 간의 공식적인 협의체(예 사회복지관협회), 기획 기구를 통한 모임(예 공동모금회), 혹은 기관들에 대한 지원

서비스를 담당하는 조직(예 프로그램 보급사업 기관) 등이 여기에 속한다. 다만, 네트워크-유지구조의 성격에 따라 서비스 전달체계의 조직군은 강력하게 혹은 느슨하게 연결될 수 있다.

우리나라의 일반적인 사회복지전달체계는 정책은 중앙정부에서, 예산은 지방자치단체에서 부담하는 지방분권화 형태로 2005년부터 구조화되어 운영되고 있다. 그리고 실제적인 서비스 전달은 대부분 지방자치단체의 예산을 지원받는 민간비영리 사회복지법인 등이 운영하는 사회복지시설에 의해 이루어지고 있다.

한편 사회복지전달체계에 관한 논쟁으로 민영화와 영리화에 관한 것이 있다. 민영화는 전통적으로 공공영역에서 제공해 오던 서비스를 민간기관으로 제공 주체를 이양하여 서비스를 제공하는 것이며, 영리화는 최근 노인복지시설의 영리기관 운영을 법적으로 허용하는 등 서비스혁신사업에서 제공자로서 영리기관이 참여하는 것 등을 의미한다.

서비스 공급에 있어서 전통적 접근방식에서는 이러한 두 영역, 공공부문과 민간부문이 엄격히 구별되는 것이 특징이다. 과거에는 각 영역이 독립적으로 역할을 수행해 왔다. 즉, 공공부문은 세금 등을 재원으로 하는 국가재정과 공공행정시스템을 바탕으로 복지급여를 전달하고, 민간부문은 비영리조직 등 순수한 민간의 자발적 자선금을 재원으로 복지서비스를 생산 및 전달하거나 영리조직이 시장 기제를 통하여 서비스를 생산 및 전달하는 것이었다. 그러나 오늘날은 공공부문과 민간부문을 엄격하게 구별하는 것이 힘들어지고 있다. 오늘날 민간은 국가의 재정보조 혹은 다른 민간과의 서비스 계약을 통해 서비스 제공을 하는 경우가 많아졌기 때문이며, 이러한 환경 속에서 서비스 공급체계를 양분화하는 것에는 한계가 존재하고 있다.

따라서 민관협력을 촉진하기 위한 복지혼합(welfare mix)으로서의 점진적 변화는 세 가지 방향에 초점을 맞춰 이루어지고 있다. 첫째, 국가의 직접서비스 비중을 축소하고, 비영리부문의 역할을 증대시키는 것이다. 둘째, 제3

섹터가 서비스의 주 제공자로 등장하면서 이들에 대한 국가재정 지원이 증가하고, 이들의 책임성을 강화하는 방향으로의 전환이 이루어지는 것이다. 셋째, 한편으로는 서비스의 수혜자 및 공급자 간 관계규제를 위해 시장기제의 도입이 부분적으로 이루어져 각 영역별 경쟁체계가 강화되고 있는 것이다.

2. 사회복지전달체계의 운영 원칙

전통적인 사회복지전달체계의 운영에 대한 문제점으로서는 길버트와 스펙트(Gilbert & Specht, 1974)가 제기한 파편성(fragmentation), 단절성(discontinuity), 접근제약(inaccessibility) 및 무책임성(unaccountability)이 대표적이다. 첫째, 파편성(fragmentation)은 조직의 특성 및 다른 조직과의 상호관계 등에서 기인하는 것인데, 특히 조직 간의 협동, 조직의 위치, 사회복지서비스의 전문화 또는 중복 등의 문제와 관련되어 있다. 이것은 조직의 구조상의 결함이라고 할 수 있다. 둘째, 단절성(discontinuity)은 한 전달체계 내에서 서비스 연계망이 제대로 작동되지 않고 한 기관이 클라이언트의 욕구와 필요한 자원을 연계하려 할 때 장애를 받을 경우에 나타난다. 셋째, 접근제약(inaccessibility)은 수혜자의 신분, 인종 또는 기타의 특성 때문에 서비스의 수혜를 받을 수 없게 되는 것을 말한다. 넷째, 무책임성(unaccountability)은 하나의 사회복지서비스 조직 내에서 서비스를 받는 수혜자와 의사결정권자와의 관계에 관한 것이다. 달리 말하면 무책임성은 국가로부터 사회복지서비스를 전달하도록 위임받은 조직이 서비스 전달에 대하여 책임을 지지 못하는 경우를 말한다.

이러한 전달체계 운영의 문제점이 발생하지 않기 위해서는 사회복지전달체계의 운영 원칙이 준수되어야 할 것인데, 이 때 전달체계를 운영하는 원칙으로서 제시되고 있는 개념이 책임성(accountability)이다. 1960년대 개별사회사업에 대한 연구에서 사회복지조직의 책임으로서 효과성(effectiveness accountability)

이 논의된 뒤, 휴먼서비스(human service)의 책임 효율성(efficiency accountability)에 대해 연구들이 이루어졌다(Fischer, 1989). 그리고 1980년대 사회복지 프로그램의 효과성과 효율성을 높이기 위한 방안으로서 책임성 있는 조직(the accountable agency)이 강조되었다(Carter, 1983; Martin & Kettner, 1997).

1990년대 중반에는 새로운 연구경향으로서 '새로운 책임성(new accountability)'에 대한 연구가 이루어졌다(Martin & Kettner, 1997). 영국에서는 정부에 의해 공익업무 종사자들이 그들의 업무와 행동에 대해 책임을 져야 하며 그런 의미에서 업무의 감독을 받아들여야 한다는, 이른바 공익적 삶의 7가지 원칙(the seven principles of public life)의 하나로서 책임성이 정의되었다(Public Service Committee, 2006).

최근에는 유럽연합(EU)에서 정치적으로, 학술적으로 책임성의 주제가 이슈화되고 있다. 이처럼 1990년대 중반 이후 사회복지와 같은 공공성을 가진 서비스 분야 등에서 책임성은 문제에 대처한다는 측면보다는 더 나은 서비스를 제공하기 위한 노력의 차원에서, 소위 '책임성의 시대(age of accountability)'(장인협·이정호, 2006)로 불릴 정도로 주요한 관심영역이 되었다(김제선, 2010).

〈사회복지에서 책임성의 의미〉

원래 'accountability'라는 단어는 라틴어 'accomptare'(책임을 지다)에서 유래한 것으로, 고대 그리스와 로마에서 여신제도(money lending systems)에서 사용된 단어 'terminology'를 확장한 것이다. 이처럼 책임성은 회계(accounting)라는 개념에 뿌리를 두고, 처음에는 부기(bookkeeping)를 수행하고 이를 외부인에게 설명(audit, account)한다는 좁은 의미의 설명으로부터 비롯되었다.

'accountability'에는 필수적으로 형벌적인 의미가 내포되어 있다. 그래서 조직에 있는 어떤 사람들은 그들의 업무가 효과와 연결되는 것을 두려워하고, 특히 창조적인 일(사업)이 효과적인가로 연결될 때에는 그 일(사업)을 중단함으로써 자신의 책임성을 확보하려는 문제가 생긴다.

『표준국어대사전』(국립국어원, 2021)에서 책임은 "① 맡아서 해야 할 임무나 의무, ② 어떤 일에 관련되어 그 결과에 대하여 지는 의무나 부담, 또는 그 결과로 받는 제재, ③ 위법한 행동을 한 사람에게 법률적 불이익이나 제재를 가하는 일"로 정의되고, 책무는 "직무에 따른 책임이나 임무"로 정의된다.
이 두 개념은 업무에 따르는 결과를 최종적으로는 법률적 불이익이나 제재까지 포함한다는 점에서는 같으나, 책무는 개인의 직무 범위 내로 한정된다면, 책임은 개인의 직무를 넘어 일에 관련된 주체(조직, 사회, 국가 등)의 도덕적 이행과 결과까지도 의미한다는 점에서 다르다. 즉, 책임성(accountability)은 책무성(responsibility)을 포괄하는 개념이다. 책임성은 개인뿐만 아니라 어떤 일에 관련된 주체(조직, 사회, 국가 등)에 대한 업무의 도덕적 이행과 업무의 수행절차 및 결과로 인한 형벌적인 의미를 지닌 개념이다.
출처: 김제선(2010).

책임성이란 사회복지전달체계가 사람들의 욕구나 문제에 개입하여 해결하도록 위임받은 전문적 임무를 충실히 수행했는가를 판단하는 기준이다. 책임성은 클라이언트 및 지역사회, 그리고 법·규정과 상급기관의 기대와 요구에 얼마나 민감하고 적절하게 대응하는가와 관련된다. 즉, 지역사회의 요구, 클라이언트의 요구, 법·규정 및 상급기관의 요구에 민감하게 반응하는 것이 책임성을 다했다고 말할 수 있다. 책임성은 다음과 같은 하위개념들로서 효과성과 효율성이 있고, 그 안에 또 다시 세부 하위개념들로 체계화되어 있는 개념이라 하겠다.

첫째, 효과성(effectiveness)은 계획된 목표를 과연 제대로 달성했는지를 판단하는 것이다. 사회복지행정의 효과성은 주어진 목표의 달성 여부로 판단할 수 있다. 사회복지(행정)의 목표는 욕구의 충족을 통한 클라이언트의 생활수준과 만족을 높이는 것이다. 이것은 욕구충족을 위해 개입하는 서비스가 갖추어야 할 전제조건이라고 할 수 있는데, 서비스 제공 측면과 행정적 측면으로 다시 분류된다. 서비스 제공 측면에서는 적절성, 포괄성, 지속(연속)성, 평등성이 충족되어야 하며, 행정적 측면에서는 전문성, 통합성, 접근성이 충족되어야 한다.

둘째, 효율성(efficiency)은 자원의 제약을 받는 활동에서 고려되어야 할 기준이다. 제한된 자원으로 좀 더 많은 클라이언트의 욕구를 충족시켜 주기 위해서는 최소한의 비용으로 최대의 효과를 거둘 수 있도록 하는 것이다. 달리 말하자면, 주어진 목표를 가능한 한 최소의 비용으로 하거나, 주어진 비용이라면 최대로 산출해야 한다는 것이다. 그러나 여기서 주의해야 할 것은 효율성 그 자체가 제1의 목표가 되어서는 안 된다는 것이다(이준영·김제선, 2012).

〈표 3-3〉 사회복지전달체계의 운영 원칙

대분류	중분류	세분류		내 용
책임성	효과성	서비스 제공 측면	적절성	각 클라이언트마다 욕구의 종류와 양이 다르기 때문에 필요로 하는 서비스가 충분히 제공되도록 서비스의 질과 양을 유지할 수 있어야 한다는 것
			포괄성	여러 욕구에 부응하기 위해 서비스가 다양하게 제공될 수 있어야 한다는 것
			지속 (연속)성	다양한 욕구를 가진 클라이언트에게 순차적으로 필요로 하는 욕구가 중단되지 않고 충족되도록 한다는 것
			평등성	성별, 연령, 지역, 종교, 지위 및 소득 등에 따라 클라이언트가 차별을 받아서는 안 된다는 것
		행정적 측면	전문성	클라이언트의 개별적이고 구체적인 욕구를 식별하고 개입방법을 선택하며 개입결과를 측정하기 위해서는 전문적인 자격을 가진 사회복지사의 권위를 인정하여 자율결정권을 부여하고 그 결과에 대하여 스스로 책임질 수 있도록 전제되는 것
			통합성	다양한 서비스를 통합하거나 관련자 및 기관 간 조정을 추구하여야 한다는 것
			접근성	클라이언트가 서비스를 받는 데 심리적, 재정적, 시간적, 공간적, 절차적, 기술적(정보부족) 접근제약 등으로 서비스의 평등성이 저해되지 않아야 한다는 것
	효율성			동일한 효과라면 적은 비용이 소요되는 방법을 택할 것

3. 우리나라 사회복지전달체계의 변화와 모형

우리나라 사회복지전달체계 변화로는 보건복지사무소 시범사업(1995년), 사회복지사무소 시범사업(2004년), 주민생활지원서비스 체계 도입(2006년), 시·군·구 희망복지지원단 설치(2012년), 맞춤형 복지전달체계 개편(2013년 말), 읍·면·동 복지허브화 추진(2016년), 찾아가는 보건복지서비스 실시(2018년) 등이 있었다.

이 중에서 보건복지사무소와 사회복지사무소는 시범사업에 그쳤다는 한계가 있으며, 주민생활지원서비스 체계 도입은 수요자 중심으로 8대 서비스(보건·복지·고용·주거·교육·문화·체육·관광)를 동주민센터 복지담당이 제공한다는 과감한 개편을 시도하였으나 기존 전달체계의 구조와 관련 업무 프로세스의 효율화 정도, 인력배치 수준 등을 고려할 때 실현 불가능한 상황이었다는 한계가 있었다.

또한 시·군·구 희망복지지원단의 경우에는 최소수준의 인력보강과 서비스 축소(8대 서비스에서 5대 서비스로 변화), 사회복지통합관리망 구축 등을 통한 사회보장의 체계화에 기여한 점이 있으나, 여전히 부족한 인력과 시·군·구 중심의 사례관리에 따른 접근성 문제와 읍·면·동과의 업무중복 등 비효율성이 문제로 제기되었다.

맞춤형 복지전달체계(2013년), 읍·면·동 복지허브화(2016년), 찾아가는 보건복지서비스(2018년) 등은 읍·면·동 중심으로 복지기능 강화와 더불어 민관협력 활성화를 통한 지역중심 사회보장 체계 구축이라는 큰 흐름으로 이어져 왔다.

김영종 등(2016)은 우리나라 사회복지전달체계의 시기를 분류함에 있어 4단계로 제시하였다. 첫 번째의 단계는 1.0시기(1987~2005년)로 읍·면·동＋사회복지전문요원 체계가 중심이 되며, 사회복지전문요원의 전문성을 매개로 영세민의 선정절차에서 발생했던 불만을 해소하는 성과가 나타났다. 두 번째의 단계는 좀 더 세부적인 구분을 통해 두 시기로 분류되는데, 우선 2.0

시기(2006~2009)로 시·군·구＋사회복지직 공무원 체계가 중심이 되며, 조직이론에서 강조되는 분업과 효율성을 강화하는 것을 매개로 급여사무처리의 범위가 확대되었고 급여기준에 대한 일관성을 제고하면서 부정수급자가 줄어드는 성과가 나타났다. 다음은 2.5시기(2009~2013)로 사회복지정보망＋희망복지지원단이 중심이 되며, 민간 중심의 사례관리를 도입하고 네트워크 등의 전문적 체계를 갖춤으로써 통합사례관리를 확대하는 결과가 나타났다. 세 번째의 단계는 3.0시기(2014~2016)로 사회복지정보망＋희망복지지원단＋읍·면·동 허브화가 중심이 되며, 주민 참여와 민관협력 등의 지역성을 강화하는 것을 매개로 복지사각지대의 해소 및 복지체감도가 향상되는 성과가 나타났다.

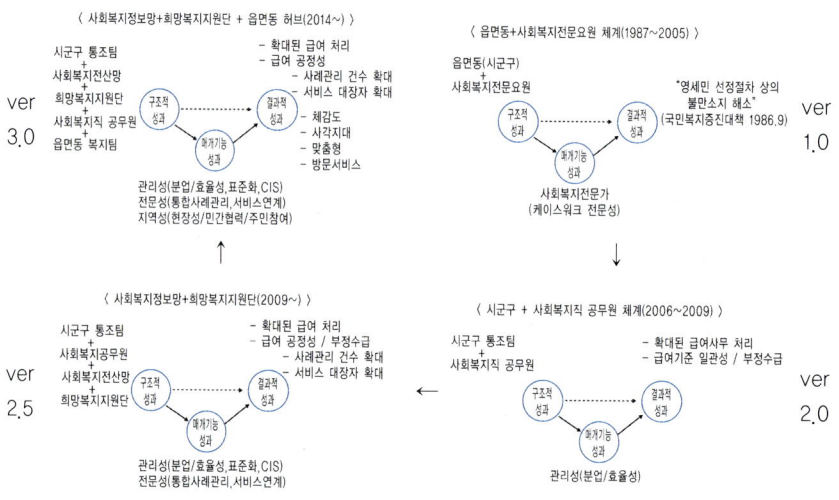

[그림 3-1] 우리나라 사회복지전달체계 모형의 변화

출처 : 김영종 등(2016).

이와는 별도로 김제선 등(2018)은 사회복지전달체계의 이슈와 주요 복지제도의 발달, 그리고 사회복지전담공무원의 정원 인원의 변화 등을 토대로 5단계로 제시하였다. 1단계는 1987년부터 1999년까지의 시기로 생활보호,

읍·면·동 중심, 수기관리 등의 특징이 나타났고, 2단계는 2000년부터 2005년까지의 시기로 국민기초생활보장제도의 전환, 읍·면·동 중심, 전산화 시도 등의 특징이 나타났다. 3단계는 2006년부터 2009년까지의 시기로 시·군·구 강화, 전산 강화, 체계적 대상자 선정/ 관리 등의 특징이 나타났고, 4단계는 2010년부터 2013년까지의 시기로 읍·면·동/ 시·군·구 동시 강화, 전산 고도화, 맞춤형 서비스 등의 특징이 나타났다. 마지막으로 5단계는 2014년부터 현재까지의 시기로 읍·면·동 강화, 찾아가는 서비스 등의 특징이 나타났다. 이러한 단계에 따라 사회복지전담공무원의 충원은 계속 증가한 결과를 가져왔다.

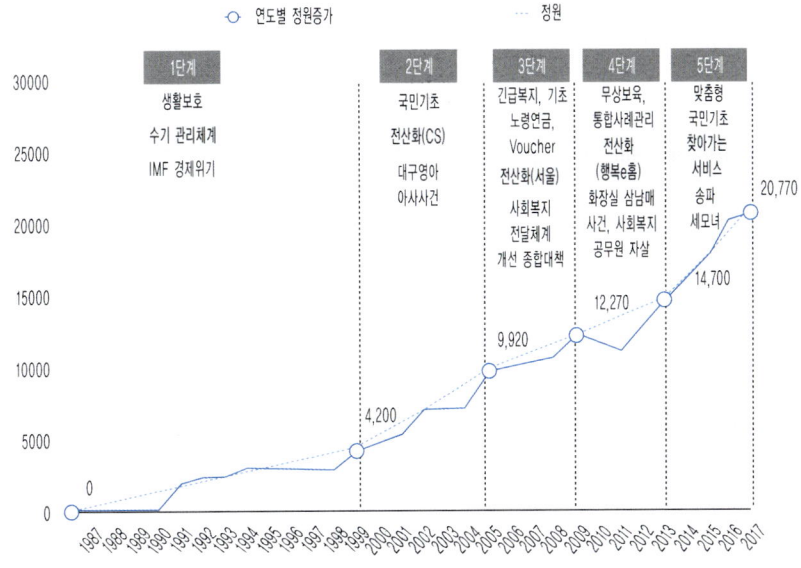

|그림 3-2| 사회복지전달체계의 발달 단계와 공무원의 증원
출처 : 김제선 등(2018).

제2절 사회복지전달의 주체

사회복지행정의 주체는 사회복지의 최종적인 책임이 어디에 있는가에 따라 설명된다. 실정법상 사회보험은 국가, 공공부조와 사회복지서비스는 국가 및 지방자치단체에 책임이 있다. 그러므로 실정법상 사회복지의 주체는 국가 또는 지방자치단체가 된다. 사회보장 주체를 공공부조법에는 보장기관으로, 사회복지서비스법에서는 보호기관 또는 실시기관 등으로 표현하고 있다(옥필훈, 2013).

사회복지행정 주체의 유형은 두 가지 관점에 따라 분류된다. 하나는 전통적 주체인 공공과 민간으로, 다른 하나는 정책주체, 운영주체, 실천주체 등으로 구분된다.

전자와 관련한 주체의 종류는 사회복지의 공공주체와 민간주체로 다시 분류된다. 공공주체는 일반적으로 국가와 지방자치단체를 의미하지만, 민간주체는 사회복지시설과 사회복지법인 등을 의미한다. 두 주체의 특징을 비교해 보면 공공주체는 사회복지를 통하여 사회적 형평성 확보를 추구하는 반면, 민간주체는 자선이나 사랑의 실천을 추구한다는 특징이 있다.

민간주체와 공공주체의 역할은 구분되는 측면이 있다. 첫째, 욕구의 유형에 따라 기본적 욕구인 경우는 국가가 하는 것이 좋고, 그 이상의 욕구는 민간에 의해 제공되는 것이 적절하다고 할 수 있다. 둘째, 문제의 파급효과(범위)에 따라 구조적 모순에 기인하는 것이라면 국가가 주도적으로, 개인적 성격의 문제라면 민간 중심으로 서비스를 제공하는 것이 적절하다. 셋째, 유연하고 신속하게 대응할 필요성에 따라 그러한 필요성이 낮은 경우는 국가가 우선적으로, 높은 경우는 민간이 우선적으로 개입하는 것이 마땅하다. 넷째, 서비스조직의 규모에 따라 큰 규모를 요구하는 경우는 국가적인 개입이 유리하고, 작은 규모가 요구되면 민간의 개입이 유리할 것이다. 다섯째, 통제의 필요성에 따라 강력한 통제가 필요한 경우 국가가, 그렇지 않으면 민간이 중심이 되는 것이 적절하다. 여섯째, 필요로 하는 재원의 규모에 따라 많은 재원을 필요로 하는 경우 국가조직이 유리하고, 적은 재원이 필요하다면 민간조직으로 가능할 것이다. 공공주체는 사회보험과 공공부조에 관련되는 서비스들을 제외한 대부분의 대인적 사회복지서비스를 민간주체에 위탁하거나 의존하고 있다. 이것은 공공주체가 행정전달체계로서, 민간주체가 집행진달체계로서의 기능들을 주로 담당하는 '분화현상'을 보여 주는 것이다.

그러나 여기서 행정이 아닌 사회복지의 주체라는 관점에서 보면, 최종적으로 책임이 있는 곳은 국가 또는 지방자치단체이다. 민간법인, 민간단체의 복지행위의 성질에 대하여는 원칙적으로 공적인 사회복지의 주체가 되지 못한다. 단, 국가 또는 지방자치단체로부터 특정의 복지업무를 위탁받아 수행할 수 있다는 견해가 있고, 또 다른 견해는 사적인 사회복지사업의 주체가 될 수 있음을 부인하는 것은 아니라는 것이다.

〈표 3-4〉 공공과 민간의 사회복지행정 주체 구분

구 분	공 공	민 간
이념	사회적 형평성	자선, 박애
의사결정 주체	의회	이사회
서비스 성격	광범위, 안전성	전문성, 융통성
재원	조세, 사회보험	기부금

후자는 사회복지행정의 주체에 관한 논의를 좀 더 명확히 하기 위한 것으로 정책주체, 운영주체, 실천주체로 나눌 수 있다. 정책주체는 사회복지정책을 계획하고 실행하며 평가하는 주체로서 일반적으로 국가 및 지방자치단체가 주를 이룬다. 운영주체는 사회복지사업을 조직 단위에서 운영하는 주체로서 민간사회복지법인이 일반적인 주체이지만 국가가 직접 운영하는 경우도 있다(예 국립재활원 등). 실천주체는 사회복지서비스를 클라이언트에게

직접 전달하는 개인적 주체로서 사회복지사, 임상심리사, 치료사 등의 다양한 주체가 사회복지조직에서 활동하고 있다. 현재 사회복지서비스 등을 공급하는 주체는 이전보다 다양화되고 있다.

이러한 주체에서 사회복지서비스 제공 등의 업무행위를 실질적으로 하는 것은 공법인이나 사인(私人)이다. 민간주체의 경우는 사회복지에 관한 지식과 기술을 지닌 전문가로서 자격증을 교부받은 사회복지사이며, 공공주체의 경우 이러한 사회복지사 자격증을 취득한 사회복지담당공무원이다. 이들은 주체의 기관에 소속된 주체의 사용인인데, 사회복지사 또는 사회복지담당공무원은 사회복지의 주체성이 인정되지 않는다는 입장과 국가 등으로부터 위임받아 업무를 행하기 때문에 주체가 될 수 있다는 입장이 있다.

| 사회복지사업 종사자 자격증 시대 (1970~1983) | 대학 등에서 사회복지학 전공자, 시설에서 5년간 종사자, 정부 주관 훈련기관에서 8개월 이상 훈련받은 자일 경우 자격 취득 |

| 사회복지사 1·2·3급 자격 시대 (1984~2002) | • '사회복지사업 종사자' → '사회복지사' 자격제도
• 4년제 대학 졸업자는 1급, 전문대학 졸업자 등은 2급, 5년간 사회복지법인 근무자 등은 3급 |

| 사회복지사 국가시험 시대 (2003~2018) | • 1급 자격취득을 위해 국가시험에 응시(4년제를 제외하고 1년 이상 실무경험 후 응시)
• 전공과목 이수 시 2급, 현장경험 등 3급 |

| 사회복지사 전문자격 시대 (2019~현재) | • 기존 1급·2급은 동일하게 유지, 3급은 폐지
• 전문사회복지사자격증(정신보건사회복지사, 의료사회복지사, 학교사회복지사) 신설 |

[그림 3-3] 사회복지사 자격 관리의 발달 과정

제3절 사회복지전달의 대상

사회복지행정의 대상은 「헌법」에 의하면 '모든 국민'이다. 다만, 「헌법」 제34조 제3항부터 제5항까지에서는 "여자, 노인, 청소년, 신체장애자, 질병·노령 기타의 사유로 생활능력이 없는 국민", 즉 사회취약계층에 해당하는 경우 국가에 의해 복지정책 및 보호를 받도록 하였다. 이에 특히 공공부조에 의한 사회복지급여 또는 서비스 등을 이용·제공하는 대상은 생활능력이 없는 국민 등으로 제한되는 경우가 있다.

사회복지 대상으로서의 욕구는 사회복지정책 혹은 사회정책이라는 범주에서 정책적으로 다루어질 수 있는 사회적 욕구나 위기의 영역을 의미한다. 즉, 그 사회가 해결해 나가야 할 사회적 문제나 위기가 무엇인가에 따라 다양하게 나타날 수 있다는 것이다. 저출산·고령화의 경우를 예로 들면, 일부 지역사회에서 나타나는 인구의 급격한 감소, 산업의 공동화, 노인 인구의 과도한 증가 등은 우리 사회뿐만 아니라 제도, 서비스 등의 대상을 변화시켜 왔다.

따라서 사회복지 발달과정에서 대상과 관련한 두 가지 변화들이 있어 왔다. 하나는 아동, 노인, 장애인, 다문화계층 등과 같은 소수의 사회취약계층을 대상으로 한 사회복지가 보편적인 일반 인구에게 확대되어 왔다는 점이다. 다른 하나는 경제적 문제를 중심으로 사회복지대상을 규정하였던 것에서 그것과 분리되는 교육, 훈련, 상담 및 지지 등과 같은 보호 욕구를 대상으로 포괄해 나갔다는 점이다.

이에 따라 사회복지제도에서 제공한 재화 및 서비스를 받는 사람을 '수혜자'로 보는 시각을 중립적인 용어인 '수급(권)자'로 변화시켰다. 최근에는 사회복지서비스의 개념이 사회서비스로 확장되면서 '이용자(user)'라는 용어가 점점 확산되어 가는 추세인데, 이는 서비스에 대한 구매자로서 선택권(right of choice)을 강조한 개념으로 볼 수 있다.

〈클라이언트 용어의 의미와 변화〉

클라이언트(client)라는 의미는 일반적으로 "전문가로부터 전문적 조언 또는 서비스를 이용하는 개인 또는 그룹"으로서 "고객(a customer)"과 같은 뜻이다. 사전적으로는 다음과 같이 정의된다. "사회복지기관, 정부 등으로부터 급여나 서비스 등을 제공받는 사람" 또는 "복지기관으로부터 서비스를 받거나 재정적 도움을 받는 또는 등록되어 있는 사람"이다. 한편 사회복지에서는 그 개념을 미시적, 중간적, 거시적 개념으로 구분해 정의하고 있다(Garthwait, 2012). 미시적(micro) 개념은 "사회서비스를 찾거나 받는 개인 또는 가족"이며, 중간적(mezzo) 개념은 "사회서비스를 찾거나 받는 그룹, 조직 또는 지역사회"이다. 거시적(macro) 개념은 "제공되거나 목표가 되는 개체로서 사회, 사회정책, 사회변화 또는 연구"이다.

그러나 근래에 들어오면서 민간부문과 공공부문에서 용어가 변화되었고, 그에 따른 개념적 의미도 다르게 사용되고 있다.

먼저 민간을 중심으로 한 사회(복지)서비스 영역에서는 「사회서비스 이용 및 이용권 관리에 관한 법률」에 따른 사회서비스의 개념이 도입되면서 기존의 '클라이언트(client)'라는 용어보다 '이용자(user)'라는 용어를 더 많이 사용하는 추세에 있다. 이용자란 "사회서비스이용권을 사용하여 제공자로부터 사회서비스를 제공받는 사람을 말한다."

다음으로 공공을 중심으로 공공부조 및 사회보장급여영역에서 사용되는 수급권자 및 수급자라는 용어는 1999년 9월 7일 「국민기초생활 보장법」(제2조)이 제정되면서 사용되기 시작하였다. 그리고 이들 용어는 최근 제정(2014년 12월 30일)된 「사회보장급여의 이용·제공 및 수급권자 발굴에 관한 법률」(제2조)에서도 사회보장급여 제공을 명확히 하는 측면에서 다시 그 정의가 규정되어 있다. 이들 법률에 따르면, 수급권자란 "사회보장급여를 받을 수 있는 자격, 즉 급여를 제공받을 권리를 가진 사람"이며, 수급자란 "사회보장급여를 받고 있는(받는) 사람"을 말한다. 이에 따라 수급권자와 수급자라는 의미를 구별해 사용할 필요가 있다. 그 이전에는 「생활보호법」 등을 근거로 '피보호자' 또는 '보호대상자'라는 용어가 사용되었다. 이렇게 변화된 이유는 급여 자격의 선정기준을 변경하면서 기존의 인구학적 기준에 근거한 선별성과 시혜적 성격을 수정하기 위해 '보호'라는 표현에서 '보장'이라는 표현으로, 또한 국가로부터 지원을 받을 권리가 인정되었다는 수급권의 개념이 도입되면서 '대상자'라는 표현에서 '수급(권)자'라는 표현으로 변화하게 된 것이다(이준영·김제선, 2012).

또한 민간과 공공부문에서 중요시되는 사례관리영역에서는 '내담자'라는 용어를 많이 사용하고 있다. 이처럼 사회보장의 급여 또는 사회(복지)서비스 이용과 관련한 그 대상에 대한 용어가 다양하고, 그 용어들이 변화되면서 여러 표현으로 사용되고 있다. 하지만 아직도 일반적인 의미에서 클라이언트라는 용어가 공통적으로 사용되고 있다.

이러한 내용을 정리하면 다음 그림과 같다.

사회복지(보장)행정에서 대상에 대한 용어의 변천

과거(2000년대 이전)		현재(2000년대 이후)	
클라이언트 (client)	→ 클라이언트 → (생활보호) 대상자	→ (사회서비스) 이용자 → 내담자 → (기초생활) 수급(권)자	(클라이언트)

제4절 사회복지전달의 급여

급여(benefit)란 사회복지 관련 법제에서 정한 것 및 기타 복지서비스 등 제도 또는 정책을 통해 사회복지서비스 공급자(주체)가 이용자(대상)에게 제공하는 무엇인가를 말한다.

사회복지행정에서 급여의 형태는 연구자에 따라 일부 차이가 있지만, 일반적으로 5가지로 설명할 수 있다. 급여의 형태 중 현물과 서비스를 같은 개념으로 보느냐, 아니면 다르게 보느냐에 따른 차이가 있다. 본 교재에서는 이 두 가지 급여 형태를 같은 하나의 형태로 보고 5가지로 설명한다.

첫 번째, 현물(kind) 또는 서비스(service)는 의료서비스, 교육, 주택, 음식, 직업훈련 및 상담 등이다. 이 급여형태의 장점은 용도와 지출 억제를 통한 목표효율성이 높아지고, 프로그램 이해 관련 집단의 정치적 선호도가 높아진다. 물품평등주의로 인한 프로그램을 도입하는 것이 쉬워지고, 규모의 경제가 실현될 수 있다는 점 등이다. 그러나 단점으로는 스티그마가 있을 수 있고, 프로그램을 운영하는 비용이 증가할 것이라는 것과 수급자 선택이 제한되어 자유롭게 선택할 수 있는 권리가 침해받을 수 있다.

두 번째, 현금(cash)은 일단 수급한 이후에 어디에 사용하는가 하는 문제가 이용자에게 전적으로 맡겨져 있다는 측면에서, 이용자의 효용을 극대화하고 이용자 선택의 자유와 소비자주권을 강화시키며, 인간의 존엄성을 존중하고, 프로그램 운영비용을 최소화한다는 장점을 가진다.

세 번째, 이용권 또는 증서(voucher)는 정부가 지불을 보증하는 일종의 전표로서 특정한 재화나 서비스를 구입할 수 있도록 구매력을 높여 주는 소득지원의 한 형태이다. 재화 및 서비스 선택에 있어 이용자, 즉 소비자의 한정된 구매력을 보조하는 정부의 장려금의 성격을 가지고 있기 때문에 정부로부터 서비스 이용자에게 제공되는 이른바 '선택권'이 주어지는 것으로 이해할 수 있다. 이렇게 소비자에게 선택권이 주어진 서비스영역에서 민간영리와 비영리부문의 공급자들은 클라이언트로부터 이용권를 확보하는 것이 재원을 얻는 방법이 되기 때문에 경쟁하게 된다. 그리고 공급자 간 경쟁의 증가는 공급자로 하여금 보다 낮은 비용으로 고품질서비스를 생산하도록 자극할 것이 기대된다. 그러나 현실에서는 사회서비스 조직들의 경쟁에 제한적이고, 이용자가 시장정보에 쉽게 접근하기 어려워 이용자 선택이 이루어지기 어려운 제약이 존재한다. 우리나라에서 공급자 간 경쟁과 이용자 선택이 모두 제한적으로 이루어진 노인돌보미 바우처 사업이 그 예가 되겠다(최성은 외, 2011).

네 번째, 기회(opportunities)이다. 장점은 사회의 불이익 집단들에게 진학, 취업, 진급 등에서 유리한 기회 부여를 할 수 있어 불평등 완화의 효과가 기대된다. 반면 단점은 단순한 기회의 제공은 불평등 완화에 기여하지 못하며, 사회 기득권을 합리화하기 위한 수단이 될 수 있다.

다섯 번째, 권력(power)이다. 사회복지 프로그램의 이용자로 하여금 정책결정 과정에 참여할 수 있는 권력을 주어 자신들에게 유리한 방향으로 정책의 내용을 결정되도록 하는 것을 말한다. 즉, 급여의 정책결정 권한을 이용자에게 얻을 수 있는 재화나 자원의 통제에 대한 힘의 재분배를 말한다. 이 때문에 권력 형태는 유동적인 교환 가치를 갖는 장점이 있다.

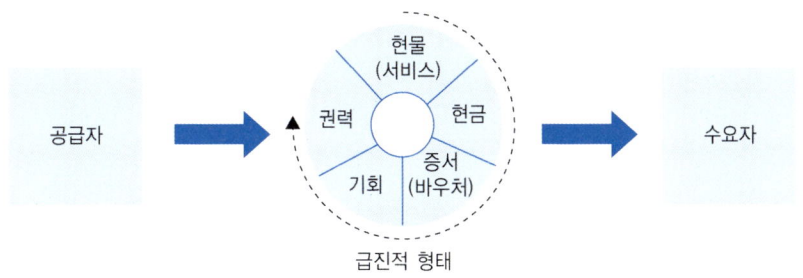

|그림 3-4| 사회복지행정의 급여형태

이러한 급여형태는 단순히 이용자 개인의 욕구충족 수단으로서뿐만이 아니라, 궁극적으로 개인의 장래 생활양태와 사회 전체의 건전한 작동의 원리로서 영향을 미친다. 때문에 어떠한 급여를 선택하느냐는 사회복지서비스에서 매우 중요하다. 전통적으로는 현물과 현금의 형태가 각각, 또는 중복적으로 제공되어 왔으나, 두 형태가 갖는 장점과 단점이 매우 극단적이어서 최근에는 증서(이용권, 바우처), 기회, 그리고 권력의 형태가 대안으로서 제공되고 있다. 각각의 급여형태에 따른 장점과 단점은 <표 3-5>와 같이 정리될 수 있다.

⟨표 3-5⟩ 복지급여의 형태별 장점과 단점 비교

급여 형태	장 점	단 점
현물/ 재화/ 서비스	목표 효율성 및 정책효과성이 크며, 이용자의 바람직한 소비행위를 기대할 수 있음. 이해 관련 집단의 정치적 선호도가 높고, 물품평등주의로 인한 프로그램 도입 용이함.	이용자가 사회낙인을 받을 수 있음, 수급의 선택 권리가 침해받을 수 있음, 프로그램 운영 비용이 증가할 수 있음.
현금	이용자의 효용 극대화 및 선택의 자유와 소비자주권이 지켜질 수 있으며, 인간존엄성을 준수하는 데 유리함. 급여 전달가정이 간편하고 운영비용을 최소화할 수 있음.	급여의 제공 또는 이용시점에 소비행위 또는 사용처에 대한 통제가 어려울 수 있거나 힘듦.
증서/ 이용권/ 바우처	급여가 정해진 범위 내에서 사용되고 일정 정도의 소비자주권 보장과 사회통제가 동시에 가능할 수 있음. 현물보다는 급여 전달과정이 간편하고 운영비용을 최소화할 수 있음.	사회복지조직들이 이용자의 선택을 유인하는 경쟁에 관심이 없거나 제한적이어서 소비자 선택이 어렵고 불완전한 정보에 의한 일방적 급여제공이 될 수 있음.
기회	사회의 불이익 집단에게 진학, 취업, 진급 등에서 유리한 조건을 만들어 줄 수 있어 불평등 완화의 효과를 기대할 수 있음.	단순한 기회의 제공은 오히려 불평등 완화에 기여하지 못할 수 있고, 사회기득권을 합리화하는 수단이 될 수 있음.
권력	재화나 서비스, 기회에 비해 사회경제적 선택에 대한 통제력은 더 많이 제공되기 때문에 유동적인 교환가치를 얻을 수 있음	형식적으로 권한이 이용자에게 주어지는 것처럼 보이지만, 실제적으로는 이전되지도 않고, 재화와 자원을 통제하는 결정이 힘듦.

CHAPTER 04

사회복지행정의 발달단계

제1절 사회복지행정 발달사에 대한 접근
제2절 사회사업의 행정 단계
제3절 사회복지의 행정 단계
제4절 사회서비스의 행정 단계
제5절 사회보장의 행정 단계

사회복지행정의 발달단계

 본 장에서는 사회복지행정이 발달한 단계에 대해 살펴보고자 한다. 사회복지행정을 제대로 이해하려면 사회복지에 관한 역사적 발달과정을 먼저 이해하는 것이 바람직하기 때문이다. 한국의 사회복지행정의 역사는 그다지 길지 않은 편이다. 실제로 한국에서 사회복지행정이 논의되고 체계화되기 시작한 것은 1990년대이며, 2000년대에 들어와서야 본격적으로 이론과 실증을 통해 연구되었다. 사회복지실천현장에서 행정을 중요시하고 본격적으로 적용하기 시작한 시기도 1990년대 후반부터라고 할 수 있다.[1] 전문적인 행정 개입이 요청되는 만큼 1980년대 중·후반부터 발달한 것으로 평가되고 있다(김영종, 2010). 그 이유는 1980년대 중·후반을 중심으로 사회복지서비스가 팽창함에 따라 전체 사회복지 공급량이 증가하였기 때문이다. 그럼에도 불구하고, 사회복지 발달과정이나 역사를 제대로 이해한다면 사회복지를 공부하는 데 있어서, 특히 사회복지정책이나 제도, 또는 행정에서 가지고 있는 원칙이나 원리들이 왜 설정되었고 어떻게 작동하게 되는지를 이해하는 데 도움이 될 것이다.

---

[1] 한국의 사회복지행정이 본격적으로 나타난 시기에 대해서는 약간의 의견 차이가 있다. 하나는 1980년대 중·후반부터로 각종 사회복지서비스 공급의 양과 연관된다. 즉, 사회복지 관련 법 체계가 확장되고 복잡해지면서 사회복지행정이 나타났다는 것이다. 둘째는 실제적인 측면에서 사회복지시설을 관리하는 체계뿐만 아니라 전문적인 이론들이 개입되면서 나타났다는 것이다. 이 시기는 1990년대 이후부터라고 할 수 있다.

제1절 사회복지행정 발달사에 대한 접근

한국에서 행정학이 하나의 독립된 새로운 학문으로서 연구·강의되기 시작한 것은 1959년 이후부터로 보고 있다. 행정학이 빠르게 팽창된 이유로는 행정능력 향상에 대한 요청, 미국과의 교류 증대, 발전행정과 행정국가화, 공무원 임용고시과목 채택, 군사정부의 권위주의적 통치 등 때문이다(오석홍, 2013).

이후 한국의 행정학은 5단계로 그 발달과정이 설명된다(최창호·하미승, 2010). 제1기는 1960년대에 해당하는 시기로서 외국의 행정이론이 도입되었다는 특징을 보인다. 그러면서 행정학은 수입된 교과서에 포함된 원리(principles) 내지 격언(proverbs)을 해설하는 형식이 지배적이었다. 수입된 외국이론의 타당성은 쟁론되지 않았으며, 그 수입된 이론을 기준으로 현실을 해석하고 개선해 나가는 데에만 주력하였다. 제2기는 1970년대에 해당한다. 이 시기의 행정학은 비교행정론에서 출발하여 발전행정론으로 확대되는 과정을 거쳤다. 이를 통해 새로운 '한국적 행정이론'을 형성하는 데 노력을 집중하였다. 제3기는 1980년대에 해당하는 시기이다. 이 시기에는 정책학 연구가 본격화되어 종래의 관리학적 행정학과 정책학이 쌍벽을 이루게 되었다. 제4기는 1990년대인데, 이 시기에는 지방자치제가 실시됨에 따라 관련 연구들이 활발하였다. 지방행정, 도시행정, 지역개발 등과 관련된 것들이다. 또한 행정정보화가 진전됨에 따라 정보관리, 전자정부에 관한 연구가 활발해졌던 시기이다. 제5기는 2000년대이다. 행정의 탈관료화(민간화, 규제해제 등), 고객중심행정(경영화, 행정품질관리 등), 시민사회행정(시민단체, 시민참여 등) 등에 관한 연구가 활발하였다.

반면 사회복지학에서 행정이 전공학문으로서 인정받기 시작한 것은 그렇게 오래되지 않았다. 1990년대 후반부터라고 할 수 있다. 다만, 인정을 받지 못했든, 비공식적이든 간에 사회복지학에서 사회복지행정으로 거슬러 올라갈 수 있는 시점은 일반 행정과 비슷한 1950년대부터일 것이다.

따라서 사회복지행정에 관한 연구자들마다 약간의 차이는 있지만, 본 교재에서는 사회복지행정의 발달 단계를 1950년대부터 사회복지행정의 원형 형성기[2])로 보고, 우리나라 사회복지학의 변용 시기와 사회복지실천현장의 변화 등과 맥락을 같이 하는 측면에서 단계를 구분하였다.

첫 번째 단계로는 1950~1970년대까지의 시기로서 사회복지행정으로서는 확립되지는 않았지만, 당시 사회복지시설에서 재정 등 조직의 운영을 위해 단편적으로 또는 비공식적으로 행정을 활용한 '사회사업의 행정 단계'로 구분하였다. 두 번째 단계로는 1980~1990년대까지의 시기로서 사회복지 발전이 법률체계나 제도적, 정책적으로 체계화되기 시작하면서 사회복지시설 등 사회복지조직뿐 아니라, 정책적으로 그리고 사회복지교육학에서도 사회복지행정을 공식적으로 도입하고 확립한 '사회복지의 행정 단계'로 구분하였다. 세 번째 단계로는 2000~2010년대 초반까지의 시기로서 기존의 민간 사회복지전달체계인 사회복지시설에서 중심이 되었던 것을 넘어 공공 사회복지전달체계와 네트워크 또는 협력 등의 관계로서 공동의 사회복지서비스 급여가 제공되는 과정에서 나타난 '사회서비스의 행정 단계'로 구분하였다. 마지막 단계로는 2010년대 중반~현재에 이르는 기간까지의 시기로서 '사회보장의 행정 단계'로 설명하였다.

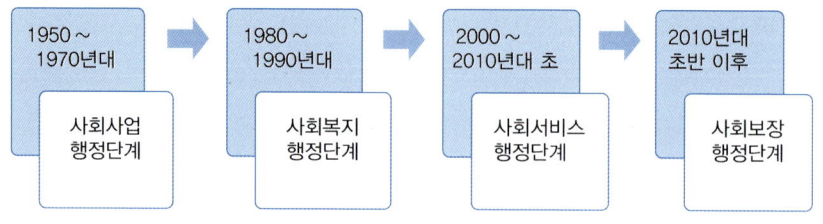

|그림 4-1| 한국의 사회복지행정 발달단계

---

2) 김영종(2010)은 사회복지행정의 원형 형성기(1950~1970년대), 사회성장기(1980~1990년대 후반), 그리고 패러다임 변환기(1990년대 후반 이후) 등으로 구분하였다.

〈미국의 사회복지행정에 대한 역사와 특징〉

사회복지행정이 비교적 먼저 출발했고 체계화된 미국의 경우 ① 전문직의 발달(19세기 중반~1930년대 전후), ② 사회복지의 팽창(1930~1970년대), ③ 사회복지행정의 본격적 등장(1970~1990년대), ④ 현재(1990년대 이후) 단계로 구분되거나(김영종, 2010), 첫 번째는 필요성 인식의 단계(1920년대), 두 번째는 행정 도입의 단계(1930~1950년대), 세 번째는 정체 단계(1960~1970년대), 네 번째는 도전과 발전의 단계(1980년대), 그리고 마지막 단계로서 책임성 시대의 단계(1990년대 이후) 등으로 구분될 수 있다(김제선 외, 2015).

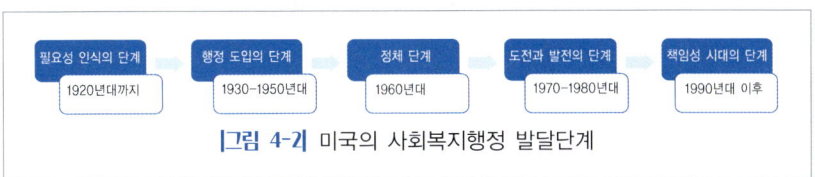

|그림 4-2| 미국의 사회복지행정 발달단계

미국의 사회복지역사에서 사회복지조직에 대한 행정을 중요하게 여기거나 더 발달할 수 있게 했던 배경에는 경제대공황, 빈곤과의 전쟁, 베트남전쟁의 참전, 오일쇼크 등의 역사적 사건과 관련되어 있는데, 이 사건들을 통해 사회복지의 개입이 오히려 사회적 문제를 해결하는 데 도움이 된다는 인식이 있었기 때문이다. 즉, 어차피 사회복지비를 점점 줄이려는 노력을 한다 해도 실제적으로 전체 사회복지비의 규모가 줄어들기는 쉽지 않았다고 보았다. 저소득층에 지원되는 예산을 무작정 줄일 수는 없었다. 그리고 가난한 사람들이 탈출하지 못하면 빈곤에서도 탈출하지 못하게 되는 것인데, 그 비용은 계속적으로 유지가 되고 오히려 거기에 새로운 문제가 나타나면서 예산은 더 늘어날 수밖에 없었다. 그래서 사회복지비가 굉장히 증대될 수 있었다. 그렇기 때문에 어쩔 수 없이 새로운 관리기법들이 필요하게 되면서 프로그램에 대한 관심과 새로운 관리 기법을 도입하게 된 것이다. 비용편익분석(CBA : Cost-Benefit-Analysis), 프로그램예산제도(PPBS : Program Planning Budgeting System), 그리고 프로그램 평가 및 검토기법(PERT : Program Evaluation and Review Technique) 등의 관리방법을 사회복지 분야에서도 도입한 것을 예로 들 수 있다. 이를 통해 학문적인 측면에서도 사회복지행정론으로 발전하게 되었다. 사회복지서비스를 효율적, 효과적으로 제공하기 위한 전달체계의 구축에 관한 논의가 활발히 이루어지면서 교육 측면에서도 사회복지행정을 전공으로 채택하는 대학이 늘어났다. 이와 같이 현실에서 사회복지행정은 미국 사회복지조직에서 중요한 영역이 되었다.

제2절 사회사업의 행정 단계

1950년대부터 1970년대 중반까지의 한국 사회복지행정은 '외원'[3])에 의한 구제사업을 관리하는 것에 집중되었다. 정부수립 및 한국전쟁 직후의 구빈 수준, 그리고 외국 원조 또는 민간 의존의 구호 수준을 통해서 당시 사회복지의 역할이 단순히 구호물자의 배분이거나 단순하게 수용시설을 운영하는 것에 초점이 맞추어져 있었음을 알 수 있다. 1948년 정부수립 이후에는 종래의 구빈 수준에 머물렀다. 1950년 한국전쟁 후 공식조직은 응급구호에 집중했고, 대부분 외원과 국내의 경우에도 민간 차원의 구호에 크게 의존했었다.[4]) 이 당시의 사회복지를 체계적·조직적인 활동이라고 보기 어려운 이유이다(김병식 외, 2007).

〈외원사회사업과 KAVA의 역할〉

한국전쟁이 발발하자 UN은 16개국의 군대를 참전하게 하였고, 그와 동시에 전쟁에서 부모를 잃은 고아와 피난민들을 구제하기 위하여 이들 국가로부터 구호, 사회 및 의료사업기관이 한국에 오도록 하여 당시 임시수도인 부산지역에서 응급구호활동을 시작하였다.
이렇게 모여든 외원들 중 7개 기관의 대표가 모여 효율적인 구호활동을 의논하기 위한 목적으로 외국민간원조기관한국연합회(KAVA : Korea Association of Voluntary

---

3) 외국의 원조단체 또는 외국의 민간원조기관을 줄여서 부르는 약칭이다.
4) 외국 원조단체에 의해 구제 사업을 하는 상태에서 정부는 사회복지에 대한 책임이 있었지만, 그 의무를 다하지 못하는 상황에 있었다. 그 때문에 한국 정부는 외국의 원조단체가 한국에 들어오는 것에 대해 굉장히 반겼고, 1980년대 이러한 외국원조단체가 한국을 빠져나가면서부터는 국내에 있는 내국인이 사회복지사업을 하는 것에 대해 간접적으로 지원하는 모양새를 취하고 있었다. 때문에 이 당시 사회복지시설을 운용했던 과정에 비민주성 또는 불투명성이 발생하더라도 정부가 하지 않는 사회복지사업을 그들이 대신 해주는 사회복지시설의 이러한 문제를 눈감아 주거나 모른 척하게 되었다. 결국, 그것들이 곪아터져 2011년에 유행했던 영화「도가니」와 같은 인권유린이나 부정부패가 일부 사회복지시설에서 발생하게 되었다는 지적도 있다.

Agencies)를 결성하였다. 그 후 전세가 호전되어 서울이 수복되면서 KAVA는 1954년 4월에 총회를 열어 정관을 채택하고, 초대회장에 가톨릭구제회 회장이었던 캐롤(George M. Carroll) 신부를 선정하여 발족하였다. 전후 복구기를 지나면서 KAVA의 회원은 꾸준히 늘어나 1970년 초에는 13개 국가에서 120개 기관으로 확대되었다. 그 기능도 확대 및 강화되면서 1970년대 중반까지 5개 분과위원회를 구성하여 보건의료, 사회복지, 구호, 지역사회개발, 교육 분야 등의 활동을 하였다. 이 과정에서 매월 및 매년 당면한 사회문제에 대해 토론하고 그 해결책을 모색하는 자세를 가졌는데, 이 과정에 필요한 과제는 정부의 정책으로 건의하였다.

KAVA 등의 후원으로 열린 1차 사회복지사대회(1969) 포스터

KAVA 회원단체는 40년간 전쟁 난민의 응급구호에서 전후복구사업에 이르기까지 현금 및 물자의 지원뿐만 아니라, 종래의 자선적 차원의 사회사업과 시설복지사업에서 탈피하여 병원 내 의료사회사업과의 설치, 전후 정착민을 위한 가정복지사업의 전개, 그리고 농촌개발을 위한 지역사회개발사업 등에 공헌을 하였다. 이를 통해 한국의 근대 전문사회사업 도입에 견인차 역할을 하였다.

한국의 경제발전과 더불어 1970년대 중반부터 응급구호와 전후 복구사업 지원을 목적으로 내한하였던 원외단체들이 점차 철수하면서 KAVA의 역할도 축소되었고, 사무국이 폐지되었다.

출처 : 카바40년사편찬위원회(1995)

이 시기에는 사회복지에 대한 전체사회의 자원 규모는 극히 제한적이었으며, 사회복지서비스 조직의 수와 규모 면에서도 영세성을 면치 못하였다. 한국전쟁 직후 고아, 부랑인 등에 대한 수용시설이 더 많았는데, 어떻게 하면 외원을 통해 조달된 구호물자를 효율적으로 배분하고, 보호해야 할 사람들에게 적절히 배분하며 시설을 운영할 것인가에 대한 사항이 중심이 될 수밖에 없었다. 그것을 위해 지금의 한국사회복지협의회와 같은 역할을 하는 외국원조단체협의회가 당시에 구성되어 기능하였다. 즉, 체계적인 조직관리와 인사관리 등은 관심의 대상이 아니었으며, 여전히 사회복지실천에 있어서 행정적인 지식을 필요로 할만큼의 경영이나 관리와 관련한 이슈들이 본격적으로 나타나지 않고 있었다. 사회복지에 필요한 자원이 절대적으로 부족한 상태에서, 사회복지의 효율적 관리의 문제는 일차적인 관심사에서 벗어나 있었다(김영종, 2010).

경제 중심의 성장은 사회복지행정의 발달보다는 오히려 사회복지의 자원확보를 위한 사회운동에 관심을 갖게 하였다. 1960년대 초 수많은 사회복지 법령들이 제정되고, 원호업무를 담당하는 군사원호청 등이 설립되었다(김병식 외, 2007). 그러나 1960년대 초부터 시작된 경제성장 우선정책은 사회복지를 국가적 투자 우선순위에서 낮게 책정하는 결과를 가져왔고, 사회복지 자원은 절대적인 것뿐만 아니라 상대적으로 부족했기 때문에 사회복지행정보다는 사회적 운동 등에 관심이 높았다(김영종, 2010).

1970년대까지도 사회복지 분야에서 분배나 운영의 효과성·효율성은 관심사에서 벗어나 있었고, 전문적인 사회복지서비스도 절실히 필요로 하지 않았던 시기였다. 1970년대 경제성장의 불평등문제가 점진적으로 표면화되기 시작하였으나, 공적 사회복지 프로그램은 빈민계층 중심과 시설보호 위주의 구호행정에 그쳤으며 사회복지에 대한 행정적 개입은 극히 미약하였다(김병식 외, 2007). 1970년대 중반에 이르러 외원기관들이 원조를 축소하거나 철수하기 시작하였고, 일부 사회복지 프로그램도 개발되었으나 행정적인 지식이나 기술의 필요성은 높게 인식되지 않았다.

빈약한 사회복지제도로 인해 전문가로서 사회복지직의 배출을 위한 교육제도는 역시 빈약할 수밖에 없었다(김영종, 2010). 1947년 이화여자대학교 기독교사회사업학과가 최초로 설치된 이후, 1953년 중앙신학교(현 강남대학교) 사회사업학과 등을 거쳐 사회복지사를 양성하는 대학의 교육 프로그램이 전국적으로 개설되었다. 미국의 경우 사회사업전문직은 현장에서의 필요성과 전문교육에 대한 욕구로 인해 대학교육이 뒤를 따랐다면, 한국의 경우 사회복지실천현장에서 먼저 요구되고 대학에서 사회사업학과를 개설한 것이 아니라 대학 자체에서 미래의 수요 예측의 기대를 목적으로 개설한 것이었다. 이 시기 1954년 키드네이(Kidneigh)가 내한하게 되었는데, 그는 대학에서 사회사업이 교육될 필요성을 제시하면서, 사회사업행정을 교과목으로서 제안하였다. 이 시기에 생겼던 사회복지학과들은 대부분 사회사업학과라는 명칭을 사용하였다.

〈초창기 한국 사회사업교육 및 관련 단체의 현황〉

한국에 있어서 사회사업교육이 최초로 시작한 것은 1947년 9월 이화여자대학교 기독교사회사업학과이다. 그 후 사회의 인식과 요구가 커짐에 따라 동 학과는 1958년 4월에 이르러 기독교교육전공은 기독교학과로 분리되고, 사회사업학전공은 사회사업학과로 독립하게 되었다. 다음으로 1953년 6월에는 중앙신학교에 사회사업학과가 설치되었고, 1957년 서울대학교에 사회사업학과가 설치되었다. 1958년 한국그리스도교회 신학교에 사회사업학 전공을 두었으며, 1961년 대구시에 한국사회사업대학이 설립되었다. 1963년에는 중앙대학교에 사회사업학과가 설치되었으며, 1964년 춘천시 성심여자대학에 사회사업학과가 설치되었고, 동년 원주시 원주대학에 사회사업학과가 설치되었다. 그리고 1969년 서울여자대학교에 사회사업학과가 설치되었다.

또한 현임훈련과 임용 전 훈련기관으로서 1957년 보건사회부에 의해 국립사회사업지도자훈련원이 설립되었으며, 1963년에는 메노나이드중앙재단에 의하여 기독교아동복지교육부가 설치되었다. 그리고 1968년 3월 부산탁아보모교육원이 설립되었다. 이 당시 사회사업교육의 자원단체는 다음과 같다. 먼저 한국사회복지연합회로 일제강점기 때 소위 조선사회사업협회로 있었던 것이 해방 후 한국사회사업연합회로 재발족하였다가 5·16 군사정변 당시에 한국사회복지연합회로 개편되었으나 아직 육아사업을 중심으로 한 시설의 연합체로서 사회복지 분야에 있어서 협의회의 기능은 하지 못하였다. 다음으로 1957년 2월 중앙신학교 강당에서 한국의 사회사업가들이 모여 한국사회사업학회를 결성하고 임원을 선거하며 학구적 연구활동을 시작하였고, 제2회 정기총회는 다음 해인 1958년 태화기독교사회관에서 모여 임원을 개선하고 연구활동을 계승하였으나, 지속적인 발전은 되지 못하였다.

그 후 1965년 서울대학교, 이화여자대학교, 성심여자대학교 등의 발기로 한국사회사업학교협의회가 조직되고 매월 정기적으로 모여 사회사업교육에 관한 제반문제를 토론하며 사회사업교육을 위해 노력하였다. 1967년에는 한국사회사업가협회가 조직되어 사회사업가들 간의 친목과 자질 향상을 위한 단체가 활동하였다.

1960년대까지 사회사업학과 개설 국내 대학 현황

학교	설치연도	졸업생 배출연도	비고
이화여자대학교	1947	1951	1947년 9월 기독교 사회사업과로 창설, 1958년 4월 사회사업학과 독립
중앙신학교 (현 강남대학교)	1953	1957	
서울대학교	1957	1963	1959년도부터 신입생 모집
한국그리스도의교회 신학교 (현 KC대학교)	1958	1962	1958년 5월 종교사회사업학과로 창설
한국사회사업대학(대구) (현 대구대학교)	1961	1965	
중앙대학교	1963	1967	
원주대학 (현 상지대학교)	1964	1968	
성심여자대학교(춘천)	1964	1968	
서울여자대학교	1968		1969년도부터 신입생 모집

출처 : 국립사회사업지도자훈련원(1969)를 수정함.

제3절 사회복지의 행정 단계

　1980~1990년대까지로서 경제성장이 일정 정도 성공적으로 정착이 된 시기이며, 대통령이 바뀌면서 정치구조가 변경되었던 시기이다. 또한 국제적으로 인지도가 높아지게 되는데, 대표적으로 1986년 아시안게임과 1988년 올림픽게임을 준비하고 개최하면서부터이다. 한국이 아시아의 작은 국가에서 살기 좋은 나라라는 것을 보여 주어야 했고, 남한과 북한이라는 대치상황을 이용하기 위해 북한보다는 오히려 잘 사는 모습을 보여 주어야 했던 측면이 있다. 그것이 곧 사회복지 발전으로 이어지게 되었다. 때문에 이 시기에는 사회복지와 관련된 공급체계가 많이 늘었고, 법적 체계와 제도, 정책, 서비스의 내용들이 풍성해지는 결과가 나타났다.

　한국의 사회복지환경은 1980년대에 들어 급격히 변화하기 시작하였다. 경제개발 위주의 정책들이 사회개발을 동시에 강조하는 정책들로 옮겨가게 되었는데, 이것은 사회복지에 투입되는 자원에 대한 우선순위가 높아지게 되고, 절대적인 자원량이 크게 증가되는 결과로 나타났다. 이전까지 사회복지시설들은 외원 등의 재정 지원으로 조직 내 운영에만 관심을 둠으로써 폐쇄적인 조직운영방식이 지배적이었다.

　재정자원 원천의 변화로 운영방식의 변화 요구와 새로운 형태의 전문적인 사회복지조직이 등장하게 되었다. 재정자원 원천의 변화는 필연적으로 조직의 운영 방식에 있어서의 변화를 요구하였으며, 1980년대 후반 종합사회복지관 중심의 사회복지 전문서비스기관들의 수가 급증하고, 각종 상담 및 치료전문 사회사업기관들도 나타나기 시작하였다.

　민간부문뿐만 아니라, 공공부문도 사회복지행정에 대한 새로운 필요성이 증가하였다. 1980년대 후반에 들어 사회보장과 관련한 공공부조서비스의 전달 인력을 사회복지 전문직으로 대체하기 시작하였다. 현재까지도 진행되고 있는 이러한 노력은 공공부문에 있어서의 사회복지행정에 대한 새로운 필요성을 증가시키고 있다.

1990년대 지방자치의 전면적 실시는 사회복지서비스 전달이 보다 체계적으로 관리되어야 할 필요성을 높였다. 사회복지서비스의 기획·전달·평가에 이르는 제반과정이 과거 중앙집중식의 획일구조에서부터 다양한 정부차원으로의 다원화된 구조로 전환되었다. 공공과 민간의 구분 약화 및 공공-민간 복합형태의 프로그램과 조직 등장으로 서비스 전달체계관리에 고도의 지식과 기술을 필요로 하였다.

이 시기의 주요 특징을 요약하면 다음과 같이 다섯 가지이다. 첫째, 제5차 경제사회발전계획에 '경제와 사회의 균형적 발전'이 천명되었다는 점이다. 이러한 정책적 분위기 속에서 기존의 '사회사업학' 명칭이 '사회복지학'으로 바뀌게 되었고, 사회사업행정에서 사회복지행정으로 그 내용과 성격도 확대되는 결과가 나타났다.

둘째, 아동, 노인, 장애인 등에 대한 사회서비스 확대 및 관련 법이 대폭 확충되는 시기였다. 1983년 「사회복지사업법」이 개정되면서 사회복지에 대하여 국가 및 지방자치단체가 책임이 있다는 것이 명시되었다. 또한 1997년 「사회복지사업법」의 전면 개정과 함께 시설의 신고제 및 평가제가 도입되었다. 이전에는 사회복지시설을 설립하려면 일정한 자격조건을 허가받아야 했는데, 신고제로 완화가 되면서 법인뿐만 아니라 개인들도 사회복지시설을 설립할 수 있는 근거가 되었다. 사회복지시설 평가제는 서비스의 질을 향상시키기 위해 모든 사회복지시설은 3년마다 평가를 받도록 하였다. 그동안 많은 예산이 필요하고 지역사회에서 자원들이 중복되고 누락되는 경향이 있었는데, 1998년 사회복지공금모금회가 출범하면서 그러한 자원들을 효율적으로, 효과적으로 모금하고 중복되고 누락되지 않게 배분하는 역할을 하게 되었다. 1999년 「국민기초생활보장법」이 제정되고, 2000년부터 국민기초생활보장제도가 시행되었다. 이로 인해 공공의 사회복지가 확대되고 휴먼서비스라는 결과를 가져오게 되었다. 이때 행정이 사회복지방법론으로 자리하게 되는 결과를 가져왔다고 보면 된다.

셋째, 복지시설 수의 급격한 증가로 자원 확보와 책임성에 대한 관심이 증가하였던 시기였다. 이에 1999년 한국사회복지행정학회가 창립되었고, 연구지인 「한국사회복지행정학」이 발간되었다.

넷째, 사회복지인력에 대한 수요의 증가와 공급의 확대가 나타났다. 1980년대 말 이후 사회복지에 대한 투자 증대는 사회복지인력에 대한 수요를 크게 늘려 놓았고, 그 결과 1980년대에는 전국적으로 사회복지 혹은 사회복지학과가 신설되었다. 그 결과, 1980년대 사회복지종사자에서 사회복지사로 개칭된 이후, 국가시험 자격을 넘어 전문 사회복지사 제도로 발전하게 되었다. 그러나 1990년대에 들어서도 사회복지인력에 대한 수요가 계속 늘어나면서 사회복지 전문인력의 초과 공급현상이라는 부작용이 생겨났다. 그럼에도 불구하고 국가가 사회복지사업을 책임지고 급여를 제공해야 하면서 중앙정부와 각 지방자치단체에는 그것을 전담하는 사회복지직 공무원이 필요하게 되었고, 1987년 사회복지전담공무원제가 도입되었다. 그 당시에는 별정직으로 임명되었으나, 1999년부터 현재와 같은 일반직으로 변경되었고, 지방자치단체에서 사회복지와 관련한 부서들이 늘어나면서 그 수 역시 증가하였다.

다섯째, 사회복지환경의 제반 변화들에도 불구하고, 사회복지행정의 지식에 대한 관심은 그리 높지 않았다. 현장에서의 사회복지행정에 대한 인식 부족, 전문직과 대학교육에서의 행정방법에 대한 관심 부족 등으로 인해 사회복지행정 지식들은 크게 활성화되지 못했던 것으로 보인다.

제4절 사회서비스의 행정 단계

2000년대 이후 한국의 사회복지행정 환경 및 특징은 다음과 같다. 첫째, 신사회적 위험(new social risks)에 대한 이슈화가 일어나면서 사회복지행정 수요가 확대되었다. 둘째, 사회적 배제문제를 위한 새로운 서비스의 개념과 틀이 정립되어야 할 필요성이 대두되면서 서비스 수행체계의 변화 및 변화하는 수행체계에 적절히 대응하는 지식개발과 교육체계에 대한 모색이 요구되었다. 셋째, 서비스 수행체계의 다선화와 다원화가 이루어지면서 지역사회복지협의체 설치와 지역사회복지계획 수립의 의무화, 사회서비스 바우처 사업 및 노인장기요양보험제도 실시, 4년제 대학 중 사회복지학과가 있는 학교가 늘어나고 그에 따라 사회복지사의 배출 규모도 급증하였다.

1990년대에 나타났던 사회복지행정의 필요성은 2000년대에도 지속되었다. 사회복지서비스에 대한 수요는 꾸준히 증가해 왔고, 그에 따라 이를 담당하는 인력과 서비스 조직들의 규모와 수도 증대하였다. 이에 비례해서 이러한 서비스조직을 적절히 관리하여 전체 사회의 사회복지적 목적 달성에 기여하기 위한 사회복지행정의 역할도 확대되었다(김영종, 2010).

그러나 단지 1980~1990년대 이래 사회복지의 양적 확장 국면에서 초래되는 변화에 그치는 것이 아니라, 사회문제의 성격 자체가 변화하고, 또한 사회복지서비스 공급방식의 패러다임이 바뀌는 상황으로 전개되었다. 저출산·고령화, 양극화, 이주민 등의 사회적 배제 등의 문제가 기존 사회보장질서의 붕괴 가능성으로 연결되면서 이에 대처하기 위한 새로운 전략들의 모색과 필요성이 제기되었다(김영종, 2010). 신사회적 위험의 급격한 대두 속에서 절대 빈곤의 문제에 귀속된 사후 복지적 접근보다는 예방적 목적의 사회투자 접근이 필요하였다. 이는 곧 보편적이고 일반화된 이른바 '사회서비스'를 본격적으로 다룰 수 있는 사회복지행정의 필요성을 초래하는 결과를 가져왔다.

사회서비스 행정의 필요성은 과거의 관점의 한계를 극복하는 패러다임을 가져왔다. 여기에다 신자유주의적 사조에 의해 발생하는 복지혼합(welfare mix)이라 불리는 사회복지 공급의 다원화는 필연적으로 사회복지 수행체계의 다선화와 복잡화를 초래하였다. 이러한 시기에 과거 기관 관리 중심의 사회사업행정이나 복지적 관점을 유지한 채 사회적 관계와의 확대를 시도했던 구 사회복지행정의 관점 역시 한계를 드러냈다(김영종, 2010).

복지공급의 다원화와 다선화로 인한 혼돈을 대처하는 방안은 곧 사회복지행정 지식의 확대로도 이어졌다. 신자유주의와 복지혼합의 결합으로 인해 발생하는 문제에 대처하기 위한 방편으로 첫 번째는 관리주의(managerialism)의 등장, 두 번째는 사회복지서비스의 지방화(localization)가 강화되었다. 단일 조직체계나 위계적 지배구조하에서 단순 행정조직의 방식으로 현상을 이해하고 설명하는 것은 더 이상 불가능해졌고, 통합된 새로운 사회적 정책의 목적으로서 기여할 수 있는 지식체계의 확충이 필요하였다(김영종, 2010).

신자유주의 등의 정치경제학적인 가치 이념에 따른 신공공관리(new public management)하에서는 효율성이 강조되었다. 이를 위해 민간위탁, 바우처 등에서 평가와 인증제 등과 같은 것을 통해 행정통제가 더욱 강화되었다. 신공공관리는 결과에 기초한 사후의 책임성(ex post result-oriented accountability)에 대한 늘어나는 중요성을 부각시킴으로써 오래된 전통적 책임성의 정의를 훼손하였다. 또한 계층적이고 피라미드적인 메커니즘을 강화함으로써 명확한 거버넌스 구조를 불투명하게 하였다. 공공행정의 이념적 변화에 따라 책임성의 관점이 달라지면서 비용적 측면에서의 효율성을 우선시하는 경향으로 바뀌게 되었고, 이는 실천현장에서 사회복지서비스의 전달을 두고 여러 고민을 안겨주었다(김제선, 2010).

기존의 대표적인 공급자 지원방식인 기관운영 보조금 지원방식에 대해서는 서비스 구매계약 방식(purchase of service contract)이 대안으로 제기되었다. 또 장기요양보험제도 도입과 지역사회서비스 혁신사업, 사회서비스 바우처

제도 등을 통해 수요자 지원방식이 확대되었다. 공급주체에서 영리부문의 비중이 커지는 변화 또한 나타났다(최성은 외, 2011).

제5절 사회보장의 행정 단계

주로 공공부조를 다루는 공공 사회보장전달체계의 시작은 1960년에 제정된 「생활보호법」하에서 생계급여의 책정과 지급이라는 단순한 업무를 시·군·구 혹은 읍·면·동의 여러 업무 중 하나로 취급되면서부터 이루어졌다. 이후 1980년대에 이르러 사회복지서비스의 필요성이 증가함에 따라 1987년 사회복지전문요원제도가 도입되었고, 비로소 공공부조 전달체계가 성립되었다고 볼 수 있다(최성은 외, 2011). 그리고 1997년 이후 외환위기를 계기로 사회안전망의 정비가 우리 사회의 중심과제로 등장하면서 종래의 「생활보호법」의 문제점을 대폭 개선한 「국민기초생활보장법」이 2000년 10월 1일부터 시행되었다.

여러 부처에서 사회보장정책을 관장하면서 일관성 있고 효과적인 정책 수립 및 집행에 한계가 있다는 지적에 따라 2012년 1월 26일 「사회보장기본법」이 전면개정되었다. 이는 모든 국민이 평생 동안 겪는 다양한 사회적 위험에 대하여 사회정책과 경제정책을 통합적으로 고려하여 국민의 보편적·생애주기적인 특성에 맞게 소득과 사회서비스를 함께 보장하는 방향으로 사회보장제도를 확대·재정립하는 데 개정의 의의가 있었다. 사회보장의 정의에서 출산, 양육을 사회적 위험으로 포함하여 보호하고, 사회복지서비스와 관련 복지제도를 사회서비스로 포괄하여 확대하며, 기본욕구와 특수욕구를 고려하여 소득·서비스를 보장하는 맞춤형 사회보장제도인 '평생사회안전망'의 개념이 도입되었다.

여기에 '송파 세모녀 자살' 등의 사각지대 문제가 발생하고 이를 정부가 사회적 문제로 인식함에 따라 사회보장 관련 법적 체계를 대폭 개선하려는 노력이 이루어졌다. 그 결과, 2014년 12월 9일 「국민기초생활 보장법」과 「긴급복지지원법」이 개정되었으며, 「사회보장급여의 이용·제공 및 수급권자 발굴에 관한 법률」이 제정되었다. 개정 「기초생활보장법」은 최저생계비 이하 빈곤층에게 통합급여로 지급했던 기초생활보상비를 생계·의료·주거·교육급여 등으로 나누어 별도 기준에 따라 지급하고, 부양의무자 기준을 현행보다 완화하는 내용을 담고 있었다. 개정 「긴급복지지원법」은 긴급 지원 대상을 선정할 때 지방자치단체장의 재량을 확대하고 대상 선정자에 대한 소득·금융재산 기준을 완화하였다. 또 위기 가구를 발굴하기 위한 위기 발굴 시스템 점검과 신고의무 확대 근거를 명시해 지방자치단체가 신속하게 대응할 수 있도록 하였다. 그리고 「사회보장급여의 이용·제공 및 수급권자 발굴에 관한 법률」에서는 「사회보장기본법」에 따른 사회보장급여의 이용 및 제공에 관한 기준과 절차 등 기본적 사항을 규정하고 지원을 받지 못하는 지원대상자를 발굴하여 지원함으로써 사회보장급여를 필요로 하는 사람의 인간다운 생활을 할 권리를 최대한 보장하고, 사회보장급여가 공정하고 효과적으로 제공되도록 하며, 사회보장제도가 지역사회에서 통합적으로 시행될 수 있도록 그 기반을 구축하는 것을 목적으로 하였다. 특히 「사회보장급여의 이용·제공 및 수급권자 발굴에 관한 법률」의 주요 내용은 「사회복지사업법」의 주요 내용들을 흡수하였는데, 주로 기존의 사회복지라는 의미보다 사회보장이라는 의미로 변경하였고, 사회복지전달체계나 서비스 관련 내용을 거의 흡수해 갔다. 이에 따라 「사회복지사업법」에서는 주로 민간 사회복지전달체계와 관련된 내용이거나 그 속의 종사자와 관련된 내용만을 담고 있었다.

과거와 달리 사회서비스 공급에 대한 재정지원이 확대되었고 이를 통해 사회서비스 공급에서 공공의 역할을 확대하여 서비스 이용자 부담을 덜어

주려는 노력이 있었다. 또한 민간의 서비스 공급자에 대한 지원을 중심으로 이루어진 공공과 민간의 관계를 효율화하고, 수요자에 대한 지원 중심으로 재편을 추진하는가 하면 더 나아가서 사회서비스 제공에서 영리기관의 역할을 확대하고자 하였다. 기존 공급자 중심의 전달체계에서는 공급자가 서비스 수요자를 선택하는 방식으로 서비스 전달이 이루어지고, 따라서 공급자에게는 서비스 질을 강화할 요인이 결핍되며 수요자보다는 정부의 요구를 우선하는 경향이 있었다. 더욱이 정부의 지원을 받는 비영리기관이나 공공 제공기관에만 의존해서는 증대하는 서비스 수요에 부응하기 어렵게 된 점도 이러한 변화를 촉진하였다(최성은 외, 2011).

〈사회복지서비스 전달에서의 민관협력〉

뉴거버넌스(new governance)의 관점에서 정부부문, 시장부문, 제3부문의 경계가 불분명해지게 되었다(이정주, 2005). 오늘날 우리 사회는 제한된 자원으로 다양한 서비스 욕구를 충족시켜야 하는 사회복지환경에 직면하고 있다. 이에 양쪽의 불일치를 해소하고 균형을 이루기 위해 뉴거버넌스이론이 설명하고 있듯, 파트너십(민관협력)을 통해 공공부문과 민간부문의 다양한 구성원들이 상호독립성, 자율성, 자원교환, 게임식 상호작용 등의 특징을 갖고, 과업과 책임을 공유하며, 공동생산을 지향하는 정부와 사회 간의 상호작용 형태의 통치방식으로 변화해 나가게 되었다. 민관협력이 궁극적으로 나아가야 할 방향은 권력이 균등히 배분되고, 이해관계를 같이하는 협력적 거버넌스라고 할 수 있다. 시어골드(Shergold, 2008)는 협력적 거버넌스란, 전통적으로 정부에 의한 계층제적 통제가 사회문제 해결의 핵심적인 기제였던 것과는 대조적으로 정부를 포함한 다양한 조직 간의 공식적·비공식적 협력이 강조된다는 점에서 혼합된 새로운 사회문제 해결방식이라고 정의하였다. 이와 같은 협력적 거버넌스(collaborative governance)를 잘 이끌어 가기 위한 실천전략 중 공공−민간 간의 업무를 세부적으로 조정해야 한다는 것이 관리적 측면에서 강조되고 있다. 또한 상호 간의 신뢰를 바탕으로 상호작용이 이루어지기 때문에 파트너십 주체 사이의 관계를 견고하게 구축하는 것이 필요하며, 상호 목표와 가치를 공유하고, 위험(risk)을 공유하며, 성과를 적절히 보상할 수 있는 책무성에 대한 기준을 만드는 것이 요구된다.

민관협력(PPP : Private-Public Partnership)[5]이란 용어는 1950년대부터 사용되기 시작하였다. 당시 민관협력의 개념은 공공부문이 수행하지 못하는 서비스전달 역할을 대신하는 자원조직(voluntary organization)들의 '공백 채우기' 역할을 의미했던 것으로(김석준, 2000), 민관협력(정부-민간 파트너십)의 이론적 출발은 시장과 정부실패로부터였다고 볼 수 있다(Wolf, 1988). 즉, 재정적 압박으로 인한 복지국가의 위기 속에서 서비스 제공과 관련한 공적 자원이 제약되자 공공부문이 찾아낸 새로운 재정원(財政源)으로서의 민관협력은 다양한 부문 간 협력체제를 통하여 재정위기에 직면한 다양한 서비스전달문제를 해결할 수 있는 대안으로 활용되었다(Lowndes & Skelcher, 1998). 최근에는 고용과 실업, 안전, 지역사회개발과 같은 중요한 사회정책을 집행하는 필수적인 수단으로 인식되고 있다(Osborne, 2000).

우리나라는 지방자치제도 도입과 함께 민관협력의 패러다임으로 변화해 왔다. 지방자치단체 도입(1991년) 이전에는 지방자치단체가 자율적 행정을 수행해 나갈 수 있는 제도적 기반이 확립되어 있지 않았기 때문에, 각 지역 상황에 맞는 행정을 펼치는 데 한계가 있었다. 이에 따라 중앙정부는 공공서비스의 일방적 공급자로서 관료적이고 일방적이며 수직적인 의사결정을 수행하였다. 지방자치단체 도입(1991년 지방자치제도 도입, 1995년 민선지방자치단체장의 선출 시작) 이후에는 정부의 서비스전달체계가 공급자 중심 시각에서 수혜자(정책 소비자, 주민) 중심 시각으로 옮겨가면서, 공급자와 소비자 사이의 소통과 교감을 이룰 수 있는 민관협력의 필요성이 커지게 되었다.

우리나라 사회복지 분야 민관협력의 기본방향은 지역에 거주하고 있는 주민들의 삶의 질(quality of life)을 끌어올릴 수 있는 적절한 서비스를 제공하는 것이다. 이는 복지전달체계의 문제가 지역의 제한된 자원과 주민의 사회서비스 욕구 증가라는 상반된 요인에서 제기되었다. 특히 지역사회 내에서 민간 자원을 적극 활용하여 국가재정 및 공적 제도의 한계를 보완하여 수요자에게 효율적인 복지서비스를 제공하기 위한 '민관협력 복지전달체계' 확립에 대한 논의의 필요성이 절실해졌다(장연신, 2013). 이를 위하여 민간 및 공공기관, 후원자 그룹, 비영리조직 및 자원봉사자, 가족, 지역주민 등 다양한 사회복지 주체들의 욕구가 포함된, 즉 복지 공급자보다는 수요자 중심으로 운영되는 체계 구축이 요구되었다.

---

[5] 민관협력과 관련하여 여러 가지 유사용어들을 찾을 수 있는데, 공조(Collaboration)(Gray, 1989), 사회적 파트너십(Waddock, 1989), 협력체제, 관민파트너십, 협동생산 등이 있다(오수길, 2003).

사회복지행정론

CHAPTER 05

조직이론 및 사회복지조직의 적용

제1절 조직이론에 대한 사회복지학적 관심사
제2절 고전이론
제3절 신고전이론
제4절 현대이론

조직이론 및 사회복지조직의 적용

본 장에서는 다양한 사회조직들이 어떻게 운영되는지 등에 관해 설명하고 있는 기존의 (사회)조직이론들의 주요한 요지 및 특징을 살펴보고, 그러한 이론들이 사회복지조직에 적용된다면 어떠한 이점 등을 가질 수 있는지를 판단하는 데 목적이 있다. 이를 위해 우선, 조직이론에 대해 접근하는 사회복지학적 관심사는 무엇인지를 설정하고, 그 설정 기준에 따라 과거부터 지금까지 수많은 연구자들에 의해 주장되어온 사회조직이론들 중 주요한 이론들을 토대로 고전이론, 신고전이론, 그리고 현대이론 등으로 분류한 다음 각각의 이론들과 모형들의 주요한 개념과 특징을 살펴본 다음에, 사회복지조직에 그러한 이론 또는 모형을 적용할 경우 어떠한 이점을 가질 수 있는지를 설명하였다. 이러한 학습을 통해 다음 장에 소개되는 사회복지조직의 구조를 어떻게 형성하고자 하는지와 관련된 사회복지조직의 설계를 하는 능력을 키울 수 있는 지식을 얻을 수 있다.

제1절 조직이론에 대한 사회복지학적 관심사

과거 농촌사회에서는 대가족제도가 있었기 때문에 조직이 필요하지 않았다. 그러나 점점 도시화, 산업화되면서 복잡해지고 공장들이 생겨나면서 생산성을 향상시키기 위한 조직의 운영제도에 관심을 갖게 되었다. 그 조직들이 가지고 있던 목적, 이를 테면 수익을 극대화하기 위한 많은 연구를 통해 조직이론으로 발전하게 되었다.

일반적으로 사회조직이론들은 주로 행정학이나 경영학에서 발전된 것으로, 어떠한 조직을 이해하는 데 있어 다양한 이론과 서로 다른 관점들을 통해 접근한다.

사회복지행정에서 조직이론에 관심을 가져야 할 사항은 3가지의 기본적 입장 차이를 대상으로 하였다. 첫째, 조직의 모든 구성원들이 공동으로 추구하려고 하는 목표와 각 구성원들이 추구하려는 목표가 과연 일치하는가에 대한 상이한 견해이다. 둘째, 조직이 추구하는 목표를 구성원이 적극적으로 추구하도록 하는 동기를 어떻게 부여할 것인가에 대한 견해 차이이다. 셋째, 조직이라는 체계를 폐쇄적인 것으로 볼 것인지 아니면 개방적인 것으로 볼 것인지에 대한 입장 차이이다.

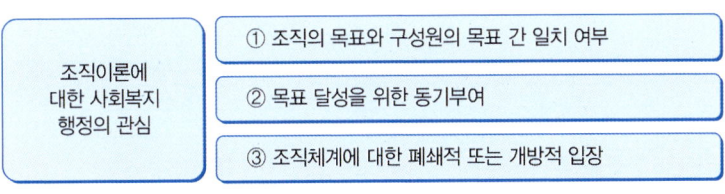

|그림 5-1| 조직이론에 대한 사회복지행정학적 관심 사항

조직이론은 가치 기준의 다원화, 연구 대상 선정의 다양화, 그리고 학문적 복합과학성이라는 성격을 지니고 있어 이론들끼리 대립하기도 하고 인정하기도 하면서 발전해 왔다. 특히 오늘날의 현대적 조직이론에서는 조직을 복잡한 체계로 보기 때문에 무모한 획일화를 피하고 분화 노력을 하고 있으며, 한편으로는 가변성을 용납하면서 일관된 요인을 찾으려는 노력을 하고 있다.

조직이론은 조직체 전체 및 내부구조와의 과정을 설명하기 위한 이론이다. 이는 다시 관심사에 따라 미시조직이론과 거시조직이론으로 구분된다. 미시조직이론에서는 구성원의 동기, 관리자의 리더십 등에 대하여 관심을 갖고, 거시조직이론에서는 조직의 구조, 조직의 문화, 조직의 기술 그리고 조직의 환경 등에 대해 관심을 갖는다. 조직체의 역동성(dynamic), 서비스기술을 규정하고 형성하는 과정 설명, 조직체와 환경(갈등), 그리고 조직체와 클라이언트와의 관계 등(목표의 일치 여부)이 주요 관심대상이 된다.

이에 따라 조직이론을 통해 조직에 관한 연구 분야는 조직구조론과 조직행태론으로 분류된다(Jones, 1995). 전자는 조직구조와 설계에 초점을 맞추어 조직을 이해하는 분야로서 위에서 말한 거시조직이론과 연관되어 있다. 후자는 조직 내 구성원들의 행태, 태도, 성과 등을 연구하는 분야로서 미시조직이론의 내용과 연관되어 있다. 다만, 주의해야 할 점은 이러한 모든 조직에 관한 분석에서는 조직의 속성 속에서 '규칙성'을 찾아내고 그것을 기술해야 한다는 점이다.

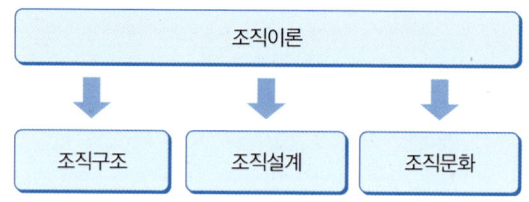

|그림 5-2| 조직이론과 조직구조·설계 등의 관계

이러한 관점에 따라 조직이론은 다음과 같이 3가지로 구분하여 설명할 수 있다.

첫째, 고전이론으로 불리는 것으로 과학적 관리모형, 공공행정모형, 관료제모형 등이 여기에 속한다.

둘째, 대표적으로 인간관계모형 등으로 신고전이론이다.

셋째, 현대이론으로서 구조주의모형, 체계모형 등이 있다.

넷째, 이 외의 의사결정모형, 상황적응모형, 자원의존모형, 정치경제모형 등이 기타 이론에 속한다.

제2절 고전이론

고전이론에서는 조직을 구성하고 있는 인간은 합리적인 규칙이나 경제적 보상을 통하여 기계적으로 조작이 가능하다고 가정하며, 조직의 목표를 위해서라면 구성원 개인의 목표가 불일치하더라도 문제가 되지 않는다고 한다. 이러한 특성을 지닌 고전이론에 해당하는 이론적 모형으로는 과학적 관리모형, 공공행정모형, 관료제모형 등이 있다. 이러한 고전이론에 속하는 모형들은 능률의 제고를 유일한 가치기준으로 간주하고, 조직의 관리과정과 조직구조 형성에 관한 원리 및 과학적 기법의 고안을 추구하여 보편적 법칙성을 발견하였다. 이것의 특징은 능률주의, 공식적인 구조 중시, 폐쇄체제적인 관점, 합리적·경제적 인간모형에 입각한 연구 그리고 과학성 추구 등이다.

그러나 인간이 정서적·감성적 욕구를 가진 존재임에도 불구하고, 이를 무시하고 경제적·타산적 존재 또는 기계적인 존재로 봄에 따라 다음과 같은 비판을 받았다. 첫째, 규칙 이행 및 통제를 강조하면 조직이 경직화되고 직원의 자발성과 창의성에 제약을 가져와 직원의 성과 수준을 떨어뜨린다는 점이다. 둘째, 조직에 미치는 환경의 중요성을 간과했다는 점과 셋째, 조직 내의 인간적 요소 또는 하위체계 및 비공식적 체계를 고려하지 않았다는 점이다. 마지막으로, 조직을 외부환경과 아무 상관없는 폐쇄체제로 규정하였다는 점이다.

1. 과학적 관리모형

테일러(Taylor, 1911)에 의하여 개발된 '과학적 관리(scientific management) 모형'은 경영학에서 발전하였다. 테일러의 인간관은 근대 자본주의적 합리적 인간관으로서 표현되는데, 노동자의 가장 큰 관심사는 높은 보수이며, 사용자의 가장 큰 관심 역시 높은 생산성을 통한 최대 이익이라는 것이다.

이 이론적 모형이 나오게 된 배경을 살펴보면, 시장 규모의 확장 및 기술과학의 급속한 발달로 1880년대 기업의 규모가 커지고 공장제도가 본격화된 시기였다. 그러나 대량생산은 분업화를 철저히 추진하여 인간이 기계에 예속되는 사태에 이르렀고, 임금제도와 관리방법에 반발하는 노동자들은 자주 조직적인 태업을 하는 상황이 자주 발생하였다. 이러한 문제를 해결하기 위해 능률증진운동이 전개되었으며, 이어서 '관리 과학화'하는 방향으로 다시 전개되었다. 즉, 인간의 행동을 시간단위로 관찰하여 과업의 성과를 측정하고 이러한 성과에 따라 경제적 보상의 크기를 달리한다면 조직이 원하는 목표를 달성하는 데 필요한 동기를 부여할 수 있다고 보면서 과학적 관리모형이 나왔다고 할 수 있다.

이 모형의 장점 또는 긍정적인 것으로 볼 수 있는 부분은 첫째, 기업조직의 문제를 연구, 분석하고 해결함에 있어서 과학적 방법을 광범위하게 적용할 수 있다는 점이다. 둘째, 과학적 관리법의 경이로운 생산성의 향상 및 조직적 능률을 개선하는 단순한 메커니즘과 기법을 사용할 수 있다는 점이다. 하지만 첫째, 인간이 임금이라는 금전적인 요인에 의해서 동기부여된다는 측면을 너무 강조한 점, 둘째, 환경의 변화에 대처할 대안을 마련하는 데는 유용한 측면을 소홀히 한 점 등은 이 모형의 한계로 평가된다.

이 모형을 사회복지조직에 적용한다고 가정하면 다음과 같은 기대효과를 예상할 수 있다. 즉, 업무 부담이 낮은 공공복지기관에서 직원능력, 과업기대, 보상체계를 검토하여 보는 것은 효과가 있을 수 있다는 점이다.

반면 다음과 같은 문제들이 발생할 수 있다는 예상도 해볼 수 있다. 첫째, 경제적 보상을 통하여 인간의 활동을 효율적으로 통제할 수 있으나 사회복지를 위한 서비스의 제공은 단지 계량화된 측정지표로서 그 성과를 판단하기 어려운 문제가 있다. 둘째, 사회복지조직이 행하는 모든 활동은 클라이언트와 이러한 규범적 선택이 애매해질 수 있다.

2. 공공행정모형

공공행정모형의 가장 큰 특징은 분업과 통제의 범위(span of control)를 통한 목표달성을 강조하였다는 것이다. 즉, 전문성을 높이기 위하여 업무를 고도로 세분화하는 분업이 중요하다는 입장이다.

과학적 관리모형과 마찬가지로 공공행정모형에서는 분업과 가장 단순한 형태로의 과업 분류를 강조하였고, 통제의 통일을 강조하였다. 과업이 소단위로 분류될 필요가 있으며 성과를 감독하고 조정하기 위한 집권화된 통제의 필요를 주장하였다. 통제의 통일은 한 사람의 상관에 의해 지도·감독될 수 있는 부하의 수의 제한을 가지고 왔는데, 이를 '통제의 범위'라고 한다. 그에 따라 최종적으로 목적, 과정, 수혜자 그리고 지리적 영역에 따른 조직단위 간의 전문화도 강조되었다.

이 모형을 사회복지조직에 적용하는 경우 통제 및 조정의 범위에 대한, 그리고 제너럴리스트(generalist)와 스페셜리스트(specialist)에 대한 시각차가 발생할 수 있다. 즉, 사회복지조직에서 통제 범위의 개념은 얼마나 많은 슈퍼비전이 요구되는가 하는 문제가 될 수 있다. 통제의 범위가 넓으면 슈퍼비전을 덜하게 되고, 공공기관에서 슈퍼비전을 자주 하게 되면 생산성이 낮아지고 창의성이 떨어지게 된다(Blau & Scott, 1962).

사회복지서비스는 매우 주관적이고 측정하기 어려운 것이기 때문에 객관적인 통제의 지표를 갖기 어렵고 사회복지사의 재량권이 어느 정도는 인정되어야 한다. 오늘날 우리나라에서 일반행정과 사회복지행정 간에 갈등은 객관적 통제와 전문적 재량권 간의 문제라 할 수 있다.

3. 관료제모형

관료제모형은 웨버(Weber, 1947)에 의해 이론화되었다. 그는 인간과 사회는 끊임없이 의사결정을 해야 하는 상황에 놓이게 되는데, 이때 의사결정권을 누가 갖느냐 하는 문제가 발생하는 것에 관심을 두었다. 그리고 그것을 권위[1]가 시간의 흐름에 따라 전통적인 권위로부터 카리스마적 권위 그리고 합리적 권위로 바뀌어 왔음을 설명하였다(York, 1986).

어떤 조직이든지 규모가 커지면 관료적인 조직운영을 채택하는 것이 일반화될 수 있다. 심지어 이윤을 추구하는 기업, 종교집단도 그 규모가 커짐에 따라 관료제를 도입하여 조직관리를 적용하는 것이 현실이다. 조직에서 말하는 관료제는 각 부서마다 엄격하게 역할이 분리되고 이들이 유기적으로 연결되어 경제적 이윤이라는 목적을 효율적으로 달성하는 것을 의미한다. 관료제는 산업화 이후 대규모화된 조직을 효율적으로 운영하기 위해 등장한 사회조직 운영방식 중 하나인데, 근대 이후 대부분의 사회조직이 관료제라고 해도 과언이 아닐 만큼 관료제는 보편적인 사회조직이라고 할 수 있다.[2]

관료제(bureaucracy)란 국민으로부터 유리되고 국민 위에 서 있는 특권적 인간의 집단인 관료를 통해서 지배가 행해지는 중앙집권국가에 생기는 특정의 행동양식과 의식상태를 가리킨다. 이것은 국가조직뿐만 아니라 조건이 구비된 곳에서는 정당·노동조합·기업·학교 등의 대규모의 조직에서도 볼 수 있다. 관료제는 비밀주의, 번문욕례(繁文縟禮), 선례답습, 획일주의, 법규만능, 창의의 결여, 직위 이용, 오만 등의 부작용이 유발될 수도 있으며, 이것을 '관료주의' 현상이라 부른다. 관료제는 공공조직에서만 나타나는 특수한 현상으로 생각하기 쉬우나 실제 대부분의 행정조직에서 적용되는 구성원리로 이해해야 한다.

관료제의 특징은 공식적 조직과 규정, 위계적 권위구조, 명확하고 전문화된 분업, 문서에 의한 업무처리, 기술적 자격에 의한 신분보장 등이다. 이는 모두 합법적 권위에 기초한 것이며, 특정 목적의 합리적 추구를 위한 조직

---

[1] 권위는 한 사람이 다른 사람에게 본인이 원하는 것을 자발적으로 하도록 하는 영향력을 의미한다. 강제적·일방적 영향력을 의미하는 '폭력'의 개념과는 차이가 있다.
[2] 위키백과(http://ko.wikipedia.org/wiki)

내의 사회규범들의 실체, 제도화된 비인간적 질서로 명령과 복종의 계층화를 지향한다.

> **〈레드테이프와 애드호크라시의 개념〉**
>
> 관료제의 개념과 연관된 개념으로 레드테이프(red tape)와 애드호크라시(adhocracy)가 있다.
>
> 전자는 관료제와 비슷한 개념으로서 방대한 양의 공문을 묶어 저장할 때 붉은 띠를 썼다는 의미에서 나온 말이다. 이는 번문욕례(繁文縟禮)라고도 불리는데, 규칙이 너무 세세하고 번잡하여 비능률적인 현상을 말한다. 미국의 사회학자 머턴(Merton, 1942)이 관료제의 부작용 중 하나로 지적한 바 있다. 원래는 명확한 규칙과 공정한 절차에 따라 사무를 처리하는 합리적인 시스템이 형식적인 면에 예속됨으로써 비합리적 경향을 나타내게 된다는 것이다.
>
> 반면 후자는 관료제와 반대되는 개념으로서 의미를 가지고 있다. 즉, 기존의 관료제에서 탈피하여 다양한 분야의 전문가들로 구성된 융통적, 적응적, 혁신적 사회조직을 말한다. 문제를 해결할 때 규격화 및 표준화된 절차를 간소화 또는 제거하고 전문지식을 가진 사람들이 상황에 맞게 처리하는 방식으로 문제에 접근하게 된다. 이 애드호크라시의 대표적인 유형에는 매트릭스 구조, 태스크포스(TF), 위원회 조직 등이 있다.

관료제모형은 합리적인 규칙에 근거하여 조직을 관리하는 것으로 '의사결정의 계층화'와 '고도의 전문화(specialization)'가 특징이라 할 수 있다. 한 번 정해진 규칙은 조직의 안정성을 보장하고 효율적인 의사결정을 가능하게 할 수 있다고 믿는다. 그러나 관료제는 정해진 규칙에 집착하는 관행을 낳게 되어 새로운 변화를 기피하고 보수적이 되며, 조직을 경직적으로 운영할 수 있다. 전문화(specialization)는 관료제의 또 다른 요소인 의사결정권한의 계층화에 배치(inconsistency)되는 경우도 발생한다.

관료제 조직의 장점은 산업사회체계 내에서 자원과 권력을 동원하는 데 가장 효율적인 도구이며 기술적으로 우수하다고 본다. 또한 조직의 규모가 크고 일상적인 업무를 대량으로 처리해야 하는 경우에 매우 효율적이라는 점이다. 반면 다음과 같은 한계가 지적된다. 첫째, 합리적인 규칙이 지속적으로 유지되면 이것이 관행으로 굳어지고 변화를 거부하게 된다는 점이다. 둘째, 전문성을 추구하기 위하여 전문성을 갖춘 각 부서의 역량을 강화하게 된다는 점이다. 셋째, 통제의 편리를 위하여 최소한 기준을 정하게 되는데, 이러한 기준만 만족하면 그 이상을 하지 않아도 되는 것처럼 받아들여질 수 있다는 점이다.

이러한 관료제를 사회복지 분야에 적용할 경우 심각한 문제가 초래될 수 있다. 즉, 변화하는 인간의 욕구를 충족하기 위해서는 조직의 목표설정이나 운영에 상당한 유연성을 요하기 때문이다. 아울러 상의하달식(top-down)으로 계층화된 의사결정구조는 클라이언트의 욕구를 상호작용(interaction)에 기초하여 충족시키는 사회복지의 기본적 접근방식과 다르다.

이러한 문제점에도 불구하고 사회복지조직의 규모가 커지고 기능이 많아지면서, 또한 일상적이고 정형화된 작업이 늘어나는 현실 속에서 실질적인 면에서 관료제를 불가피하게 적용할 수밖에 없는 일종의 필요악에 처해 있다고 할 수 있다.

제3절 신고전이론

신고전이론은 고전이론의 기본적인 입장과 주요 논점을 공박하고 그에 대조되는 대안을 제시하려는 경향이 뚜렷하다. 즉, 조직의 목표와 구성원의 목표를 일치시킬 수 있다고 믿었던 점에서 고전이론과 유사한 측면이 있지만, 각 구성원들 조직의 목표를 추구하도록 하는 동기부여 방식에 있어서 차이가 있다. 고전이론에서는 합리적이며 물질적인 보상에 민감한 이른바 '경제적 인간(homo economicus)'을 가정하므로 기계와 같이 통제가 가능하다고 보았다면, 신고전이론에서는 인간은 비합리적이며 비물질적 보상에 더 민감하게 반응하는 정서적인 인간을 가정하고, 동료와의 유대감, 소속감 그리고 조직과의 일체감 등을 훨씬 더 중시하였다. 이런 측면에서 신고전이론은 구성원에게 동기를 부여하기 위해서는 소규모의 비공식조직을 장려하고 조직의 의사결정에 구성원의 참여를 보장해야 한다고 강조하였다. 때문에 조직 내의 사회적 능률의 강조, 비공식적 요인의 중시, 환경 연관적인 입장, 사회적 인간 모형에 입각한 연구, 경험주의 세장 등의 특징을 보인다.

1. 인간관계모형

인간관계모형은 하버드 대학교의 메이오와 뢰슬리스버거(Mayo & Roethlisberger)를 중심으로 이루어진 실험에 의해 출발하였다. 처음에는 미국 시카고의 서부전기회사(Western Electric Company)인 '호손 공장(Hawthorne Works)'에서 과학적 관리이론, 즉 테일러의 시간-동작연구가 과연 생산성을 증대시켜 주는지에 대해 실험을 하였다. 실험은 4단계로 나누어 거의 8년 가까운 시간 동안 이루어졌다. 1단계(1924년 11월~1927년 4월)는 조명실험, 2단계(1927년 4월~1929년 6월)는 계전기 조립 실험, 3단계(1928년 9월~1930년 5월)는 면접실험, 4단계(1931년 11월~1932년 5월)는 배전기권선 관찰 실험이었다.

[그림 5-3] 1920년대 호손 공장의 전경

하지만 처음의 연구목적은 달성하지 못했다. 배선작업을 하는 14명의 남성 노동자를 관찰하는 실험이었는데, 실험 중 이들 사이에 자연히 2개의 비공식조직이 생겨났고 개인의 능력이나 숙련도, 관리자의 지시가 반드시 작업능률과 상관관계가 있는 것이 아니라 오히려 각자의 근로의욕 여하나 비공식적으로 합의된 규범이 작업능률과 상관관계가 크다는 것을 발견했다. 즉, 이것으로 인간관계론이 대두되기 시작하였고 조직을 연구하는 데 있어 인간의 심리적 작용, 비공식적 조직, 인간관계에 대한 연구가 상당히 중요함이 부각되었다.

〈인간관계모형에 대한 또 다른 이름들〉

호손 공장에서의 실험은 내재적 타당도가 결여된 실험이었기 때문에, 실험 자체는 실패한 실험이었다. 피실험자가 자신이 실험의 대상이라는 사실을 알고, 그 행동을 변화시켰기 때문이다. 이것은 실험주관인이 긍정적인 의미로 상대를 변화시킨 일종의 자기실현적 예언인 피그말리온 효과와는 달리, 어떠한 의도도 모르지만 일단 실험 대상이라는 사실 자체를 인지하면서 실험의 내적 타당성에 손상을 준 것이다. 때문에 이것을 '호손효과(Hawthorne Effect)'라 부르게 되었다.
또한 이론을 발견하게 된 과정에서 소위 '사회과학연구에서의 세렌디피티(serendipity)'로 불려지곤 한다. 세렌디피티는 과학계에서 실험 도중 실패해서 얻은 결과에서 중대한 발견을 하거나 발명하는 것을 의미하는데, 사회과학에서도 과학 실험은 아니지만 비슷한 연구 발견을 하는 것을 의미하고 있다.

인간관계모형은 고전이론과 달리 인간을 비합리적이며 비물질적 보상에 더 민감하게 반응하는 정서적인 인간으로 가정한다. 상사나 동료와의 유대감, 소속감 그리고 조직과의 일체감 등이 더 중요시된다. 예를 들면, 구성원에게 동기를 부여하기 위해 소규모의 비공식조직을 장려하고 조직의 의사결정에 구성원의 참여를 보장하는 것 등이다.

인간의 탈기계화로 존엄성을 인정함으로써 인간의 목표 지향적인 협력체계를 확립하는 인간관계적 접근의 필연성이 대두되었고, 이 이론에서는 인간 상호 간의 관계와 인간행동 및 욕구에 부합되는 동기를 고려하고 개인의 차이를 전제로 상호이해를 합리적으로 조정하며, 근본적으로 인간의 존엄성을 인정하였다.

그러나 이 모형은 다음과 같은 한계들이 지적되고 있다. 첫째, 고전이론과 마찬가지로 환경에 대한 고려를 하지 못하여 조직의 목표나 자원의 동원과 같은 문제를 다루는 데 제약이 있다는 것이다. 둘째, 환경적인 요인들이 충분히 고려되지 못하였다는 것이다. 조직의 목표달성은 전적으로 내석 요인에 의해서 추구된다고 보았기 때문에 조직의 외적 환경적응과 그에 대한 변화전략을 고려하지 않았다. 셋째, 인간의 일면성을 지나치게 강조하였다는 것이다. '경제인'의 인간관에 대한 부정을 지나치게 강조하였다. 넷째, 비공식조직을 지나치게 강조한 나머지 공식조직에 대한 관심이 희박하고, 이를 지나치고 경시하였다는 것이다. 다섯째, 호손의 실험에서 조사연구자는 비과학적이며, 결론에 대해 자료에 의한 충분한 뒷받침을 못하였고, 지나치게 일반화한 경향이 있었다는 것이다.

이 인간관계모형을 사회복지조직에 적용하는 경우 사회복지사와 클라이언트의 인간적인 관계를 기본으로 하는 사회복지 분야에 상당히 적합할 것으로 판단할 수 있다. 사회복지사가 자신의 상사나 동료와 인간적인 관계를 제대로 갖지 못하면서 클라이언트와 그것을 맺을 수 있다고 생각하기 어렵기 때문이며, 또한 유대감이나 일체감을 위해서도 조직 내의 의사결정 과정에 참여를 보장하는 것도 클라이언트의 소외를 방지한다는 의미에서 매우 중요하기 때문이다. 최근 사회복지 분야에서 전문가에 의한 클라이언트의 소외가 문제가 되고 있는데, 이 이론을 적용하면 이른바 클라이언트의 임파워먼트(empowerment)가 중요한 방안이 될 수 있다.

그러나 인간을 지나치게 비합리적이고 통제 불가능한 존재로 파악하는 면은 사회복지조직에서도 현실적으로 모든 인간에게 적용되기는 어려운 측면이 있을 수 있음을 유념할 필요가 있다.

⟨인간관계모형과 유사한 이론들⟩
- 맥그리거(Mcgregor, 1960)의 X-Y이론
  인간은 게으르고 나태하여 감독과 통제를 받아야 한다는 입장이 X이론이고, 인간은 창의적이고 자발적이기 때문에 통제가 필요하지 않다는 관점이 Y이론
- 아지리스(Argyris, 1964)의 미성숙-성숙이론
  조직의 발달과정상 조직 구성원들이 수동적 존재에서 능동적 존재로, 그리고 외부 통제에서 자기통제로 나아가는 것이야말로 조직이 성숙되어 간다는 것을 보여 줌을 강조
- 이면우(1992)의 W이론
  사회복지조직에서 클라이언트의 문제 해결을 위해 중간관리층이나 최고관리층이 함께 고생하고 있다는 것을 보이고, 구성원 간에도 같이 고생하고 있다는 생각과 느낌이 확인될 때 사회복지서비스는 신바람나게 계획되고 전달될 수 있음을 강조

제4절 현대이론

현대이론은 조직을 비교·연구하며 이론적 과학보다는 실용적 과학을 더욱 중시하기 때문에 분화와 통합, 가치기준의 다원화와 문제선정의 다양화, 복합과학성 그리고 경험주의의 제고 등이라는 특징이 있다.

현대이론을 대표하는 모형으로는 구조주의모형, 체계모형 등이 있다.

1. 구조주의모형

구조주의모형은 인간관계모형에 대한 비판에서 출발하였다. 개인과 조직의 목표가 당연히 일치한다고 가정을 하지 않고 오히려 조직에서는 갈등이 불가피하다고 보았다. 경험적 연구의 결과로 나타나면서 규범적(normative)이기보다는 기술적(descriptive)인 관점에서 이해되고 있다.

구조주의자들은 조직을 그 속에서 사회집단들이 상호작용하는 크고 복잡한 사회적 단위로 보았고, 여기서 발생하는 갈등은 인위적으로 은폐되어서는 안 된다고 강조하였다. 이 집단들이 공통의 이해관계를 공유하기도 하나 한편으로는 양립할 수 없는 이해관계를 가지기도 한다. 갈등을 역기능적인 것이라기보다는 순기능적인 것으로 봄에 따라, 갈등의 문제를 노출시켜 그에 따라 해결책을 찾고, 사회적 기능을 달성할 수 있게 해야 한다고 주장하였다.

갈등은 여러 가지 차원으로 구분된다. 조직의 목표에 관한 갈등, 권한에 관한 갈등, 자원에 관한 갈등 그리고 클라이언트와 워커 간의 갈등 등이 있다.

갈등이 조직을 위하여 좋은지 나쁜지를 간단히 결정할 수는 없다. 갈등을 하나의 연속체로 파악하면 좀 더 현실을 설명하는 데 적합하다 할 수 있다.

갈등과 조직구조화(설계) 시 나타나는 쟁점은 첫째, 조직의 와해와 갈등과의 관계이다. 갈등이 지나치면 조직의 와해가 나타날 수도 있지만, 반대로 조직이 완전히 고정되어 경직적인 경우 갈등이 없어도 조직의 와해가 일어날 수 있다. 둘째, 조직이나 워커는 자기들의 업무상 편의를 위하여 클라이언트에게 영향력을 행사하려고 하는데, 이른바 특정화의 문제와 관련된 것이다. 클라이언트를 시설에서 제공하는 전문 프로그램의 유형별로 미리 구분하여 클라이언트의 의지와 상관없이 그 틀에 맞추려고 한다. 이러한 경우 클라이언트와 조직 간의 갈등이 발생하는데, 최근 전문가들의 권한 행사에 대하여 클라이언트의 권리도 강화해야 한다는 임파워먼트(empowerment)의 개념이 새로운 사회복지의 이슈가 되고 있다.

그러나 이 이론은 인간관계론자들에 의해 비판을 받았다. 그들은 이 이론이 인간적인 요소를 충분히 고려하지 않는다고 하였다. 구조주의의 가정은 자기표현, 창의성 그리고 독립성과 같은 인간의 욕구를 충족시킬 여지를 충분히 주지 않기 때문에 결국은 조직을 비효율적으로 만든다는 것이다.

갈등을 사회복지 분야에서 문제해결을 위한 전략으로 사용하는 것에 대한 광범위한 저항이 있기 때문에 사회복지조직의 관리에 대폭적으로 적용하는 것은 무리가 있다. 구조주의가 갈등의 긍정적인 측면에 착안하고 있는 반면, 다른 전문직과 달리 사회복지서비스 실천가들은 갈등을 성격상의 문제나 일종의 병리현상으로 바라보고 있기 때문이다.

그렇지만 구조주의자들이 강조한 조직에 대한 환경의 영향에 대해서는 고려해 보아야 할 사항이다. 사회복지조직에서도 최근 환경에 대한 중요성이 점차 강조되고 있기 때문에 사회복지조직들의 서비스 전달형태에서 영향을 미치는 환경에 대해서는 과소평가해서는 안 될 것이다.

다른 사회조직들과 마찬가지로 사회복지조직 내에도 다양한 형태의 갈등이 나타날 수 있다. 첫째, 관념적 갈등으로 설정한 목표와 실제로 수행하는 목표 간의 갈등이다. 둘째, 구조적 갈등으로 직원에 대한 통제를 위주로 하는 질서와 직원의 자유권 및 선택권을 인정하려는 질서 간의 갈등이다. 셋째, 기능적 갈등으로 다양한 하위단위들 간에 나타날 수 있는 갈등이다. 넷째, 관할권 갈등으로 서비스의 영역, 클라이언트 및 자원에 관하여 나타나는 갈등이다.[3]

---

[3] 클라이언트와 조직과의 관계에서 흔히 나타날 수 있는 문제로서 이른바 특정화(typification)가 있을 수 있다. 이는 클라이언트에 대한 진단적 낙인과 예측(labelling)으로서 조직 내에 대기시키거나 서비스 수혜과정을 선별하는 전략이다. 다양하고 복합적인 클라이언트의 욕구를 조직의 서비스와 연계함으로써 불확실성을 감소시키고, 예측능력을 증대시키는 효과가 있어 서비스 제공자의 작업조건 조정, 긍정적인 결과의 도출, 결국 질 높은 서비스를 가능하게 한다. 그러나 그러한 특정화가 경우에 따라서는 조직의 이익을 위해 선택되거나 구분됨으로써 불공평하며 비윤리적 서비스 제공(cream skimming)을 하게 되거나 클라이언트를 예속 또는 통제하는 결과를 초래하게 될 수도 있다.

2. 체계모형

체계모형은 자연과학에서 연구되는 체계를 사회에 적용하면서 발달하였다. 즉, 조직을 하나의 체계로 보고 체계의 유지, 변화 등에 관심을 가지고 투입, 산출, 내부변화 과정에 관한 이론적 관점을 가지고 있다. 본래 이 이론은 어떤 특수한 인과관계를 밝혀주는 내용에 관한 이론이라기보다는 다양한 내용을 다루기 위한 틀에 관한 이론적 모형이라고 할 수 있다.

조직은 다양한 역동성(dynamics)과 메커니즘(mechanism)에 기초를 둔 구체적 기능을 수행하는 많은 하위체계로 구성된 복합체이다. 하위체계들은 전체 체계가 필요로 하는 다양한 기능을 수행하는데, 이들은 상호 의존적인 관계에 있다. 이러한 관점은 관리자에게 조직의 문제를 분석하고 진단하기 위한 방법을 제공함으로써 조직의 어느 부분이 잘못 기능하고 있는가를 찾아내어 개선할 때 활용될 수 있다.

조직은 다섯 가지의 하위체계, 즉 ① 생산하위체계, ② 유지하위체계, ③ 경계하위체계, ④ 적응하위체계, ⑤ 관리하위체계를 가지고 있다. 각각의 하위체계는 생존과 발전을 위한 경쟁의 역동성 때문에 부단히 활동하고 있으며, 한편 하위체계 간에 갈등과 모순은 불가피하다는 것을 가정한다. 즉, 체계이론은 조직이 처한 다양한 상황과 조직이 수행하는 여러 기능들을 다수의 하위체계로 설명하고 있어 가장 현실에 가까운 것이라고 할 수 있다.

이러한 체계이론을 사회복지조직에 적용해 볼 때 <표 5-1>과 같이 각 하위체계의 기능이 예상된다.

〈표 5-1〉 체계이론을 사회복지조직에 적용 시 예상되는 기능들

하위체계	적용 시 예상되는 기능
생산하위체계	• 주어진 목표에 따라 생산하는 체계 • 효율적 산출이 핵심 • 숙련과 합리성, 전문화 강조 • 과학적 관리나 관료제적 조직운영방식 적용 • 사회복지조직에서는 클라이언트에게 서비스를 제공하는 것으로 이해
유지하위체계	• 조직의 현재 상태 유지가 목표 • 조직 내 안정상태의 유지를 위한 기능 강조 • 보상체계 및 유대감과 소속감 등 인간관계이론의 관리방식 적용 • 사회복지조직에서는 조직목표에 개별 직원의 목표를 통합시키는 것으로 이해
경계하위체계	• 조직의 존립을 위해 환경과의 관계에 목표 • 환경의 지지 및 다른 조직과의 관계 기능 강조 • 환경과 환경의 영향을 미치는 장치 확립 등 구조주의이론의 관리방식 적용 • 사회복지조직에서는 생산지지체계와 제도적 체계로 이해
적응하위체계	• 조직의 과업을 환경변화의 반영에 목표 • 조직의 변화를 추구하는 것의 기능 강조 • 합리성과 숙련성 등 구조주의이론의 관리방식 적용 • 사회복지조직에서는 연구와 계획에 중점을 두는 것으로 이해
관리하위체계	• 타협과 조정을 통한 갈등의 해결에 목표 • 조직의 통제 기능 강조 • 타협과 리더십 제공 등 고전이론, 인간관계이론, 구조주의이론 등의 포괄 • 사회복지조직에서는 타협과 리더십 등에 중점을 두는 것으로 이해

이상의 조직이론에 해당하는 각 모형들을 이론별로 정리하면 다음과 같다.

첫째, 과학적 관리모형, 공공행정모형, 관료제모형 등이 포함된 고전이론이다. 이 고전이론에서는 조직을 하나의 기계와 같이 이해하고 거기에 참여하는 인간은 합리적인 기계의 부속품처럼 행동하는 것으로 보며 인간을 비인간적 구조로 보고 합리적 규칙이나 금전적 보상을 통하여 동기를 부여하여 기계적 조작이 가능하다고 가정한다. 능률을 중시하며 공식적인 구조(위계적인 구조)를 중시한다. 합리적·경제적 인간모형에 입각한 연구로서 과학성을 추구한다. 또한 조직에 미치는 환경의 중요성을 간과하며 조직을 외부

환경과 전혀 상관없는 폐쇄체계로 보았다. 또한 조직목표를 중요시하여 구성원의 목표는 중요하지 않았다. 그러나 인간은 정서적·감성적 욕구를 지닌 존재임에도 불구하고 무시하며 기계적인 존재로 보았다는 것에 비판을 받았으며 규칙이행과 통제를 너무 강조하면 조직이 경직화되고, 직원의 자발성과 창의성에 제약이 오며 직원의 성과 수준을 떨어뜨릴 수 있다고 비판받았다.

둘째, 신고전이론에는 대표적으로 인간관계모형이 있다. 이 이론은 고전이론의 기본적인 입장과 논점을 공박하고 결점을 보완하였다. 조직의 목표를 더 중요시하는 것은 고전이론과 유사하지만, 각 구성원들의 조직목표를 추구하도록 하는 동기부여 방식에서 차이가 있다. 고전이론에서는 합리적이며 물질적인 보상에 의해 기계와 같이 통제가 가능하다고 보았다면, 신고전이론은 동료와의 유대감, 소속감 등 비합리적이고 비물질적인 보상에 의해 동기부여가 가능하다고 보았다. 조직의 의사결정에 구성원의 참여를 보장하고 조직 내 비공식집단을 장려하며 이것은 개인의 생산성에 영향을 주어 조직의 목표를 달성할 수 있다고 보았다. 상사나 동료와의 유대감, 소속감 그리고 조직과의 일체감 등 인간관계를 중요시하였다. 그러나 고전이론과 마찬가지로 신고전이론에서도 조직 내적 요인에 의해 추구된다고 보았기 때문에 환경의 요인들을 고려하지 않은 폐쇄체계로 보았다. 이 이론을 사회복지조직에 적용해 보면 조직활동이 클라이언트와의 관계 속에서 이루어지는 것이 일반적이기 때문에 적합하나 인간을 지나치게 통제 불가능한 존재로 보기 때문에 모든 인간에게 적용되기는 어렵다.

셋째, 현대이론을 대표하는 모형은 구조주의모형과 체계모형 등이다. 조직을 비교·연구하여 이론적 과학보다는 실용적 과학을 더욱 중시하며, 분화와 통합, 가치기준의 다원화와 문제선정의 다양화, 복합과학성 그리고 경험주의 제고 등의 특징을 가지고 있다. 조직의 목표도 중요하지만 구성원의 목표도 중요하다 그러나 조직의 목표가 구성원의 목표를 넘지는 못한다. 고전이론과 신고전이론에서 간과했던 환경의 영향을 강조한 개방체계적 관점이며 경제적, 인간관계 동기부여뿐만 아니라, 정기적인 교육과 훈련을 통하여 동기를 부여한다. 고전이론과 신고전이론의 차이점은 개인과 조직의 목표가 일치하지 않으므로 갈등은 불가피한 것으로 본다는 것이다.

〈표 5-2〉 조직이론별 대표 모형 및 특징 비교

조직이론	대표적인 이론적 모형	특징
고전이론	과학적 관리모형, 공공행정모형, 관료제모형 등	• 조직을 하나의 기계와 같이 이해하고 거기에 참여하는 인간은 합리적인 기계의 부속품처럼 행동하는 것으로 이해 • 능률주의, 공식적인 구조 중시, 폐쇄 체제적인 관점, 합리적·경제적 인간모형에 입각한 연구 그리고 과학성 추구 등의 특성
신고전이론	인간관계모형 등	• 고전이론의 기본적인 입장과 주요 논점을 공박하고 그에 대조되는 대안을 제시하려는 경향이 뚜렷함 • 조직 내의 사회적 능률의 강조, 비공식적 요인의 중시, 환경 연관적인 입장, 사회적 인간모형에 입각한 연구, 경험주의 제창 등의 특성
현대이론	구조주의모형, 체계모형 등	• 조직을 비교·연구하며 이론적 과학보다는 실용적 과학을 더욱 중시 • 분화와 통합, 가치기준의 다원화와 문제선정의 다양화, 복합과학성 그리고 경험주의의 제고 등의 특성
기타 이론들	의사결정모형, 상황적응모형, 자원의존모형, 정치경제모형 등	-

CHAPTER 06

사회복지 조직구조의 설계

제1절 조직구조의 개념
제2절 조직구조의 요소
제3절 조직형성의 영향요인
제4절 사회복지 조직구조의 설계

사회복지 조직구조의 설계

본 장에서는 흔히 '조직도(표)'라고 부르는 조직설계를 하기 위한 조직구조의 요소와 조직형성을 할 때 고려되는 영향요인에 대해 살펴보고자 한다. 이를 통해 사회복지조직에서는 어느 정도의 조직의 규모, 환경, 기술, 전략, 그리고 권력을 갖고 복잡화, 공식화, 그리고 집권화한 조직으로 구조화할 것인지를 설계할 수 있다. 사회복지조직은 다른 산업부문에 있는 사회조직과 비교해서 다른 특징들로 조직구조가 이루어져 있기도 하지만, 사회복지조직 간에도 서로 다른 특징들을 갖는 조직구조들로 설계되어 있다. 이러한 조직구조는 다음 장에서 소개되는 조직문화와 아주 밀접한 관련성을 맺고 있고, 또한 조직의 성과에 영향을 미치는 중요한 요인이 되기도 한다.

제1절 조직구조의 개념

대부분의 조직에서는 조직구조가 명시화되어 있다. 이른바 '조직도 또는 조직표(organization chart)'가 대표적이다. 조직도를 통해 그 조직 내에서 업무와 기능들이 어떻게 분화되어 있는지, 그리고 분화된 기능들은 어떻게 서로 연결되고 조정되는지를 알 수 있다.

'조직구조'에 대한 연구자들의 개념 정의는 다음과 같다. 도슨(Dawson, 1996)은 "조직구조란 통제와 의사전달, 그리고 협조의 목적을 보장하기 위한 하나의 수단"으로, 민츠버그(Mintzberg, 1979)는 "과업 속으로의 노동의 분업과 조직의 목적을 성취하고 완성된 작업을 얻기 위해 필요한 과업들의 조정"으로 각각 정의하였다.

김영종(2010)은 조직구조란 "조직의 각 부분들 사이에 성립되어 있는 관계의 유형"으로 정의하면서 '분화(division)'와 '조정(coordination)'을 목적으로 조직의 기능과 권한, 책임 등을 어떻게 배분하고 조정하는지와 관련된 것이라 하였다.

지은구(2007)는 조직구조란 사회적 단위에 있는 "조직의 목적을 성취하는데 필요한 행동이니 활동들이 체계적으로 이루어질 수 있도록 하는 하나의 틀이나 뼈대"라고 하였다. 즉, 조직에서 일단 구조적 틀이 설립되면 조직의 운영 또는 관리 측면에서 그 구조적 틀은 다른 기능들이 수행해야 하는 방식을 결정 또는 규정하고, 업무에 대한 강조, 책임의 경로, 슈퍼비전과 감독, 의사소통의 경로, 참여의 정도, 조직의 목적 성취에 대한 영향(력) 등에 많은 영향을 미친다고 하는 것이다.

김병식 외(2007)는 "① 일정한 공간 속에서 ② 역할을 기본으로 하여 ③ 이루어지는 유형화된 관계"로 정의하였다. 여기서 '일정한 공간 속'이란 사회복지조직(인간봉사조직)을 의미하며, '유형화된 관계'란 조직과 구성원들 간 목표를 달성하기 위해 설정되어 가는 과정이다. 그리고 '역할'이란 조직구조의 기본적 분석단위로서 각 구성원들 간 역할의 특성, 관계, 수행방법 등을 결정짓는 것으로 이를 '조직설계'[1]라 하며, 그 결과로 나타나는 것이 조직구조이다.

---

1) 조직설계의 원칙은 ① 목적의 원칙, ② 기능화의 원칙, ③ 책임·권한의 원칙, ④ 권한위임의 원칙, ⑤ 관리한계의 원칙 등이다.

● 사회복지행정론

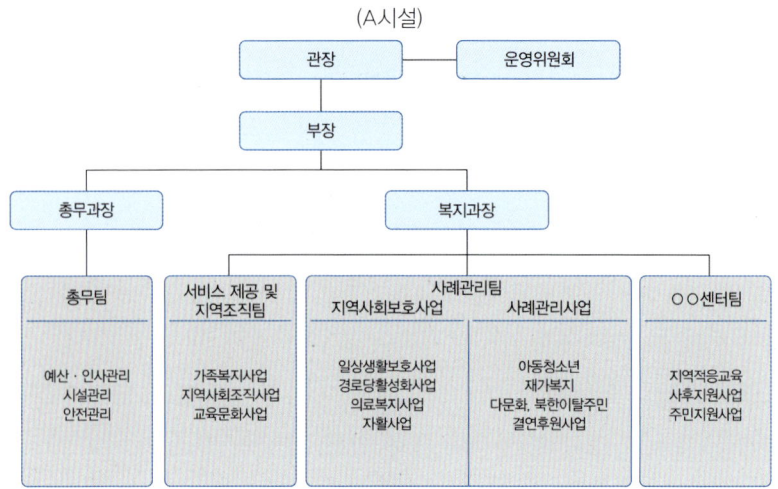

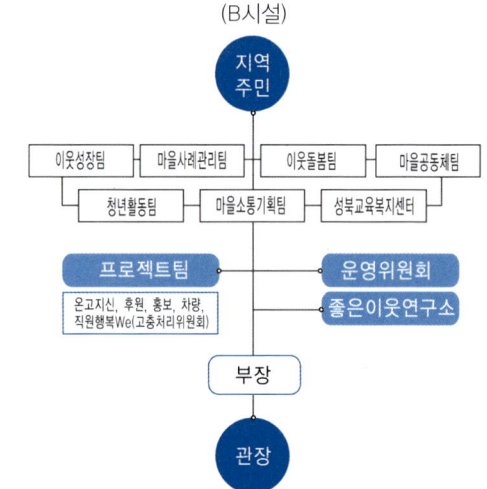

|그림 6-1| 사회복지시설 중 사회복지관의 조직도 예시

조직구조는 조직의 구성요소와 조직형성의 영향요인에 따라 조직설계가 이루어지며, 곧 조직설계의 결과가 조직도로 나타난 것이 조직구조이다(그림 6-2 참조).

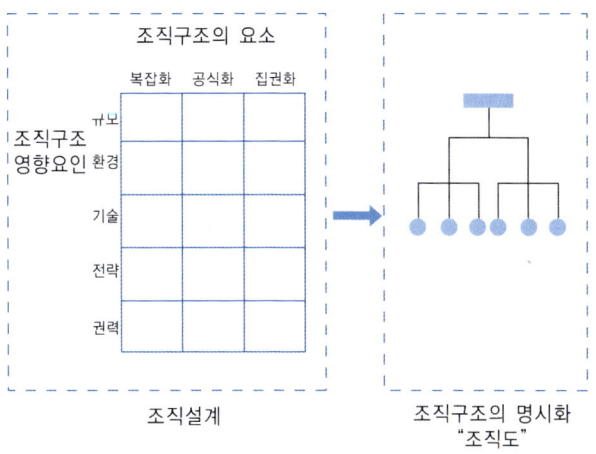

|그림 6-2| 조직구조의 요소와 내용

제2절 조직구조의 요소

조직구조의 요소는 ① 복잡화, ② 공식화, ③ 집권화로 설명될 수 있다(김병식 외, 2007).

1. 복잡화

복잡화(complexity)란 조직 내 분화의 정도이다. 즉, 조직의 분화와 통합의 정도를 의미한다. 여기서 분화(departmentalization)란 조직이 수행해야 할 전체의 업무를 하나씩 파악한 다음, 유사하거나 상호 관련성이 높은 것끼리 묶는 관계의 설정을 말한다. 조직활동을 분화시키는 가장 큰 목적은 조직의 목표를 효과적으로 달성하기 위해서이다. 조직에서 분화의 정도가 증가할 수록 과업들을 통합·조정해야 할 필요성이 커진다. 즉, 효과적인 조직이 되기 위해서는 이들 간의 조정, 통제, 의사소통이 필요하다.

주의할 점은 조직분화는 수평적 분화와 수직적 분화, 그리고 공간적 분화로 다시 구분되는데, 이때 수평적 분화와 수직적 분화를 서로 독립적인 것으로만 이해해서는 안 된다는 것이다. 즉, 수직적 분화는 수평적 분화의 증가에 대한 반응이다. 그리고 조직에서 분화의 정도가 증가할수록 과업들을 통합·조정해야 할 필요성이 커진다. 효과적인 조직이 되기 위해서는 이들 간의 조정, 통제, 의사소통이 필요하다는 뜻이다.

〈표 6-1〉 조직분화의 유형 및 의미

분화의 유형	의 미
수평적 분화	• 분업화(specialization)와 부문화(departmentation)의 형태 • 분업화는 분업의 원리에 따라 과업을 세분화하여 개인에게 할당하는 것 • 부문화는 분업화의 결과 많은 전문가가 양산되는데, 이 사람들을 업무의 유사성에 의해 묶어주는 것
수직적 분화	• 조직구조의 깊이(depth)를 나타내는 개념으로 통제의 폭(span of control)의 원리에 의해 이루어짐 • 조직 내의 수평적 분화가 증가하면 계층 수도 증가 • 수직적 분화는 분업화된 조직활동을 조직목표달성을 위한 방향으로 이끔
공간적 분화	• 지역의 분산을 의미

사회조직에 있어서 복잡화의 특성은 이용시설과 생활시설에 따라 차이점을 갖고 있지만, 대체적으로 수평적 또는 수직적 분화에서 복잡화의 정도는 모두 낮게 나타난다. 다만, 점차적으로 공간적 분화의 확대로 공간적 복잡화는 증가한다. 또한 사회복지조직의 통제와 책임성의 문제 대두로 복잡화의 정도는 증가하는 경향이 있다.

2. 공식화

공식화(formalization)란 조직 내의 직무에 대한 표준화 정도로 정의된다. 예를 들면, 조직운영과 관련된 규칙과 과정, 매뉴얼(지침) 등이 해당한다. 다만, 규칙과 절차의 범위는 다양하다(고종욱, 1999).

개인의 재량권 정도는 조직에 의하여 개인의 행위를 프로그램화한 정도와 역비례 관계가 있다. 조직 속에서 개인의 행위는 공식화 정도에 의해 결정적인 영향을 받기 때문이다.

공식화의 정도는 규칙과 절차가 아주 엄격한 조직, 반대로 방임적인 조직에 이르기까지 매우 다양하다. 엄격한 조직의 예로서는 텔레마케팅과 같은 조직으로 이들 조직에서는 일상적 기술과 일관적 작업이 주를 이루고 있다. 한편 방임적인 조직의 예로서는 연구개발 분야, 정보보건센터 등과 같은 조직으로 인간문제를 다루는 조직이 주로 해당한다.

공식화를 논하는 데 있어 상호조정의 의미는 매우 중요하다. 상호조정이란 어떤 문제를 정의내리는 데 표준화된 규칙보다는 구성원의 판단에 의존하는 경향이 있을 경우 의사결정이나 조정활동이 이루어지는 과정에서 타협이 나타나는 것을 의미한다(홍용기, 2000). 따라서 공식화와 상호조정은 조직의 구조적인 특성을 나타내는 중요한 요인이다.

3. 집권화

집권화(centralization)란 의사결정 권한이 조직의 어느 한 지점에 집중되어 있는 정도를 의미한다. 이와 반대되는 개념으로서는 의사결정 권한이 조직의 어떠한 곳에도 집중되지 않는 정도를 의미하는 분권화(decentralization)가 있다. 즉, 한 조직 내에서 의사결정 권한의 집중도가 높고 낮음을 집권화 대 분권화로 표현할 수 있다.

집권화와 분권화는 다음과 같은 장점과 단점을 가지고 있다. 집권화는 분리된 하부단위들이 서로 연결 및 조정이 잘 되기 위해서 중앙부서나 조직의 상층부에서 절대권력을 가지고 여러 부서로 관리하여 교통정리가 잘 이루어진다는 장점이 있다. 반면 권한의 집중이 부적절한 결정의 개연성을 높일 수 있다는 단점이 있다. 분권화는 변화하는 외부 환경에 유연하게 잘 대응할 수 있고, 조직 구성원의 의견을 잘 반영할 수 있는 상대적 조직민주화가 이루어질 수 있다는 장점이 있다. 반면 조직의 추구하고자 하는 목표를 일사분란하게 이루는 데 많은 조정활동이 필요하거나 긴급한 상황에 대한 대처능력이 떨어질 수 있다는 단점이 있다.

〈표 6-2〉 집권화와 분권화의 장·단점

구분	집권화	분권화
장점	• 분리된 하부단위들이 서로 연결 및 조정이 잘 되기 위해서 중앙부서나 조직의 상층부에서 절대권력을 가지고 여러 부서로 관리하여 교통정리가 잘 이루어짐	• 변화하는 외부환경에 유연하게 잘 대응할 수 있음 • 조직 구성원의 의견을 잘 반영할 수 있는 상대적 조직민주화가 이루어질 수 있음
단점	• 권한의 집중은 부적절한 결정의 개연성을 높일 수 있음	• 조직의 추구하고자 하는 목표를 일사분란하게 이루는 데 많은 조정활동이 필요 • 긴급한 상황에 대한 대처능력이 떨어질 수 있음

〈업무의 위임이 없을 때 발생할 수 있는 문제들〉

관리자들은 업무를 지시할 뿐 위임(empowerment)하지 않기 때문에 부하의 실수를 줄이기 위한 과정 관리에 많은 노력을 쏟게 된다. 이로 인해 부하 직원의 업무를 관리하는 것 외에 관리자 자신의 고유 업무를 개발하기 어렵다. 이런 상황은 네 가지 문제를 일으킨다. ① 관리자 역할에 걸맞은 전문성이 키워지지 않고, ② 부서 전체의 업무 부담이 늘어나며, ③ 의사 결정이 늦어지고, ④ 실무자의 동기가 저하된다.

조직 내 관계는 상사와 부하의 상하 관계 위주로 형성된다. 실무자 수준에서 직장생활의 많은 부분은 상사와의 관계에 달려 있다. 업무 부여와 평가, 연봉 인상, 승진 대상 추천 등 대부분을 상사가 결정한다. 실무자들은 업무와 관련한 문제가 아니라 상사와의 관계로 인해 퇴사하는 경우가 많다. 상명하복, 서열주의, 눈치 보기, 조직 침묵, 낮은 생산성, 몰입도 저하, 갑질과 전횡 등의 문제가 없어지지 않는 이유이기도 하다.

출처: 김성남(2020: 8-10).

제3절 조직형성의 영향요인

조직구조는 관료제라는 특성을 기본으로 하고 있지만, 조직을 둘러싼 환경 영향요인에 따라 다른 형태의 조직을 형성하는 데 영향을 받는다. 즉, 조직의 요소들은 1950년대 이후부터 중점적으로 관심을 받는 다음의 5가지로 설명되고 있다(Kimberly, 1976; 김병식 외, 2007). ① 조직의 규모, ② 조직의 환경, ③ 조직의 기술, ④ 조직의 전략, ⑤ 조직의 권력 등이다.

1. 조직의 규모

조직의 규모를 결정하는 기준으로는 ① 조직의 물리적인 수용능력, ② 조직이 활용할 수 있는 직원, ③ 조직의 투입과 산출의 양, ④ 조직이 이용할 수 있는 처분가능자원 등이 있다. 이들 변수 간의 높은 상관관계가 존재하지만, 요소들 간의 개념적 차이가 또한 높으므로 분리해서 취급하여야 한다.

조직규모에 대한 상반된 입장이 있어 왔다. 하나는, 큰 것이 우수하다(big is good)는 입장이다. 이는 1980년대 초까지 매우 보편적으로 논의되어 왔던 주장이다. 다른 하나는, 작은 것이 아름답다(small is beautiful)는 입장이다. 이는 1990년대 들어오면서 각광받기 시작하였다. 이들 두 입장의 각 특징을 비교한 것은 <표 6-3>과 같다.

<표 6-3> 대규모 조직과 소규모 조직의 비교

구분	대규모 조직	소규모 조직
장점	규모의 경제달성	유연성, 신속성
조직구조의 특성	기계적 조직	유기적 조직
문제해결의 방법	거시적 접근	미시적 접근
주요 대상 시장	안정적인 시장	틈새시장
요구되는 인간상	조직 구성원으로서의 인간	개인능력 발휘 우선의 인간

2. 조직의 환경

조직의 환경(environment)이란 조직을 둘러싸고 있는 조직 밖에 존재하는 모든 자원들의 집합이다. 이러한 조직의 환경은 다시 네 가지로 구분된다. 첫째, 일반 환경으로 사회 속에 존재하는 조직의 기본적 환경이다. 이 일반 환경은 조직의 활동(사업)으로는 변화시킬 수 없다. 경제적 조건, 사회·인구통계학적 조건, 문화적 조건 등이 해당한다. 둘째, 과업환경으로 조직의 활동영역에 따라 영향을 미치는 환경이다. 이 환경은 일반 환경과 달리, 조직의 활동(사업)과정에서 변화시킬 수 있어 업무수행환경이라고도 부른다. 재정자원제공자, 정당성과 권위의 제공자, 클라이언트 및 클라이언트 제공자, 보충적 서비스 제공자 등이 해당한다. 셋째, 실제환경으로 조직에게 주어진 객관적인 환경이다. 넷째, 지각환경으로 조직운영자가 지각하는 주관적인 환경이다.

조직에서 환경이 중요시되는 이유는 조직마다 처한 환경의 차이로 인해 환경의 불확실성(environmental uncertainty)이 존재하기 때문이다. 여기서 환경의 불확실성은 의사결정자가 환경의 영향력에 대해 정보의 부재 또는 부족으로 인해 환경의 변화에 대응하기 어려운 상태를 의미한다. 환경의 불확실성은 환경의 복잡성, 동태성, 자원의 풍부성에 의해 결정된다(박경원·김희원, 2000).

사회복지조직과 환경과의 관계에 관한 이론은 두 가지로 구분할 수 있다. 우선, 개방체계로서 환경과 끊임없는 상호작용이 불가피하다는 사회체계이론적 관점이다. 다음으로는 조직을 반드시 균형적인 교환(대등한 교환)이 되지 못함으로써 권력과 의존관계가 형성된다는 교환이론적 관점이다.

조직은 환경에 대한 의존성을 탈피하기 위한 전략으로 보상을 하지 않고 권력을 사용하는 권위주의 전략, 경쟁으로 세력의 증가를 시도하는 경쟁적 전략, 계약, 연합 및 제휴 등을 통해 서비스에 대한 보답으로 권력을 부여하는 협동적 전략, 그리고 방해전략 등을 활용한다.

3. 조직의 기술

조직의 기술(technology)이란 조직에서 원료에 해당되며 물품이나 서비스로 전환하기 위해 사용하는 지식, 능력, 도구, 기법, 방법, 활동 등을 총칭한다. 즉, 조직 내에서 투입물을 산출물로 전환시키는 과정 또는 방법을 의미한다.

조직의 기술에 대해 그동안 연구자의 시각에 따라 다양하게 분류되어 왔다. 페로(Perrow, 1967)는 일상적 기술, 장인기술, 공학적 기술, 비일상적 기술로 과업다양성 차원과 문제분석 기능성 차원에 따라 분류하였다. 우드워드(Woodward, 1965)는 단위소량 생산기술, 대량 생산기술, 연속공정 생산기술로 생산기술의 복잡성에 따라 분류하였다. 톰슨(Thompson, 1967)은 장치형 기술, 중개형 기술, 집약형 기술로 단위작업 간의 상호의존성을 기준으로 분류하였다. 그리고 로빈스(Robbins, 1990)는 위의 세 학자의 기준을 토대로 일상적 기술과 비일상적 기술로 분류하였다(김병식 외, 2007 재인용).

〈표 6-4〉 조직기술 유형의 분류

연구자	분류기준	일상적 기술	비일상적 기술
페로 (Perrow, 1967)	과업다양성, 문제분석 기능성	일상적 기술, 공학적 기술	장인기술, 비일상적 기술
우드워드 (Woodword, 1965)	생산기술의 복잡성	대량 생산기술, 연속공정 생산기술	단위소량 생산기술
톰슨 (Thompson, 1967)	단위작업 간의 상호의존성	장치형 기술, 중개형 기술	집약적 기술

출처: 김병식 외(2007); Robbins(1990) 수정함

4. 조직의 전략

조직의 전략(strategy)은 조직이 목표를 달성하고자 사용하는 수단을 의미한다. 즉, 조직 전체를 포괄적으로 통합하여 조직의 목적을 달성하려는 힘을 말한다.

전략과 조직구조의 관계에 대한 대표적 연구자인 챈들러(Chandler, 1962)에 의하면, "조직구조는 전략에 따른다(Structure follows strategy)"고 한다. 조직구조가 조직전략의 수행을 촉진하고 궁극적으로는 의도된 조직의 성과와 목표를 달성하기 위한 경영관리상의 도구라는 것이다. 예를 들면, 다양한 직무를 수행하는 조직 구성원들이 협력하여 일을 하도록 도와주고, 조직의 구성요소들을 전략의 목표달성을 촉진시키고 성과를 개선하기 위한 방향으로 나아가도록 해주는 역할을 한다는 것이다.

5. 조직의 권력

조직의 권력(power)은 사회적 인간관계에서 상대방 의지와 무관하게 나의 의지를 상대방에게 관철시킬 수 있는 능력을 말한다. 권력의 상호의존성의 속성은 양 당사자가 서로 필요로 한다는 것을 의미한다.

조직구조와 권력 및 통제의 관계를 논의함에 있어 쟁점은 '구조적 상황이론에 대한 전략적 선택이론의 도전'이다. 구조적 상황이론에서 조직구조의 결정요인으로 간주하고 있는 환경, 전략, 시술, 규모 등은 지배집단의 전략적 선택을 제약하는 요인에 불과하며, 조직구조를 결정하는 요인은 지배집단의 이해관계와 권력이라는 것이다.

제4절 사회복지 조직구조의 설계

앞에서 살펴본 조직구조의 구성요소와 영향요인들을 통해 사회복지조직을 구조화하는 기준을 살펴보았는데, 이는 조직설계를 이룬다. 구성요소와 영향요인 간의 관계를 통해 <표 6-5>와 같은 조직 유형에 따른 각 장·단점을 보여 준다.

첫째, 조직의 규모가 조직설계 시 어떠한 영향을 미치는가? 일반적으로 조직의 규모가 증가하면 조직의 분화 정도는 증가하며, 공식화 정도도 증가한다. 조직의 규모가 증가하면 집권화보다는 분권화가 나타난다. 최고경영자가 조직을 통제하고 관리해야 할 영역이 커지기 때문에 밑에 사람들에게 위임되기 때문이다.

둘째, 조직의 외부 환경은 조직설계 시 어떠한 영향을 미칠까? 외부의 영향이 많아질수록 불확실성이 높아지고 그렇게 되면 외부자원에 대한 관리를 위해 마케팅팀, 홍보팀을 구성하는 등 변화하는 환경에 근접하려는 분화 정도가 증가한다. 안정적인 환경에 처한 조직은 조직활동의 표준화를 통해 목표달성을 획득하기가 쉽기 때문에 공식화는 줄어든다. 불확실성이 높을수록 조직이 분권화되지만 각각의 조직마다 다를 수 있다.

셋째, 조직의 기술은 조직설계 시 어떠한 영향을 미칠까? 비일상적인 기술, 즉 전문성이 높은 기술이 있다면 복잡화는 증가한다. 이것은 새로운 욕구와 전문가의 필요성이 증대하는 결과를 낳는다. 조직활동의 공식화가 높으면 일상적 기술의 활용이 용이하다. 그러나 비일상적 기술은 명확하지 않기에 공식화와 부(-)적 영향을 미친다. 일상적 기술은 집권화가 되며 비일상적 기술은 분권화가 일어난다. 그러나 일관성은 없다.

넷째, 조직의 목표를 달성하기 위한 전략은 조직설계 시 어떠한 영향을 미치는가? 조직이 복잡할수록 전략이 용이하지 않을 수 있다. 의도적인 조직화의 노력이 높으면 조직의 목표성과도 증가한다. 집권화가 될수록 조직 구성원의 협력은 높아진다. 그러나 일관성은 없다.

다섯째, 조직의 권력은 조직설계 시 어떠한 영향을 미치는가? 분화의 증가는 조직활동의 통제를 어렵게 한다. 권력집중을 통한 강한 통제시스템은 공식화를 높인다. 권력집중을 통한 통제의 강화를 집권화가 정적(+) 영향을 미친다.

〈표 6-5〉 조직구성의 요소와 영향요인에 따른 조직설계

구분		구성요소		
		복잡화	공식화	집권화
영향요인	조직의 규모	조직의 규모와 조직의 분화 정도는 정(+)의 관계 (단, 조직분화의 체감효과 발생)	조직의 규모 증가와 공식화는 정(+)의 관계 - 조직의 공식화는 업무분장과 직위부여 등으로 나타남	조직의 규모 증가와 집권화는 정(+)의 관계
	조직의 환경	불확실성이 높으면 환경에 근접하려 함 - 환경에 따른 분화	안정적 환경은 조직활동의 표준화 및 목표달성과 정(+)의 관계	불확실성과 조직 분권화는 정(+)의 관계 (단, 조직의 구성요소가 대립적으로 나타날 수 있어 일관성은 적음)
	조직의 기술	비일상적 기술은 높은 복잡성과 정(+)의 관계 - 비일상적 기술은 새로운 욕구와 전문가를 필요	높은 조직활동의 공식화는 일상적 기술의 활용과 정(+)의 관계 - 비일상적 기술은 조직의 공식화와 부(-)의 관계	일상적 기술은 집권화, 비일상적 기술은 분권화와 정(+)의 관계 (단, 일관성은 적음)
	조직의 전략	조직의 복잡화와 전략은 부(-)의 관계	공식화와 조직의 목표성과는 정(+)의 관계	집권화와 조직 구성원의 협력은 정(+)의 관계 (단, 일관성은 적음)
	조직의 권력	복잡화와 조직활동의 통제는 부(-)의 관계 - 권력의 집중을 통한 통제시스템의 강화는 조직구조의 낮은 복잡성과 정(+)의 관계	권력집중을 통한 강한 통제시스템은 공식화와 정(+)의 관계	권력집중을 통한 통제 강화는 집권화와 정(+)의 관계

주 : 조직구조는 해당조직이 처해 있는 조직구조의 구성요소와 상황요소에 의해 조직구조의 유형, 즉 조직설계가 이루어짐

〈조직구조 설계에서 '팀(Team)' 제도와 효과성 접근〉

오늘날 기업은 새로운 지식과 기술의 사용과 발전, 조직의 확산과 세계화와 같이 도전적이고도 복잡한 환경 속에서 경쟁한다. 이에 조직은 구성원에게 동기를 부여하고 자원의 효율적 사용으로 업무의 효율성과 성과를 증대시키고자 팀 제도를 도입하였다. 국제적으로 많은 기업들이 이미 팀 제도를 운영하고 있고 우리나라도 1980년대 초반 이후부터 많은 기업들이 팀 제도를 운영하고 있다.

팀이란 상호의존적으로 업무를 수행하고 결과를 공유하는 사람들의 실체로 함께 상품이나 서비스를 제공하기 위해 의사소통을 원활히 하고 권한을 분산시켜 구성원의 자율성을 높이면서 성과를 향상시키는 조직운영 방식이다.

팀 효과성은 팀 성과와 개인 성과로 분류되거나, 팀 성과, 팀 상태, 구성원 영향으로 분류되기도 하며, 또한 팀 성과, 구성원 태도, 구성원 행동으로 분류되거나 업무 측면의 팀 성과와 개인 측면의 개인 성과로 분류되기도 한다. 즉, 팀 효과성이 업무 측면과 인적자원 측면으로 분류되고 있다.

첫째, 팀 효과성의 업무 측면은 객관적 성과와 주관적 성과로 측정된다. 객관적 성과는 재무자료를 사용하여 측정되지만 팀의 재무자료는 구하기 어렵고, 또 재무자료를 구성하는 내용도 다양해서 구할 수 있는 자료만 사용하여 측정한다면 측정에서 공정성 문제가 제기될 수도 있다. 그래서 많은 연구에서는 팀에 투입된 자원과 결과에 대한 구성원의 인식을 팀 성과로 정의하고 있다. 이 방법을 적용하면, 팀 성과는 변혁적 리더십, 공유리더십과 수직적 리더십에 의해 영향받는다.

둘째, 팀 효과성의 인적자원 측면은 주로 팀 만족이나 팀 몰입에 의해 측정된다. 팀 만족은 팀에 대한 구성원의 전반적인 만족으로 공유리더십이 높으면 팀 만족이 높다. 팀 몰입은 개인 수준의 조직몰입을 팀 수준으로 재정의한 것으로 팀에 대한 구성원의 일체감이나 소속감의 강도를 의미하는데 공유리더십이나 수직적 리더십이 높으면 팀 몰입도 높다.

출처 : 석상원·이미애(2021).

CHAPTER 07

사회복지조직의 기획 및 의사결정

제1절 기획의 개념
제2절 기획의 단계
제3절 기획전략과 논리모델
제4절 의사결정

사회복지조직의 기획 및 의사결정

본 장에서는 사회복지행정의 범위 중 첫 번째 과업으로서 여겨질 수 있는 기획에 관한 것을 학습하고자 한다. 기획은 중요한 행정의 범위라고 할 수 있다. 이 때문에 기획의 개념을 살펴보고, 기획의 단계는 무엇이며 각각의 단계에서 해야 하는 세부적 작업들은 무엇인지 등을 먼저 살펴보았다. 그 다음에 기획의 전략과 논리모델이 어떠한 의미를 가지고 있으며, 왜 중요한지를 설명하였다. 그리고 마지막으로서 이러한 기획에 대한 승인으로서 의사결정이 어떠한 개념이며, 그 의미에 대해 살펴보았다. 이를 통해 한 사회복지조직 안에서 다양하고 수많은 사업들과 일이 진행되는데 그 출발점으로서 기획부터 의사결정까지의 과정에 대해 고민하고 관련 지식과 기술들을 익힐 수 있을 것이다.

제1절 기획의 개념

사전적(국립국어원, 2021)으로 기획(企劃, planning)은 "일을 꾀하여 계획함"으로 정의된다. 이는 계획 및 설계와 약간 다른 의미를 가지고 있다. 즉, 계획(計劃/計畫, plan)은 "앞으로 할 일의 절차, 방법, 규모 따위를 미리 헤아려 작정함, 또는 그 내용"이며, 설계(設計, design)는 "계획을 세움, 또는 그 계획, 건축·토목·기계 제작 따위에서 그 목적에 따라 실제적인 계획을 세워 도면 따위로 명시하는 일"로 정의된다. 계획은 기획을 통한 결과물이며, 기획하는 과정과 계획의 결과물을 만드는 과정이 설계인 것이다.

이봉주·김기덕(2008)은 프로그램의 기획에 대한 정의에서 문제에 대한 정확한 이해, 개입 논리의 개발, 프로그램 내용의 구체화, 프로그램의 평가로 설명하였다. 그리고 기획은 전략과 같이 빠르게 변화하며, 막연히 필요한 능력이 아닌 필수적으로 반드시 지니고 있어야 하는 능력이라는 것이다. 즉, 막연하고 추상적인 기획과 기획력을 기획서 작성과 프레젠테이션이라는 유형적 결과물로 산출해 내는 것이라고 하였다.

기획은 현재와 미래의 환경변화에 대응하기 위하여 프로그램의 목적 설정, 수단의 선택, 실행, 평가 등의 과정에서 합리적인 의사결정과 활동들을 의미한다. 기획의 특성적 요인은 목표를 달성하기 위한 장래의 행동에 관하여 일련의 결정을 하는 과정이다. 따라서 기획의 특징은 미래 지향적이고, 지속적이며, 의사결정과 연결되어 있고, 또한 목표 지향적이며 목표를 위한 수단을 가지고 있다(York, 1982). 기획에서는 목적 설정 그 자체가 중요한 부분을 차지한다.

이에 반해 계획은 기획에서 도출된 결론으로 이미 결정된 행동노선을 가리키는 것이다. 따라서 계획은 정태적인 결과 상태로서 이해될 수 있다.

이상의 내용을 정리하면 기획과 유사 개념들은 |그림 7-1|과 같이 설명할 수 있다.

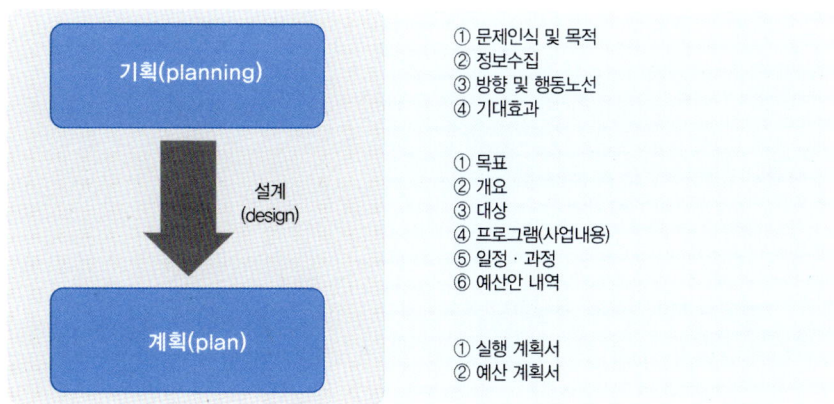

|그림 7-1| 기획과 계획의 차이

산업현장에서의 기획에는 복합적 국면이 요구된다. 즉, 기획의 논리성·창조성·현실성·수단성 등 네 가지 본질에서 |그림 7-2|와 같이 창조적 논리, 창조적 현실, 현실적 수단, 논리적 수단 등 복합적 국면이 출현하게 된다(현대경영연구소, 2010).

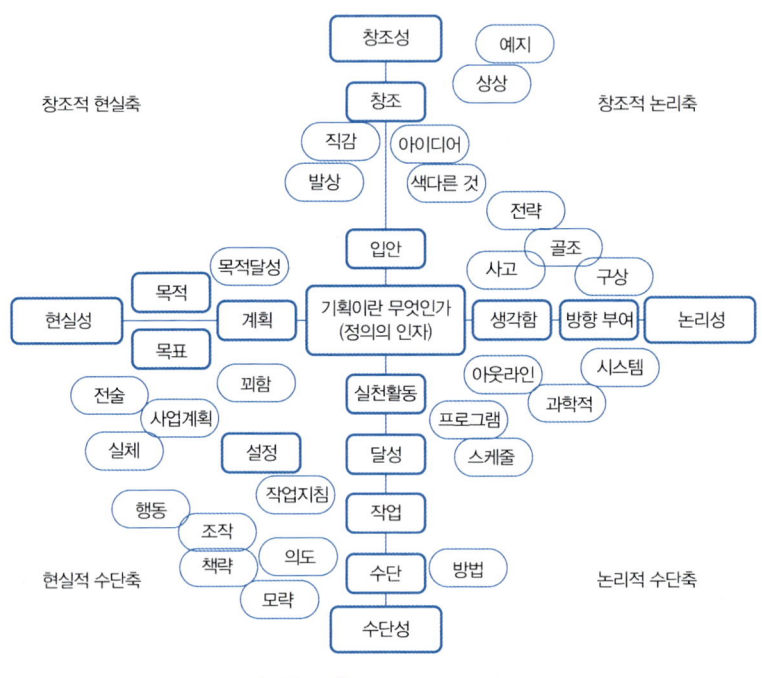

|그림 7-2| 기획의 고려 사항
출처 : 현대경영연구소(2010).

〈기획을 하는 사람은 누구일까요?〉

저는 그저 '프로젝트가 성공하게끔 만드는 데 필요한 일들'을 하긴 했지만, 해당 서비스나 사업을 직접, 혼자 기획했다고 말하기에는 뭔가 정직하지 않다고 느꼈기 때문입니다. 모두의 지식을 바탕으로, 모두의 아이디어를 취합하고 선별해 일을 진행했던 게 사실이니까요. 대다수의 IT회사들에서는 최근 이러한 점을 공감하고 기획자라는 구분보다는 'PM(Project Manager)', 또는 'PO(Project Owner)'라는 용어를 많이 사용합니다.

그렇다면 이런 상황에서, '기획'은 누구의 몫이 되는 것일까요? 바로 프로젝트에 참여하는 모든 이들입니다. PM이나 PO뿐 아니라, 개발자, 디자이너, QA(품질관리), CS(고객대응) 담당자 등 해당 프로젝트에 참여하는 모든 사람이 각자의 위치에서 기획에 참여해야 합니다. 그리고 프로젝트 구성원 모두가 기획 마인드를 가지고 있을 성공으로 이끌고자 할 때 신기하게도 새로운 아이디어와 방법론들이 문제 해결의 길을 열어주곤 합니다. 새로운 시장에서는 누구나, 본인의 전문 영역을 주무기로 장착하고 기획적인 감각을 겸비하여 함께 싸울 수밖에 없습니다. 그렇기 때문에 PM이나 PO와 같이 기획적 배경이 있는 사람은 물론이고, 개발자나 디자이너, 생명과학 등 특정 분야의 전문가들도 통합적인 시각으로 프로젝트 팀원 모두를 살피며 올바른 방향으로 나아갈 수 있도록 독려하는 기획자가 될 수 있는 것입니다.

출처: 이윤주(2021: 13-14).

제2절 기획의 단계

기획의 과정은 연구자들에 따라 다양하게 설명되고 있다. 어떠한 관점을 가지고 있느냐에 따라, 혹은 적용영역에 따라, 또는 선호에 따라 몇 단계의 과정을 거칠 것인가가 달라진다. 하지만 동시에 상당부분 공통적인 속성을 보이기도 한다. 공통적인 속성을 보이는 이유는 기획과정이 합리성, 과학성에 기초한 논리적 접근이 전제되어야 하기 때문이다(황성철 외, 2003).

콜리와 샤인버그(Coley & Scheinberg)는 기획의 단계를 9단계로 분류하였다. ① 문제 파악, ② 해결방안 다각적 탐색, ③ 해결방안 확정, ④ 예상되는 결과와 이점 기술, ⑤ 해결방안을 실현시킬 수 있는 과업 결정, ⑥ 필요한 자원 산정, ⑦ 해결방안의 실행 가능성 재사정, ⑧ 예상되는 결과와 이점 재사정, ⑨ 결과 측정도구 확정 등이다.

이봉주·김기덕(2008)은 6단계로 분류하였다. ① 프로그램 기획의 기초 작업(기획을 기획하기), ② 문제의 분석, 욕구의 파악 그리고 대상자 선정(누구를 대상으로 어떤 문제에 개입할 것인가), ③ 목표설정(어떤 바람직한 결과를 기대하는가), ④ 프로그램 활동내용 구성(목표달성을 위해서는 어떤 수단들이 바람직할까), ⑤ 예산수립(목표달성을 위해서는 어떤 자원이 얼마나 필요할까), ⑥ 프로그램의 평가 등이다.

한편 일반 경영에서의 기획은 5단계로 분류된다. ① 기획에 대한 이해, ② 기획 전략, ③ 창의력(creative power) 발상, ④ 기획서 작성, ⑤ 프레젠테이션 (presentation) 등이다. 첫 번째인 기획 이해는 기획의 중요성, 기획 능력 및 기획자로서의 습관과 사고방식 갖기, 기획의 과정 및 단계 이해하기 등이다. 두 번째인 기획 전략은 기획모델과 툴의 종류 및 사용, 기획 정보 조사법 및 분석법, 기획전략 수립법 및 기획전략 모델의 적용방법 등을 결정하고, 일상생활에서 할 수 있는 기획력 향상방법을 선택하는 것이다. 세 번째인 창의력 발상은 유연한 머리 만들기와 아이디어 발상, 기획 프로그램 개발 및 문제해결 접근, 자신만의 창의력과 전략모델 수립, 기획력과 창의력을 통한 기획전략 시뮬레이션 등이 포함된다. 네 번째인 기획서 작성은 기획서 작성법에 따라 읽기 쉽고 좋은 기획서를 작성하는 것이다. 다섯 번째인 프레젠테이션은 작성된 기획서를 상관 등에게 설명하는 것으로 플래닝 플랫폼(planning platform), 플래닝 믹스(planning mix), 플래닝 아이덴티티(planning identity), 플래닝 컴포지션(planning composition), 플래닝 인텐스(planning intense) 등의 5가지 모델을 활용할 수 있다.

〈사회복지 기획서를 작성하는 방법〉

기획서는 가능한 지역사회가 안고 있는 사회문제나 지역사회의제 등으로부터 출발하는 것이 좋다. 문제의 심각성과 개입을 통한 해결 가능성이 높다면 실현될 가능성도 그만큼 커진다고 하겠다. 문제분석 시 문제에 대한 객관적인 측정자료, 이를 테면 욕구사정을 위한 효과적인 사회복지조사방법론이 활용되어 객관적으로 제시되어야 한다. 그리고 최근에는 복지대상들의 박탈감 또는 지역사회의 전문가 등이 느끼는 체감도를 직접 보여 줄 수 있는 통계자료나 경험적 근거자료, 또는 다양한 질적 연구방법론도 유용한 활용 자료임을 유념할 필요가 있다. 어떠한 조사방법론을 사용하든 객관적이고 타당성이 높음을 보여 주어야 하며, 한눈에 알아볼 수 있도록 작성해야 한다.

문제의 원인과 실태 등이 제대로 파악되면 다음 단계인 목표와 대상을 구체화해야 한다. 문제분석과 함께 제시할 수 있는 것은 서비스의 효과성과 관련된 내용이 목표와 대상에 반영되어 있어야 한다. 예산이 지원되었을 때 대상자와 지역사회에 어떠한 변화가 일어날 것이고, 그것의 사회적 비용효과는 얼마나 될 것인지 등을 제시하는 것이 좋다. 또한 서비스의 근거가 될 수 있는 문제가 규명되면 문제의 규모를 정확하게 보여 줄 수 있는 대상을 선정하는 것이 좋다. 사회복지사업의 경우 다른 분야와 달리 이 대상에 집중하는 경향이 높은데, 그만큼 사회복지가 개입행위에 관련된 사업이기 때문이다.

본 교재에서는 사회복지조직의 특수성을 살려 스키드모어(Skidmore, 1990)가 설명한 기획의 6단계 과정을 설명한다. ① 구체적 목표 설정, ② 관련 정보 수집 및 가용자원 검토, ③ 목표달성 지원을 위한 여러 가지 방법의 모색, ④ 대안들의 실시조건 및 기대효과 분석, ⑤ 최종 대안의 선택, ⑥ 구체적 실행계획의 수립 등이다.

첫 번째는 구체적 목표설정단계이다. 사회복지조직은 목적을 달성하기 위하여 한 가지 이상의 일반적 목적(goal)이 설정된다. 그리고 일반적 목적을 달성하기 위한 하위목표(object) 또는 구체적 목표가 설정된다. 이 목표는 그 사업에 적합한 것이어야 하며, 바라거나 의도된 결과가 명시되어야 한다. 또한 계량화가 가능해야 하며, 결과가 도달하기까지의 기간이 명시되어야 한다.

〈목표와 목적의 비교〉

목표(objective)는 프로그램이 변화시키려고 하는 상황이나 문제에 대한 특정한 기준을 의미한다. 모든 프로그램은 프로그램이 수행되면서 발생하는 결과로서 영향을 주어 변화하고자 하는 대상을 가진다. 예를 들어, 사회복지 프로그램은 자신의 서비스나 프로그램을 통하여 욕구, 문제 혹은 위험을 가진 개인이나 지역사회를 변화시켜 보다 바람직한 인간이나 환경으로 변모시키려는 의도를 가진다. 즉, 서비스나 프로그램을 통하여 욕구를 충족시키거나 문제를 해결하거나 위험을 제거 혹은 예방함으로써 개인이나 지역사회가 보다 바람직하고 나은 상태에 도달하게 된다. 이 경우 프로그램을 통하여 변모되어 보다 바람직한 인간이나 환경으로 바뀐 그 상태가 이 프로그램의 목표가 되는 것이다.

목적(goal)은 프로그램을 실행하여 성취하고자 하는 포괄적인 형태의 성취 수준에 관한 추상적인 기술로서 보다 실현 가능하고 결과 중심적인 하위의 세부 목표들에 대한 상위 개념을 의미한다.

목표에는 절대적 목표와 상대적 목표, 그리고 결과 목표와 과정 목표 등으로 다시 구분된다.

목적과 세부 목표의 비교

목적	세부 목표
• 문제 정의와 인과관계에 대한 설명 • 개입의 포괄적 수준 결정 • 클라이언트 집단의 성격과 규모는 문제의 규모와 범위에 따라 결정되어야 함 • 프로그램 실행의 한계와 지침 제공	• 과정보다는 결과에 중심을 둠 • 명확한 시간기준과 구체적 성취수준을 제공 • 산술적인 측정이 가능 : 정확하게 측정되고 관측되어야 함 • 목적의 위계화와 조직의 활동 범위에 맞아야 함

출처 : 이봉주·김기덕(2008).

두 번째는 관련 정보 수집 및 가용자원 검토단계이다. 기획은 그 대상과 구체적 목표에 대한 다양한 정보를 수집하고 그러한 프로그램을 실시하는 데 필요한 인적·물적·사회적 자원 등을 검토해야 한다. 정보수집과 관련하여 관계 문헌 검토, 면접, 관찰, 설문조사 등의 방법을 사용한다. 그리고 조직 내의 예산, 프로그램 담당 직원, 프로그램 사무실, 조직 외부의 지지자 및 경쟁자(기관) 등의 권한을 알아보는 것이 있다.

세 번째는 목표달성을 위한 방법의 모색단계이다. 위의 두 단계가 이루어진 이후에는 목표달성을 위한 다양한 방법들을 찾아야 한다. 목표를 달성하는 방법에는 여러 가지가 있을 것이므로 집단토의나 개별적 대화, 수집된 정보 등으로부터 방법들을 발견할 수 있게 된다. 이 단계에서는 구성원들의 창의성 발휘가 아주 중요하다.

네 번째는 대안의 실시조건 및 기대효과 분석단계이다. 목표달성을 위한 각각의 대안들을 택해서 실시할 경우 실시에 관련되는 여러 가지 조건(예 조직의 타 업무의 조정 필요성 정도, 비용, 인적 자원 등)은 어떠한가와 기대효과는 어느 정도 될 것인가를 검토하고 장점과 단점도 찾아내어 평가해야 한다. 이때 어떤 공통적이고 객관적인 검토 및 평가영역과 기준 등을 만들어 그것에 의하여 평가하는 것이 바람직하다.

다섯 번째는 최종대안의 선택단계이다. 각 대안들의 분석 이후에는 그 결과를 비교하고, 적절한 비중으로 평점을 매겨 우선순위를 결정하며, 가장 높은 평점을 받은 대안을 최종적으로 선정한다.

여섯 번째는 구체적 실행계획의 수립단계이다. 선정된 방법(프로그램)을 실행하기 위하여 시간과 활동이 연관된 구체적인 계획을 수립해야 한다.

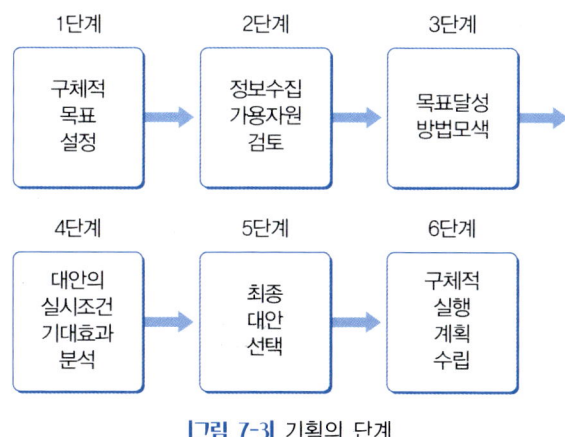

[그림 7-3] 기획의 단계

제3절 기획전략과 논리모델

기획전략은 세 가지의 흐름으로 전개되고 있다.

첫째, 고객 중심의 기획(customized planning)전략으로 모든 기획의 기초는 고객에서부터 출발하고 고객을 위한 것이어야 한다는 것이다. 따라서 기획 프로세스는 고객의 데이터베이스를 기초로 고객의 행동을 세분화하고 그 세분화된 시장 또는 고객에 도달하기 위한 목표와 전략을 수립한 후에 구체적인 마케팅 또는 커뮤니케이션 프로그램을 실행하며 그 효과를 고객의 관점에서 측정해야 한다.

둘째, 외향적 기획(outside-in planning)전략이다. 기존의 마케팅 커뮤니케이션은 기업이 전달하고자 하는 메시지를 외부의 고객에게 일방적으로 전달함으로써 원하는 목적을 달성하려고 했던 내향적 기획(inside-out planning)이었다. 그러나 최근에는 고객이 원하는 바를 기초로 기획을 수립하고 프로그램을 실행하는 외향적 기획을 지향하고 있다.

셋째, 외부 및 내부적 기획(external & internal planning) 통합전략이다. 기존의 마케팅 커뮤니케이션이나 초기의 통합적 마케팅 커뮤니케이션(integrated marketing communication)이 외부적 기획만을 강조하고, 마케팅 커뮤니케이션 툴(tool)의 통합(광고, 판촉, PR, DM, POP 등)만을 강조한 데 반해, 새로운 통합적 마케팅 커뮤니케이션은 외부적 기획과 내부적 기획을 동시에 강조하고 있으며 더 나아가서 외부적·내부적 커뮤니케이션 통합의 중요성까지도 강조하고 있다.

사회복지 프로그램 기획에서는 논리모델(logic model)을 적용한 전략이 요구된다. 논리모델이란 프로그램이 가지고 있는 이론 또는 활동에 대한 도표적 표현과 'If-then 구조'의 논리적 연결관계를 말한다. 즉, 원인과 결과의 관계를 설명한 것으로 원하는 결과를 얻어가는 체계적 접근(systems approach)이다.

전통적인 프로그램 모델의 경우와 달리 논리모델은 성과를 중요시하고, 공급자 중심이 아닌 수요자 중심의 프로그램 모델이다. 따라서 프로그램에 참여한 이용자가 어떠한 이익이 있었는지, 어떠한 변화가 있었는지 등에 관심을 가진다. 조직의 입장에서 보면 지역사회의 다양한 이해관계자에게 조직이 지역사회를 위해 어떻게 기여했는지 명확하게 보여 줄 수 있고, 프로그램의 성과에 대해서 지역사회에 홍보가 가능하다는 특성이 있다.

논리모델은 5가지의 요소로 구성된다.

첫째, 프로그램과 비교해서 현재의 상황을 기술하고 베이스라인(baseline)을 수립하는 상황(situation) 단계이다. 여기서는 문제기술과 관련한 ① 원인은 무엇인가? ② 문제의 사회적·경제적·환경적 증상들은 무엇인가? ③ 그 문제에 대해 아무것도 하지 않는다면 어떤 결과가 나타날 것인가? ④ 실제적 대가, 비용은 무엇인가? 등의 전략을 고려하게 된다. 그리고 누가 그 문제에 직접적인 영향을 미치고 있는가를 ① 누가 영향을 받고 있는가 ② 이 문제와 관련하여 다른 프로젝트나 프로그램에서 다루고 있는 것은 무엇인가 등을 함께 고려한다.

둘째, 투입(inputs) 단계이다. 여기서의 투입은 프로그램을 수행하기 위한 것으로 지식, 기술, 전문성 등과 관련된 것이다. 이를 테면, ① 인적자원 ② 물적자원 ③ 시설장비 ④ 프로그램 수행을 위한 지식 ⑤ 지역협력자원인 지역사회, 지방자치단체, 정부 등을 말한다.

셋째, 활동(activities) 단계이다. 이 단계는 클라이언트의 문제해결을 위해 제공되는 활동으로 논리모델에서 가장 중요한 단계라 할 수 있다. 성취하고자 하는 목적과 목표를 달성하기 위한 최적의 실천방법을 개발해야 하고, 기획의도와 활동 간에 논리적인 연관성, 즉 ① 프로그램 ② 서비스 ③ 치료개입 등이 확보되어야 한다.

넷째, 산출(outputs) 단계는 프로그램에 참여하는 클라이언트에게 제공되는 결과물, 상품, 서비스 등으로 일반적으로는 실적을 의미한다. 프로그램의 시행 횟수나 참여자의 수 등이며, 또한 프로그램에서 제공되는 서비스의 양 등이 해당한다.

다섯째, 성과(outcomes) 단계이다. 이 단계에서는 성과에 대한 질문 – 프로그램의 결과로서 무엇이 일어났는가, 성과가 개인뿐만 아니라 지역사회 등 다른 변화를 가져올 수 있도록 하는 데 유용한가 등과 관련한 내용을 제시할 수 있다. 성과는 단기, 중기, 장기로 나누어 나타낼 수 있다. 단기(short-term) 성과는 클라이언트의 문제에 대한 인식변화, 클라이언트가 잠재적 문제해결을 위한 능력 인식, 지식, 기술의 습득, 동기부여 등이 해당한다. 중기(intermediate-term) 성과는 클라이언트의 실천과 행동변화, 정책 반영, 운영전략 획득 등이 해당한다. 장기(long-term) 성과는 소득 수준과 재정적 능력 증가, 사회적 조건 감소, 환경조건 변화, 정치적 조건변화 등이 해당한다.

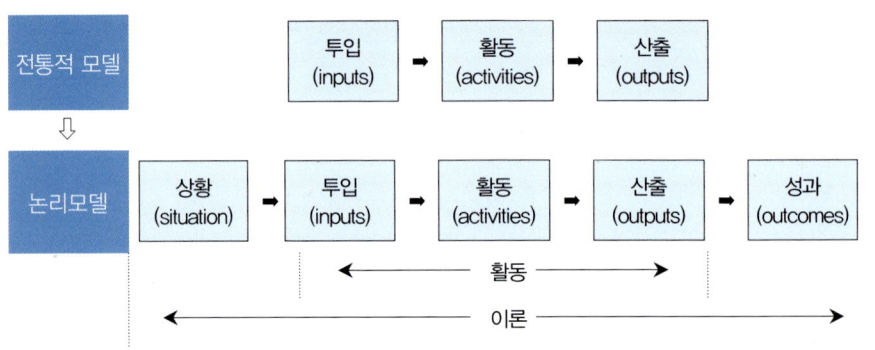

|그림 7-4| 논리모델(logic model)의 구성요소

제4절 의사결정

의사결정(decision-making)이란 목표달성을 위한 여러 가지 대안 가운데 최적의 것을 선택하는 과정으로 사회복지 프로그램 기획의 핵심과정이다. 사회복지조직을 운영한다는 것은 계속적으로 의사결정을 하고 그것을 실행해 가는 과정이기 때문이다.

의사결정의 모형으로는 보통 6가지로 설명된다.

첫째, 합리적 모형(rational model)이다. 이는 인간은 누구나 합리성과 이성에 입각하여 의사결정을 한다고 믿는 이론모형이다. 문제의 진단과 의사결정에 이르는 전 과정이 체계적이고 논리적인 순서에 따라 이루어진다고 가정한다. 주로 수학, 경제학, 경영학에서 주장되었으며, 정책결정자의 전지전능, 최적대안의 합리적 선택, 목표의 극대화, 합리적 경제인을 전제로 전개되는 이상론적·낙관론적 모형이다. 그러나 이 모형은 인간의 능력으로 완전하고 종합적인 정보수집과 처리가 어렵고, 문제를 정의하고 해결방안을 모색하는 데 현실적인 정치사회적 과정을 완전히 배제하기 어렵다는 한계가 있다.

둘째, 마치와 시몬(March & Simon, 1958)이 주장한 만족화 모형(satisfying model)이다. 이 모형에서는 합리적 모형이 제시하고 있는 절대적 합리성의 기준보다는 제한된 합리성의 기준을 주장한다. 또한 최적의 대안보다는 현실적으로 만족할 수 있는 대안을 선택하는 것에 타당성을 두고 있는 모형이다. 즉, 최선의 결정은 절대적 의미에서의 최고가 아니라 만족스러운 상태에서 결정된다는 이론모형이다. 그래서 이 모형은 정책결정에 있어 객관적인 상황적 조건보다는 정책결정자의 행동에 더 많은 주의를 기울인다. 그러나 이 모형은 너무나 현실적인 만족에 집착하는 나머지 창조적이고, 현실적인 대안을 탐색하려는 시도를 포기한다는 한계를 가지고 있다.

셋째, 점증주의모형(incrementalism model)이다. 이 모형은 조직의 의사결정은 항상 합리적 방법으로 이루어지는 것이 아니라 현실을 인정하고 어느 정도 향상된 대안을 선택한다는 것이다. 따라서 이 모형은 첨예한 갈등이나 문제를 야기하지 않고 안정적인 정책결정과 집행을 할 수 있을 뿐만 아니라 정책에 대한 폭넓은 지지를 받기 쉽고 실현가능성이 높은 대안을 선택할 수 있다는 장점이 있다. 하지만 이 모형은 다음과 같은 비판을 받기도 한다. 첫째, 현실을 인정하고 혁신을 배제한다는 점에서 보수적이며, 의사결정에서 지나치게 현실의 여건과 정치성을 강조하여 체계성 또는 과학성이 결여되었다는 것이다. 둘째, 급격한 변화나 장기적 전망에 의거한 계획적인 변화를 거부하고 '그럭저럭 헤쳐나가는(muddling through)' 점진적인 과정을 도모하기 때문에 지나치게 보수적이며 대중적이라는 것이다.

넷째, 혼합 관조적 모형(mixed scanning model)으로 합리적 모형과 점증주의 모형이 혼합된 모형이다. 이 모형에서는 의사결정을 기본적 결정과 지엽적 결정으로 구분한다. 기본적 결정은 의사결정자의 목표를 달성하기 위한 합리적 대안을 모색하나 합리적 모형과는 달리 세부적 문제는 생략한다. 지엽적 결정은 기본적 결정에 의해 설정된 테두리 안에서 점증적으로 행해진다. 이 모형의 장점은 합리적 모형이 추구하는 지나치게 이상적인 합리성을 줄이면서 점증주의 모형이 갖는 보수성을 극복하고 있다는 점이다. 하지만 장·단기사업과 핵심 또는 주요 사업에 대한 조직 구성원의 동의 또는 합의가 없는 한 이러한 의사결정도 문제가 된다는 점에서 한계가 있다.

다섯째, 최적 모형(optimal model)이다. 이 모형은 점증주의 모형의 타성적이고 현실주의적인 특성을 비판하면서 제안되었다. 합리적 모형과 검증주의 모형을 절충한다는 점에서 혼합 관조적 모형과 유사하나 양자의 모형을 단순히 혼합한 것이 아니라 합리성과 초합리성을 동시에 고려하는 최적치(optimality)를 추구하는 규범적 모형이라는 점에서 차이를 보이고 있다. 따라서 이 모형은 의사결정에 있어서 비록 비현실적인 것이라 해도 항상 가능성을 찾아 합리적인 측면을 발견하고 그것이 최적인지를 확인한다. 또한 때때로 직관적 판단이나 상상력과 같은 초합리성이 중시되기도 하며, 그러한 초합리성이 정책결정의 불가결한 요인임을 강조한다. 이 모형은 초합리성의 개념을 도입함으로써 합리성 모형을 한층 더 체계적으로 발전시켰다는 것과 창의적이고 혁신적인 정책결정을 거시적으로 정당화할 수 있는 이론적 근거를 마련해 주었다는 점에서 긍정적 평가를 받는다. 그러나 이 모형은 달성 방법도 명확치 않고 개념도 불명료한 초합리성이라는 개념에 의존하고 있어 비현실적이고 이상적인 모형이라는 비판도 있다.

여섯째, 쓰레기통 모형(garbage can model)이다. 이 모형은 기본적으로 조직화된 무정부상태에 해당하는 것을 전제하고 있는데, 정책결정자들에 의해 이뤄지는 의사결정과정이 쓰레기통이 일시에 비워지는 것과 같다는 의미에서 논의된 것이다. 의사결정과정에서 평소에는 소모적인 논쟁이 되풀이되다가도 어떤 순간에 무슨 사건이 발생한다든지, 시기적으로 꼭 해결해야 할 시점이 되면 꽉 찬 쓰레기통이 비워지듯 문제가 한꺼번에 해결된다는 것이다. 이 모형을 처음 제시한 사람은 올슨(J. Olsen)으로 코헨과 마치(M. Cohen & J March) 등과 공동으로 제시하였다. 이들은 어떠한 조직체의 내부 상황은 조직체 내 서로 다른 조직(행정부, 사법부, 입법부, 이익집단, 개인)들과 뒤죽박죽 얽히고 설켜 조직화된 무정부상태가 되고, 오히려 제대로 작동하지 못한다고 하였다. 즉, 혼란스럽고 복잡한 상황하에서 조직의 의사결정은 비관적이라는 것이다. 이 모형의 장점은 현실적 기관의 여건, 사회복지사들의 복잡하고 다양한 상황을 설명해 준다는 점이다. 반면 단점은 바람직스러운 프로그램의 개편보다 수준이 떨어지는 프로그램이 지속되거나 어느 정도 변형된 형태로 나타난다는 점이다.

〈의사결정과 품의제도〉

상위 관리자에게 집중된 의사결정 구조를 잘 보여 주는 것이 품의(稟議)제도다. 품의는 관리자의 의사결정을 위한 절차다. 관리자가 품의를 지시하면 실무자는 초안을 작성하여 올린다. 관리자는 품의서와 첨부 문서를 검토하고 구성, 논리, 표현, 계산, 철자법까지 꼼꼼히 지적한다. 실무자는 지적 사항을 모두 고쳐 다시 상신한다. 이 과정을 수 차례 반복해 준비가 되었다고 판단되면 관련 부서 협조를 거친다. 협조 과정에서 몇 차례 회의와 문서 수정이 다시 이루어진다. 합의가 완료되면 임원 결재로 넘어간다. (중략)

품의에 의존한 의사결정은 책임 소재를 불분명하게 만든다. 실무자는 "나는 위에서 결정해 준 대로 했을 뿐"이라고 하며 책임을 지지 않고, 승인자는 "품의를 쓴 사람이 실행에 대한 책임이 있다"며 책임을 회피할 수 있다. 모든 사람의 책임은 아무의 책임도 아니라는 말이 있듯이, 문제가 생겨도 조용히 넘어가는 쪽을 선호한다. 의사결정의 방향은 보수적으로 흐를 가능성이 높다.

출처 : 김성남(2020 : 69-70).

CHAPTER 08

사회복지조직의 인적자원관리

제1절 인적자원관리의 개요
제2절 직무분석
제3절 직원선발과 배치
제4절 교육·훈련 및 슈퍼비전
제5절 인사평가 및 보상

사회복지조직의 인적자원관리

본 장에서는 기존의 인사관리라는 개념과 더불어, 최근 개념인 인적자원관리까지 살펴보고자 한다. 사회복지조직에서 인력(인적자원)에 대한 관리는 조직관리의 기능론 중에 해당하는 접근방식으로 사회복지조직의 공동목표를 설정하고 그 목표를 달성하기 위한 조직의 모든 협동적 활동이 보다 합목적적이고 효율적으로 수행되도록 그것을 지도하고 촉진하는 과정 및 기능을 의미한다. 조직을 구성하고 있는 중요한 축으로서 인력, 나아가 인적자원을 어떻게 관리하는지가 그 조직이 갖고 있는 목표를 달성하는 데 결정요인으로 작용하고 있다. 사회복지조직에서 인재를 영입하는 것에서부터 적재적소의 업무에 배치하고, 동기부여를 하고 있는지, 그리고 구성원이 조직을 퇴사하는 과정까지 어떻게 인적자원을 개발하고 관리하는지에 대해 이해할 수 있을 것이다.

제1절 인적자원관리의 개요

1. 인적자원관리의 개념

그동안 사회복지조직에서는 인사관리라는 개념이 주로 사용되어 왔고, 현재도 그 개념이 사용되고 있다. 하지만 근래에 들어 일반 경영조직이나 공공조직 등에서는 인적자원 개념이 사용되고 있다. 기업 등의 사적 조직과 정부 등의 공적 조직에서 인적자원에 대한 관심이 높아지면서 전통적인 인사관리의 패러다임이 인적자원관리 패러다임으로 변화되고 있는 것이다.

이들 조직의 주요 경쟁력은 과거와 같은 원료, 기술, 제품 등의 자원뿐만 아니라 사람도 '인적'자원으로서 매우 중요한 경쟁요소로서 평가하는 것이다(杜進軍·秦牧欣, 2006). 이에 따라 인적자원에 대한 조직관리의 철학과 이념이 변화되고 있다. 그리고 이를 뒷받침할 수 있는 조직구조 및 조직성과에 인적자원관리가 어떠한 영향을 주는지 연구되고 있다.

〈인적자원의 유래〉

드러커(Drucker, 1954)는 『경영의 실제』라는 저서에서 '인적자원'이라는 개념을 최초로 언급하였는데, 그는 "전통적인 인사관리는 이미 과거가 되고 새로운 인력자원개발 위주로 한 혁명이 다가왔다"고 하였다. 그 이후 인적자원관리는 기존의 인사관리업무 외에도 인적자원기획, 정책 제정, 인적자원개발, 직업생애주기관리, 업무분석 및 설계 등의 기능과 함께 기업전략기획과 관련 제정 및 실시 등도 포함된다고 하였다.

한편 일본은 인사관리를 인사노무관리(人事勞務管理 : PM)의 명칭으로 사용하였다. 1990년대 이후 인적자원관리(HRM)와 함께 전략적 인적자원관리(SHRM)가 급속히 퍼졌다.

인적자원개발(HRD : Human Resources Development)이라는 용어는 인적자원, 즉 조직이 고용한 사람이 해당업무를 성공적으로 수행하여 성과를 창출하기 위해 이들로 하여금 해당 업무에 필요한 지식, 기술 그리고 태도를 습득시켜 일정 기대수준 이상의 사고나 행동의 변화를 이끌어내는 활동이다. 한국의 경우, 1945년 당시 CCS(Civil Communication Section)라는 강좌를 시작으로, MTP(Management Training Program), TWI(Training Within Industry), OJT(On the Job Training) 등이 미군으로부터 도입되었다. 그 후 한국생산성본부, 한국표준협회, 한국능률협회 등에서 실시하고 있다. 학습활동으로 보는 시각 대 조직의 수행을 향상시키는 과정으로 보는 시각이었다.

사회복지 분야에서도 사회복지조직을 관리하는 측면에서 최근 인적자원관리에 대한 관심이 높아지고 있으며, 사회복지조직에서 인적자원관리가 적용되고 있다. 이는 사회복지 환경이 수요적·공급적 측면에서 다양화 또는 확대되는 속에서 사회복지전달체계의 개편과 함께 각 전달체계를 구성하는 민간과 공공의 사회복지조직 종사자에 대한 관심이 과거와 다르게 변화되고 있기 때문이다.

하지만 이러한 변화에 대해 사회복지학적 관점은 상반된 것으로 평가된다. 한편에서는 기존과 같이 종사자에 대한 관리를 인사관리라는 측면에서 접근하고 있는가 하면(김영종, 2010; 원석조, 2012), 다른 한편에서는 인적자원관리라는 새로운 측면에서 접근할 필요가 있음을 강조하고 있다(이봉주 외, 2012; 황성철 외, 2009).

사회복지조직은 기업이나 정부 등과는 다른 조직적 특성이 있고 인적자원에 대한 그동안의 관리방식도 달랐다. 사회복지조직의 인력 규모는 일반 기업보다 작은 편이며, 이직현상 등이 높아 조직의 효율성 측면에서 저하되는 문제가 있다. 사회복지사 등의 근로환경과 처우 등이 열악하다는 지적과 함께 이들의 자질 또는 전문성, 직무만족, 소진[1], 교육훈련 또는 이직 등의 문제에 대한 단편적 연구들이 주를 이루어 왔다. 그런데 이러한 현상에 대한 세부적이며 실증적인 연구들이 거의 없는 상태이다. 이는 첫째, 사회복지 외형에는 많은 관심이 있었던 것과는 달리 인적자원에 대한 연구는 거의 이루어지지 않기 때문이다. 둘째, 사회복지사 등의 인력을 중요한 요소로 인식하지 못한 사회복지계의 한계에서 비롯된 것이기 때문이다.

이러한 특성은 우리나라뿐만 아니라 일본, 중국 등 다른 국가들도 비슷한 상황을 보인다. 일본은 사회복지 인재의 부족으로 인해 사회복지에서는 인적

---

[1] 소진(Burn-Out)은 직무 불만족에 처한 업무자들이 궁극적으로 감정의 고갈, 소외, 업무와 클라이언트에 대한 관심 상실 등과 같은 부정적인 경험을 겪게 되는 것으로 정의된다(김영종, 2010). 즉, 업무의 요구가 자신의 인내와 능력으로 감내하기 어려울 때 직장으로부터의 압박감과 스트레스에 압도당한다고 느끼게 되는데, 이러한 느낌들이 한계점에 도달하여 신체적·정신적 고갈상태에 처할 때 결국 자신과 자신의 환경을 부정하는 일련의 증상을 말한다. 인간관계와 관련된 직무 스트레스가 많은 직종의 종사자들에게서 나타나는 부정적인 현상이며, 이러한 현상은 단순히 개인의 문제에 머무는 것이 아니라, 클라이언트에 대한 서비스와 기관에 영향을 미친다. 소진이 발생하는 원인으로는 사회복지사의 성격이나 퍼스낼리티 등의 개인적 요인과 클라이언트 요인, 직무요인 및 슈퍼비전 요인 등이 있다.

자원관리를 '인재(人材) 매니지먼트'로 사용하며, 사회복지시설의 인재확보, 육성에 관한 관심이 높은 편이다. 특히 개호직(사회복지직)의 높은 이직률을 낮추기 위한 방안들이 논의되고 있다. 이에 따라 사회복지조직에서 인적자원에 대한 중요성이 점차 커지고 있으며, 기존의 '인사관리' 패러다임에서 '인적자원관리' 패러다임으로 변화되고 있다.

〈인사관리의 접근 방식〉

조직관리는 기능론과 과정론으로 구분된다(김병식, 2007). 전자는 인사관리, 재무(재정)관리, 정보체계관리 등에 관한 영역으로서 TQM, MBO, ZD, 플렉시타임제도, 공개/ 다면적 인사고과제도 등이 있다. 후자는 전달체계, 프로그램, 욕구조사 등에 관한 영역으로 기획, 의사전달, 책임과 통제 등이 있다. 그중에서 인사관리는 조직 내에서 이루어지는 것이며, 목표달성을 위해 인적 요소의 중요성과 자원의 기술적 활용을 기본적 원칙으로 요구하고 있기 때문에 조직관리 기능론에 해당한다.
한편 조직행동(organizational behavior)에 대한 접근방식이 있다. 그것은 주로 조직에 있어서의 개인 및 집단의 행동연구와 그 지식의 응용에 관한 접근이다. 그러나 조직이론도 조직구조와 과정, 그리고 성과 자체에만 관심영역을 한정하고 있지 않는 것처럼 조직행동론 역시 조직 내의 인간행동에만 그 영역을 한정하고 있지는 않다. 즉, 조직행동론은 개인목표와 조직목표의 조화를 통한 조직의 유효성을 제고하기 위하여 조직 내의 인간행동, 즉 개인, 집단, 조직체 행동을 이해·예측하고 관리하는 이론적 접근이라고 할 수 있다. 관심영역은 조직 구성원의 갈등, 리더십, 팔로우십, 동기부여, 임파워먼트 그리고 변화 등으로 다양하다.

인사관리(PM : Personal Management)는 제1차 세계대전 이후 산업화와 과학적 관리 및 산업복지를 융합한 형태에서 나타난 것으로 조직의 관점과 업무수행능력의 강화에 초점을 맞추고 불필요한 인력과 비효율성을 제거하는 것을 목표로 개념이 발전되었다. 조직 유지를 위해 조직이 필요로 하는 인력을 조달, 개발, 유지, 활용하는 일련의 관리활동체계를 인사관리로 정의하고 있다(신복기 외, 2002).

그러나 이러한 인사관리의 개념에는 다음과 같은 한계가 있다. 첫째, 행정적·제도적인 성격 때문에 단편적이고 권위적이며, 지속적으로 발전할 수 있는 이론적 바탕을 구성하지 못하였다는 비판이다. 둘째, 국제화 및 세계화의 영향으로 인해 조직이 전략적이고 탄력적인 요소를 갖추고 있는 반면, 그 개념에서 이러한 측면을 반영하고 있지 못하다는 비판이 있다.

따라서 공식적인 인적자원관리 부서가 신설된 이후 점차 기능적 접근방식에서 채용, 훈련, 보상, 업무 평가 등의 업무 범위로 확대되고 있으며, 문화적이고 정치적인 영향으로 인해 전략적 인적자원관리로까지 확대되고 발전하는 추세에 있다.

인적자원관리에 대한 개념적 정의는 아직 합의된 측면이 없다. 암스트롱(Armstrong, 1990)은 인적자원관리(HRM : Human Resources Management)란 "전략적이고 일관적이며 포괄적인 관리방식으로 조직의 인적자원을 개발하는 것"으로 정의하였다. 스토레이(Storey, 1989)는 "통합된 구조적 문화와 인사기술을 사용하는 것"으로, 데슬러(Dessler, 2000)는 "채용, 심사, 교육, 보상, 평가 등을 포함하는 한 개인이나 인적자원에 대하여 관리적 측면에서의 관리정책"으로 각각 정의하였다.

최근에는 인적자원관리의 개념이 진화되어 또 다른 패러다임인 전략적 인적자원관리라는 표현이 사용되고 있다. 기존의 '사람'에 대한 관리부터 전략적 인력자원관리로 변화되고 있는데, 이때 인사관리, 인적자원관리, 전략적 인적자원관리2)라는 3가지 차원이 개념으로 명확히 구분된다(杜進軍·秦牧欣,

---

2) 디베나(Devanna, 1984)는 '전략적 인적자원관리(strategic human resource management)'라는 개념을 처음 제시했다. 이는 기업에 "사람"에 대한 관리는 전략적 인력자원관리단계로 진입한다는 것이다.
전략적 인력자원관리는 기업에 "사람이 가장 중요한 부분"의 환경에서는 기업과 인력자원관리를 연결시켜 서로 일치시킨다. 첫째, 기업의 전략제정은 기업의 실제 인력자원 상황을 기초한다. 둘째, 기업의 전략적인 시각에서 기업전략과 일치하여 서로 상호협조적인 인력자원 정책 및 실천으로 기업의 현실적인 전략목표가 이루어지게 하며, 기업의 경쟁력을 제고할 것이다. 이 단계에 전략적 인력자원관리는 전략적 집행행위자로 기업전략결정자와 기업 변혁 리더의 두 가지 역할을 수행한다(杜進軍·秦牧欣, 2006).

2006). 그리고 인사관리와 인적자원관리는 '조직에 지위', '관리이념', '기업전략에 관계', '조직변혁에 지위', '관리목표' 등의 영역에 따라 차이가 있다.

|그림 8-1| 인적자원관리의 체계

인적자원관리의 특징은 사람을 단순히 비용요인으로 파악하는 것이 아니라 경험이나 학습, 교육에 의해 기술을 가지고 있는 자원 또는 자산으로 보는 관점의 변화이다. 즉, 종사자가 조직이 원하는 행동을 통제하고 질서를 유지하기 위해 고안한 훈련들을 받도록 하는 규율들인 것이다(Hoobler & Johnson, 2004).

2. 인적자원관리의 범위

인적자원관리의 영역은 |그림 8-2|를 통해 생각해 볼 수 있다.

여러분과 같이 조만간 사회복지 노동시장에 진입할 예정에 있는 한 개인들이 있다고 하자. 이들이 ㉮, ㉯, ㉰, ㉱ 등의 구직자가 되며, A라는 사회복지시설에 모두 취업을 희망한다고 가정하자. A시설은 4명의 구직자를 모두 채용했으면 하지만, 현실은 그렇지 않다. A시설이 채용이라는 것을 하기 위해서는 우선 ①을 함으로써 조직 구성원을 충원할 계획을 가질 수 있다. 이

것이 '직무분석'이다. 직무분석을 통해 채용하고자 하는 인원과 직무, 그리고 근로조건 등에 대한 계획을 확정하게 된다. 채용 계획을 바탕으로 해당 조직은 외부에 공고를 하게 되는데, 이 과정이 ②로서 '직원선발과 배치'이다. 직원선발을 하는 데 있어 첫 번째의 과정은 채용인데, 여기에는 모집부터 선발, 임명 등이 해당하며, 최종적으로는 배치까지 이루어지면 직원선발은 마무리가 된다. 인사 배치가 완료되거나 그 직전부터 A시설은 채용된 사람에 대한 해당 직무 수행에서 요구되는 '교육·훈련'을 하는데, 이것이 ③이다. 이 사람이 계속 A시설에 있게 되면 해당시설에서 필요한 관리자에 임명되는데, 이를 승진이라고 한다. 이때 내부 직원의 채용으로 인해 내부지향적(making) 승진이라고 하다. 직무 수행 시 필요한 내용이나 지시 등을 직속 상사 등으로부터 받는 단계가 ④로서 '슈퍼비전'에 해당하며, 그 직무 수행에 대한 성과 등을 평가받는 것이 ⑤로서 '인사평가'가 된다. 그리고 인사평가에 따라 그 직원에 대한 '보상 관리'를 하는 것이 ⑥에 해당한다. 이 사람이 정년이 되는 나이까지 재직하면 정년제로 퇴직하는 경우가 된다. 이 경우 이 사람은 A시설이 곧, 노동시장의 진입과 탈출의 유일한 시장이 된다. 만약 A시설에 채용되어 근무하던 사람이 B라는 시설로 이직을 하는 경우가 생긴다면, ②에 해당하고 B시설에서는 ①이라는 것을 통해 ②를 했다고 보아야 할 것이다. 이 사람은 B시설에서 관리자로 채용되며, 이는 외부지향적(buying) 승진이라고 보면 된다. 그리고 이후 B시설에서는 ④, ⑤, ⑥과 같은 과업들이 이루어진다.

  이상의 설명을 통해 인적자원관리의 영역은 직무분석, 직원선발과 배치, 교육훈련, 슈퍼비전, 인사평가, 보상관리 등이다.

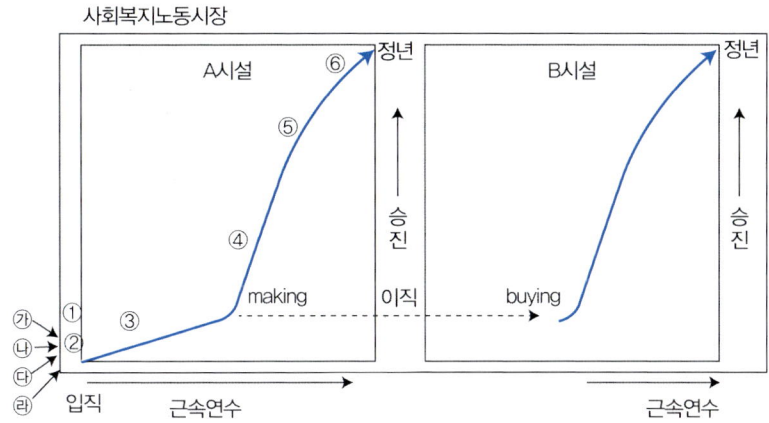

|그림 8-7| 인적자원관리의 과업

제2절 직무분석

1. 직무분석의 개념

〈표 8-1〉 직무분석 관련 용어 설명

용어	개념	활용
직군 (job-family)	• 관리 가능한 직무의 최대 단위 • 조직 전체의 비전과 미션 달성을 위해 비슷한 특성을 가지고 유사한 성격의 조직공헌을 보여 주는 직무들의 집합	• 인사관리 • 채용(신입)
직종 (occupation)	• 직무의 특수성 및 전문성에 따라 일관된 작업 또는 특수한 결과를 목표로 유사한 직무가 결합된 단위	• 시설 설치 관련 법령에서 제시하는 직종(자격증)
직렬 (sub job family)	• 관리 가능한 직무의 중간 단위 • 직군과 직무 사이에 두는 직무분류 단위 • 직무수행을 위해 요구되는 직무역량이 유사함	• 역량모델 • 경력관리 (이동, 교육/ 훈련)
직무 (job)	• 업무 목적이나 업무 내용이 유사한 책무들의 집합 • 업무 수행 결과가 미치는 영향에 대한 책임 수준이 유사함 • 특정 시점에서 특정 조직의 한 개인이 수행하는 하나 혹은 그 이상의 책무로 구성된 것이며, 특정 개인에게 부여된 모든 과업의 집단	• 배치 및 평가

직위/ 수준 (position)	• 여러 직위 가운데서 주요한 일이나 특징적인 일이 대체로 같은 한 무리의 직위	• 직무를 수행하기 위해 필요한 능력 수준
책무 (responsibility, duty)	• 특정 개인이 수행하는 여러 가지 작업의 수행에 있어 기대되는 역할과 책임을 기준으로 묶어 놓은 것	• 동일 직무 내에서 역할과 책임
과업/ 일/ 능력단위 (task)	• 특정한 목적으로 행해지는 하나의 명확한 작업활동으로 신체적·정신적 노력 등이 포함됨 • 하나의 직무를 수행하는 데 소모되는 작업시간의 일정비율을 차지하고 있으며, 직무를 수행해 나가는 주기 내에서 일정한 빈도를 가지고 발생 • 측정이 가능한 행동의 범위 • 독립적인 최소 업무 단위로서 일정한 목적을 가지고 있으며 분업이나 분담이 가능함	• 직무 구성 • 업무 및 작업 파악
(능력단위) 작업요소 (elements)	• 관련된 동작, 움직임, 정신적인 과정을 따로 분리시켜 분석하지 않고 작업이 나누어질 수 있는 기본적 또는 최소 단위	

직무분석(job analysis)은 해당 직무와 관련된 의무, 과업 또는 활동들을 살펴봄으로써 직무3)에 관한 정보를 획득하는 과정이다. 즉, 해당 직무의 특성과 그 관련된 요소(elements), 과업(task) 또는 직위(duty, responsibility)의 설정, 그리고 그 직무를 수행하기 위해 필요한 지식(knowledge), 기술(skill), 능력(ability) 등의 사항에 대한 정보를 수집, 분석, 정리하는 과정이다. 이러한 직무분석을 통해 인적자원에 대한 효과적·효율적 기능이 이루어질 수 있다.

〈사회복지조직에서 직무분석의 필요성〉

첫째, 모집과정에서의 직무요구이다. 직원 채용은 모집으로부터 시작되는데, 인사담당자는 채용할 직위와 해당 직무를 담당할 직원에게 요구되는 지식, 자질과 능력이 일치하는가를 확인해야 한다. 이를 위해 직무명세서(job specification)가 제시되어야 한다.

---

3) 직무란 직책이나 직업상에서 책임을 지고 담당하여 맡은 사무로서 조직의 목표(욕구)와 개인의 욕구(목표)를 연결시켜 주는 것(blending)이다. 유인-기여이론을 바탕으로 조직과 개인을 직무로 연결시키는 것이 곧 인적자원관리의 첫 번째 과업이 된다.

둘째, 선발과정에서의 직무요구이다. 이를 위해 직무에서 요구하는 과업, 의무와 책임을 설명하는 직무기술서(job description)를 사용한다.

셋째, 교육훈련과 경력개발과정에서의 직무요구이다. 직무기술서와 직무명세서에 포함된 직무요구와 자격요건에 따라 직원에 대한 교육훈련을 제공할 필요가 있다. 교육훈련의 일부로서 경력개발은 직원의 역량을 극대화시켜 더 높은 직급으로 승진할 수 있는 준비를 하는 과정이다

넷째, 인사고괴과정에서 직무요구이다. 직무기술서에 포함된 직부요구는 직무담당자의 인사고과와 성과평가를 하는 기준이 된다.

다섯째, 보상관리과정에서 직무요구이다. 직원의 직무수행에 대한 보상을 결정할 때 직무 자체의 상대적 가치도 중요한 요소이다. 이러한 직무의 상대적 가치는 해당 직무를 수행할 때 직무담당자에게 필요한 자질의 수준, 요구되는 노력의 정도, 감수해야 할 책임의 정도 그리고 작업조건의 열악함이나 위험 정도에 따라 달라진다(Bohlander & Snell, 2010; 김원중·차종석·하성욱, 2011).

직무분석은 사전에 정해진 단계에 따라 이루어지는데, 그 결과로 문서화된 보고서, 즉 직무기술서와 직무명세서가 만들어진다. 이를 토대로 직무분석은 궁극적으로 조직성과와 생산성을 향상시키는 것을 목적으로 한다. 최근에는 직원 선발과 성과를 결정하는 데 활용되는 것은 물론, 인사고과 기준의 개발, 교육훈련 내용의 설계 등 다른 인적자원관리 기능들을 수행하는 데 활용된다(김원중·차종석·하성욱, 2011; Bohlander & Snell, 2010).

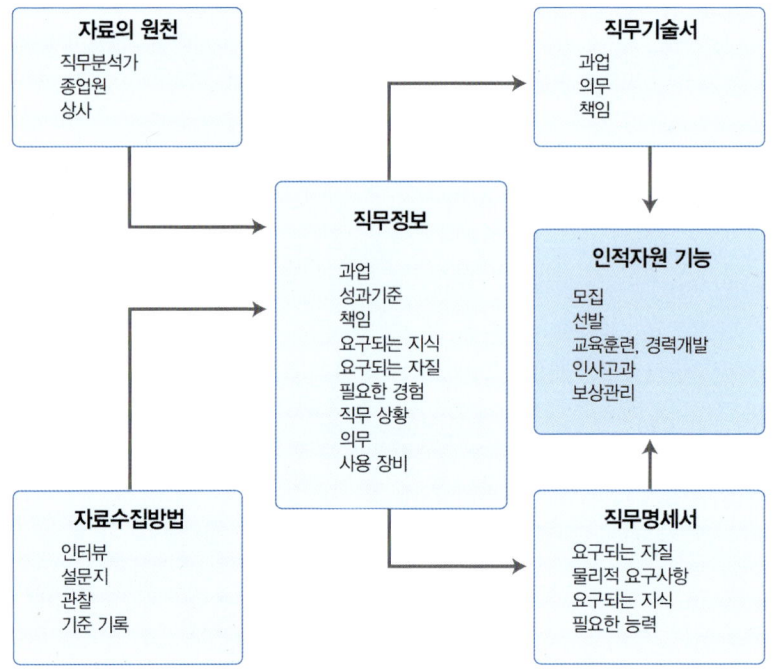

[그림 8-3] 직무분석의 과정

출처 : 김원중·차종식·하성욱(2011), p. 103 재인용.

2. 직무분석의 방법

직무분석의 실패 원인은 직무분석에 대한 목적의식 부족, 단기적 처방용으로 활용, 사후관리 미흡, 직무분석에 대한 조직 구성원의 무관심 또는 저항 등이다. 반대로 직무분석의 성공요건은 직무분석 준비상의 요건(목적의식, 분석대상의 명확화, 지원체제의 구축), 직무분석 실시상의 요건(전문요원에 의한 실시, 직무에 대한 양·질적 분석), 그리고 직무분석의 기준(원칙)과 방식을 준수하는 것이다.

예를 들어, 미국 연방정부의 직무분석을 통해 그 과정을 살펴보자. 미국 연방정부의 직무분석은 미국 인사처(Office of Personnel Management) 또는 해당 부처에서 체계를 수립하여 시행한다. 가장 일반적으로 활용되는 직무분석의 기법은 요소평가시스템(factor evaluation system)인데, 이 기법은 직무를 평가하는 요소를 설정하고 평가요소에 직위의 점수를 대입하여 총점으로 등급을 매기는 방식이다. 이 방식에 의한 미국 인사처의 직무분석은 <표 8-2>와 같이 12단계를 거쳐 진행된다. 이때 아홉 가지의 평가요소를 기준으로 평가한다. 요구지식, 감독통제, 지침, 복잡성, 범위 및 효과, 대인관계, 대인관계의 목적, 신체요건 그리고 직무환경 등이다.

그런데 그동안 사회복지 분야에서 이루어진 사회복지사의 직무분석은 분석의 주최자나 퍼실리테이터(facilitator) 등에 따라 분석 내용이 다르게 도출되어 현재까지도 표준화되지 않은 한계가 있다. 따라서 직무분석 결과에 대해 직원들이 보다 적극적으로 수용 및 활용할 수 있도록 사회복지현장에서 직무데이터를 얻는 적절한 방법이 모색되어야 하며, 직무분석 결과를 제시하는 형식과 목적 등이 적절하게 이루어져야 한다.

〈표 8-2〉 미국 인사처의 직무분석 단계

단계	내용	결과
1	• 직무에 대한 정보 수집 • 직무기술, 분류기준, 내용전문가, 성과기준	직무 기술서
2	• 업무에 대한 직무분석표(job analysis worksheet for tasks) 작성	

3	• 직무분석표에 다음 사항을 기재
	  - 각 직무의 업무 관련 중요도와 빈도수
	  - 어떤 업무가 각 직무에서 중요한지 결정
		직무
		명세서

4	• 각 직무에 필요한 주요 역량을 파악하기 위해 역량 관련 직무조사표 작성	

5	• 역량 관련 직무조사표 기재
	  - 역량에 대한 중요도, 필요성, 가치 등을 표시
	  - 내용전문가 평가의 평균값을 구함
	  - 평균값을 구한 뒤 어떠한 역량이 중요 역량인지 파악
		직무
		매뉴얼

6	• 업무와 역량연계를 위한 조사표(worksheet for task and competency linkages) 작성	
7	• 측정지표로 측정할 수 없는 역량 삭제. 나머지 유효역량에 대하여 사후 역량을 평가함	
8	• 어떤 역량이 selective and quality ranking factor로 사용될 것인지를 결정	성과표
9	• 성과조사표(accomplishment worksheet) 작성. 내용전문가, 직무 관련 정보, 지원서에 관련된 정보 포함	
10	• 성과조사표에 나타난 평가를 기준으로 전체적인 평가 실시	
11	• 평가표가 선택지 형식을 갖는 경우 multiple choice/ yes-no worksheet를 활용하거나 개방형 질문일 경우에는 rating schedule benchmark worksheet 사용	보상
12	• 내용전문가의 평가표를 점수 배점하여 계산	

출처: 류현숙 외(2010)를 수정함.

먼저 직무에 대한 수집된 정보가 무엇보다 정확해야 한다. 직무정보 수집을 위한 방법은 면접법(인터뷰), 질문지법, 관찰법, 체험법, 작업일지, 실험법 그리고 구조화된 방법 등이 있다. 각각의 수집방법에는 장점과 단점이 있기 때문에 조직적 특성이나 분석의 목적, 그리고 외부 환경 등을 고려해 적절히 활용해야 하며, 직무의 양과 질에 대한 동시분석이 이루어지도록 하고,

직무자료 수집방법이 지니고 있는 자체의 한계를 고려하도록 한다. 그리고 직무분석의 목적에 맞는 통제활동이 이루어지도록 한다.

특히 두 가지 점에 유의해야 한다. 한 가지는 직무분석가는 직무분석과정에 책임이 있기는 하지만, 직무담당자와 상사의 협조를 적극 활용해야 한다. 이들은 분석하고자 하는 직무와 관련된 중요한 원천이기 때문이다. 때문에 어떤 경우에는 이들에게 대략적인 직무기술서와 식부명세서 초안을 요구하는 것도 좋다. 또 다른 한 가지는 모든 중요한 사실정보가 포함되도록 하면서, 동시에 직무담당자가 자신의 자존감이나 임금을 높이기 위해 자신들의 직무가 가지는 어려움을 과장하는 경향이 있음을 유념해야 한다. 때문에 첫 번째와 같이 상사 등에 의한 직무분석 틀을 만든 다음에는 여러 정보의 원천에서 이중 또는 삼중으로 확인하고, 그 원천들에 의한 정보에 관심을 기울여야 한다. 만약, 자료의 정확성이나 전혀 다른 정보들이 있는 경우 다른 직무분석가로부터 도움을 받거나 상사 등에 대한 조사를 통해 정확한 정보를 확인해야 한다.

직무분석에 대한 기법적 접근 유형은 굉장히 다양하다. 이러한 기법들을 유형화하면 크게 과업중심직무분석(Work-Oriented Methods), 작업자중심직무분석(Worker-Oriented Methods), 혼합적 직무분석(Hybrid Methods)의 세 가지로 분류되며, 각 유형에 따라 여러 기법들이 있다. 각 유형과 기법들에 따라 그 장점과 단점들이 있기 때문에 직무분석의 활용목적에 따라 어떠한 기법을 사용하였는지가 효율성과 실용성 측면에서 차이를 나타내고 있다(Levine, Ash, Hall & Sistrunk, 1983). 이러한 이유 때문에, 사회복지 분야에서 표준화된 직무분석의 결과를 도출하려면 다양한 기법의 유형들에 대한 특징을 잘 파악하고 다양하게 활용해 보는 과정들이 있어야 할 것이다.

3. 직무기술서와 직무명세서의 작성

경영자 또는 관리자는 직무기술서와 직무명세서를 준비할 때 성공적인 직무수행을 위해 필요한 의무와 책임을 본질적 직무기능으로 규정해야 한다. 이를 통해 직무요구를 충족시킬 수 있는 직원의 능력을 알 수 있다(김원중·차종석·하성욱, 2011). 예를 들면, 직무담당자가 해당 직무를 수행하기 위해 아침 일찍부터 출근해서 저녁 늦게까지 일을 하거나 자동차를 하루 종일 운전하면서 클라이언트를 찾아다니며 복지서비스를 제공한다면, 이러한 직무기능들이 직무기술서와 직무명세서에 작성되도록 해야 한다.

직무기술서는 직무와 그 직무가 가지는 의무들을 설명하는 문서로서, 어떤 특정 직무에 관한 정보를 조직적, 체계적으로 정리한 직무의 설명서라고 할 수 있다. 조직에 따라 그 형식이나 내용이 다른 경우가 많다. 그러나 대개 세 부분으로 구분되는데, 직무명, 직무규정, 직무의 주요 기능 등으로 직무의 요건 등이 포함된다.

직무명세서는 각 직무를 만족하게 수행하는 데 필요한 자격, 학력 등과 같은 요건들을 상세하게 기재한 문서인데, 직무기술서가 작성되면 그에 기초하여 따로 문서화되는 경우가 일반적이다.

하지만 최근 상당수의 기업이나 공공조직 등들에서는 직무기술서의 마지막 부분에 직무요건 등을 포함함으로써 직무기술서와 직무명세서를 같이 문서화하는 경우도 많다(그림 8-4 참조). 이러한 직무기술서와 직무명세서는 그 조직의 인력 모집과 선발 등을 시작으로 인적자원관리 전반에 기초가 된다.

직무기술서 · 명세서

※ 직무코드: _____

■ 직 무 규 정

직 무 명[1]		직무수준[2]	
부 서	본부/소	협력 부서	

■ 직 무 개 요[3]

(직무명)이란 (직무의 목적)―――을 하기 위하여 (과업/책무)―――을 통해 (업무 내용)―――하는 업무이다.

■ 직 무 내 용

과 업[4]	작업요소[5]	수행 기능 및 역할[6]	중요도 비중(%)[7]	소요시간 (기간)[8]	업무발생 시기/주기[9]

■ 직무요구역량[10]

업무경험		지 식	
교육/훈련		학력 수준	
기 술		자격증	
개인 특성(태도)		어학 능력	

작성 요령

1) 직무명: 하나의 직무명을 기술. 일반적으로 3~5개의 과업(책무)을 하나의 직무로 볼 수 있음. 직무의 단위를 결정할 때 "일이 수행하는 업무의 성격, 성질, 범위가 동일 또는 유사한지, 직무수행에 요구되는 능력과 기술에 큰 차이가 없는지, 그 직무에 기재되고 있는 직무의 요구 수준과 책임이 같은지" 등을 고려
2) 직무수준: 해당 직무를 하기 위해 필요한 직급 또는 직위
3) 직무개요: 해당 직무에 대한 정의로서 담당자 외의 사람이 이해할 수 있는 수준에서 구체적이면서도 명료하게 2~3줄로 작성
4) 과업: 해당 직무를 수행하기 위하여 필요한 책무로서 보통 3~5개를 작성
5) 작업요소: 해당 과업(책무)을 실행하기 위한 세부적 업무단위로서 절차적 순서(과정)에 따라 3개 내외로 구성. "…하기"로 작성
6) 수행 기능 및 역할: 해당 작업요소가 수행될 수 있도록 담당자가 해야 하는 책임 및 역할, 기능 등을 구체적으로 작성. "…에 따라 …을 수행한다.", "…을 고려하여 …을 수행한다.", "…을 위하여 …을 수행한다" 등으로 작성. 한 작업요소당 3개 내외의 수행 기능을 작성
7) 중요도 비중: 해당 직무(100%)에서 각 작업요소별로 차지하는 비중
8) 소요시간: 해당 작업요소를 수행하기 위하여 발생되는 시간을 기준으로 주 또는 월 단위로 작성
9) 업무발생 시기/주기: 해당 과업이 수행되는 시기 및 주기를 1년 단위를 기준으로 작성하되, 시기는 "매월", "월-월" 등의 형식으로 작성
10) 해당 직무를 원활히 수행하기 위해 필요한 담당자의 역량 또는 능력 요건 등. 해당사항이 없을 시 작성하지 않아도 됨

|그림 8-4| 사회복지조직에서 사용될 수 있는 직무기술서 · 명세서의 양식

제3절 직원선발과 배치

1. 직원선발 과정

일반적인 직원의 선발, 즉 채용은 사회복지조직의 직원으로서 적절한 인물을 신규로 충원하는 것을 의미한다. 직원을 선발 또는 채용하는 과정에는 ① 모집 ⇒ ② 선발 ⇒ ③ 임명 등의 단계로 이루어진다.

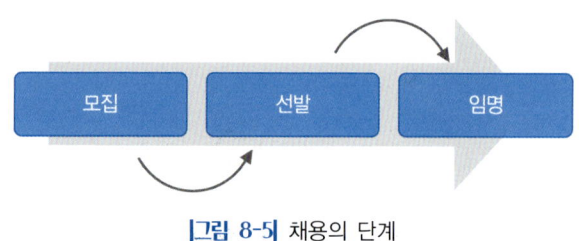

|그림 8-5| 채용의 단계

첫째, 모집과정이다. 모집은 자격 있는 지원자들을 공석 중인 직위에 유치하는 과정(Mangum, 1982)으로 전문적이고 유능하며 클라이언트 및 다른 직원들과 원만한 대인관계를 맺을 수 있는 능력을 지닌 직원을 고용하는 것을 목적으로 한다. 모집의 절차는 충원계획을 수립하고 필요한 직위에 대한 직무분석이 이루어진 다음, 직무 종류 및 내용 등에 대한 직무기술서와 직무명세서를 작성하는 것이며, 최종적으로 이를 바탕으로 공고하면 된다.

둘째, 선발과정이다. 직원을 선발할 때 고려할 사항으로는 조직의 요구와 기대, 그리고 채용될 사람의 요구 등을 얼마나 잘 파악하고 서로 일치시켜 가장 적정한 사람을 채용하는가이다. 이때 모집과정의 초기 단계에 직무에 대한 조직의 요구와 기대에 대한 세심한 배려가 있어야 하는데, 이는 직무명세서에 나타나야 한다(Skidmore, 1990). 직원 선발의 방법으로서 시험 등의 방법을 적용하는 경우가 있는데, 이때 시험은 객관도, 타당도, 신뢰도 등의 기준이 충족되어야 한다.

셋째, 임명과정이다. 사회복지조직에서의 직원의 임명은 관리자에게 조직을 해석하고 설명할 기회를 제공한다. 직원에게 조직의 목표, 조직 구성, 조직의 직원들, 이사회 그리고 환경으로서의 지역사회에 관한 정보가 제공되어야 한다. 직원의 구체적인 직무와 책임, 봉급, 봉급 지불 일자, 특별 급여, 일하는 시간, 휴가 정책, 직원 모임, 여행 규정, 위원회 구조, 직원개발 계획, 다른 조직과의 관계, 서비스를 받는 지역사회 사람들과의 관계를 밝힐 필요가 있다.

그중에서 선발 직전까지의 단계를 세분화하면 채용의 절차는 원서접수 → 서류전형 → 필기전형(인·적성검사) → 면접전형(1차, 2차 등) → 신체검사 → 최종합격 등으로 이루어진다.

그동안 사회복지조직에서는 이러한 채용절차보다 더 간소한 형태로 이루어졌다. 물론 최근에 규모가 큰 사회복지법인 등에서는 필기전형과 기타 전형방식이 보충되고 있으나 아직까지도 채용절차가 간단하다. 특히 사회복지사 자격증 소지라는 일정한 자격요건이 갖추어져 있어 다른 노동시장부문보다 공개채용 형식이 단순한 형태를 취하고 있다.

〈기업조직과 사회복지조직의 채용 특징〉

우선 기업조직에서는 처음부터 우수한 신입직원을 채용하고자 하는데, 이 과정에서 일반적으로 노동시장은 우수한 인력의 채용 경쟁이 치열해지고 기업들은 다시 여러 노력을 통해 자신의 조직에 맞는 인재를 찾고 있는 중이다. 특히 채용 전형을 다양화하고 근무여건을 개선하고 있다.
또한 인력 충원 형태는 기업의 경우 공채가 많이 이루어지고 있거나, 경력사원 및 전문직의 경우 수시 채용을 실시하는 등 그 조직의 인력상황에 따라 차이가 있다. 인력난을 겪는 경우가 많은 조직에서는 공채 이외에도 추천 등을 통한 비공개·상시적 채용으로 인력을 채용 또는 보충하고 있다. 사회복지조직의 경우 공채의 형태가 이루어지고는 있으나 대부분 정기적인 공채 형식보다는 상시적으로 비어 있는 인력을 보충하는 형태로 이루어지고 있다.
사회복지시설 등에서 사회복지사를 채용하는 시스템의 특징을 살펴보면 다음과 같은 점들이 나타나고 있다.

첫째, 일정한 자격요건을 갖춘 구직자를 대상으로 공개채용을 실시하는 경우가 많아지고는 있으나, 다른 일반 노동시장의 조직들처럼 대규모 공채 형식이 아닌 기존 직원의 결원을 보충하기 위한 수시채용의 형태가 다수를 차지하고 있다. 전자의 경우에는 조직의 비전과 발전 등을 고려하여 전략적인 인사관리의 형태로 필요 인력을 정기적으로 조달하고 있다. 그러나 최근 사회복지시설 간에도 이러한 유형에서 차이가 분명해지고 있다.

둘째, 일정한 자격요건에 대해 시설 유형별로 차이가 벌어지고 있다는 것이다. 일반적으로는 자격증사항, 학력사항, 실무경력사항, 현장실습사항, 어학실력사항 등이 제시되고 있는데, 자격증으로는 사회복지사 자격증만을 요구하는 경우, 사회복지사 자격증과 운전면허증을 요구하는 경우, 그리고 사회조사분석사 또는 기타 자격증까지 요구하는 경우 등으로 다양해지고 있다. 사회복지사 자격증의 경우에도 등급을 1급으로 한정하는 조직이 있는가 하면 구분 없이 공고하는 사회복지시설도 있다. 학력의 경우에도 4년제 대학 이상으로 제한하는 곳도 있고, 제한하지 않는 곳도 있다. 실무경력의 경우 중간관리자 이상에서 차이가 크고, 현장실습 내용 확인을 요구하는 경우는 일부 시설을 제외하고 많지는 않으나 면접에서 확인하고 있다. 어학실력에 대해서는 다른 부문의 기업들과는 달리 요구하는 경우가 적지만 일부 시설 유형을 중심으로 늘어나고 있는 추세이다.

셋째, 과거 정규직에 대한 채용이 주를 이루었다면 최근에 계약직 채용에 대한 공고가 늘고 있다는 것이다. 물론 일부 시설 유형의 경우 정규직 채용과 계약직 채용의 형태가 직무 또는 직종에 따라 다르게 나타나고 있는데, 이때 채용과정은 계약직이나 정규직이나 비슷하다.

넷째, 사회복지사의 특기 등을 고려한 특정 직무에 대한 채용보다는 사회복지시설 전체의 직무를 두루 할 수 있는 사회복지사를 채용하는 경향이 높다. 때문에 채용공고에 채용될 구인에 대한 구체적 직무가 명시되지 않는 경우가 많다.

다섯째, 공공과 민간사회복지전달체계 간에 채용되는 형태가 분명히 다르다는 점이다. 공공의 경우 채용기준으로 필기시험 등에 의한 지원자의 능력이 가장 중요하게 고려되고 있는 반면, 민간의 경우 면접 및 추천인제 등에 의한 지원자의 자질과 가치를 가장 중요하게 고려한다는 점이었다. 이러한 채용방법이 다른 부문보다는 단순한 형태를 취하고는 있으나 점차 고도화되고 있으며 시설 유형 간에도 분명한 차이를 보이고 있다. 다만, 아직도 채용과 관련한 체계적인 인사관리시스템을 갖추지 못하고 있어 채용된 인력이 지속적으로 고용되지 못하고 그 조직을 떠나는 결과와 복지서비스 질 등에 영향을 미쳐 조직이 발전되지 않고 정체되는 부정적 결과들이 나타나고 있다.

2. 채용 기준 및 전략

인력 충원 시 개인과 조직의 목표는 서로 일치하는 것이 무엇보다 중요하다(임창희, 2013). 이 때문에 채용에 앞서 가장 먼저 마련해 놓아야 하는 기준이 조직의 목표를 설정하는 것이고, 채용 공고에 이를 기재하는 것이 필요하다. 그럼에도 불구하고 조직의 사업적 특성, 조직문화, 장기전략 등은 고려하지 않은 채 학력 등 특정 기준 이상의 요건을 갖춘 인력을 선호하는 경향은 잘못된 채용관행이다.

조직의 입장에서는 신규 사원들이 조직문화에 적응을 잘하고 회사방침에 따라줄 수 있는 사람이 좋을 것이다. 그런데 조직의 비전이나 목표에는 무관심하지만, 자신이 맡은 직무에는 상당한 관심과 기술을 가지고 몰두하려는 사람도 있다. 조직의 비전과 부서의 직무 두 가지 모두에 적합한 사람이라면 더없이 좋겠지만 한쪽에 치우치는 경우가 더 많다. 그러므로 효율적인 채용이란 과연 어떤 것인지를 우선 정해야 할 것이다.

어떠한 기준을 가지고 사원 선발에 임하는지가 매우 중요한데, 적어도 다음과 같은 세 가지 사항(임창희, 2013)에 대해 조직적 방향성과 그에 따른 세부적 기준을 마련할 필요가 있다.

첫째, 내부지향적 전략과 외부지향적 전략 중 어느 것을 선택할 필요가 있다. 내부지향적(making) 전략이란 조직과 직·간접적으로 인연을 이미 맺고 경력을 쌓아온 사람을 채용하는 것이며, 외부지향적(buying) 전략이란 조직 밖의 대학에서 훈련을 받았거나 다른 조직에서 경력을 쌓은 사람을 채용해 활용하는 것을 말한다. 후자의 경우 기존 사원을 교육시켜 활용할 때보다 이미 자격을 갖춘 자를 곧바로 선발하여 투입할 수 있는 장점이 있으며, 요즘처럼 변화의 시대에 새로운 가치관과 새로운 기술을 가진 외부인이 들어왔을 때는 타성에 젖어 있던 내부 분위기에 신선한 충격을 줄 수도 있다. 하지만 조직 분위기에 익숙하지 않은 외부인이 이를 제대로 파악하고 자기 직무에 적응하기까지는 소위 적응비용과 시간이 많이 들 것이며, 내부인과의 갈등도 고려해야 한다. 그리고 매번 새로운 외부 인력을 채용하여 활용한다면 내부인들의 개발에 대한 전망이 어둡고, 내부인의 사기 등이 저하될 우려도 있다.

둘째, 조직 중심적 채용과 직무 중심의 채용을 고려해야 한다. 사원을 조직 중심으로 채용한다는 의미는 그가 들어와서 무슨 직무를 맡을 것인지보다는 결국 채용된다면 조직 내부 곳곳에 두루 섭렵하면서 여러 직무를 맡을 것이기 때문에 조직에 적응을 잘할 사람 혹은 여러 가지 업무를 두루 잘할 수 있는 사람을 채용한다는 것이다. 하지만 다수의 사원을 한 번에 채용하여 대강 배치하고 잦은 직무이동을 시킨다면 각 직위별, 직무별, 부서별로 꼭 원하는 인재를 활용하기 어렵고 개인의 적성과 능력에 따라 알맞은 직무를 맞추기도 어렵다. 한편 많은 일들이 기능별로 전문화되어 있으며, 어느 정도 전문화된 기술과 경력을 가진 사람이 있어야 그 업무를 잘 처리할 수 있다면 조직 중심으로 채용하면 곤란하다. 따라서 그 직무를 맡을 사람의 전공, 자질, 능력, 자격 등의 조건을 미리 정해 놓고 사람을 채용하여 바로 그 자리에 배치하는 채용방식이 있을 수 있다.

셋째, 현재 중심적 채용을 할지 아니면 미래 중심적 채용을 할지 고려해야 한다. 조직이 어느 정도의 인원을 채용할지에 대해서는 현재 필요한 인원만 채용할 수도 있지만, 앞으로의 노동시장의 추이, 조직확장 전략의 유무, 전망 및 경영이념 등을 감안하여 가감할 수도 있다. 또한 현재 중심의 채용이라면 직무명세서에 나온 기준에 알맞은 사람을 최우선으로 채용하여 단기 교육만 마치고 바로 직무수행서에 들어가게 할 수 있다. 그러나 미래 중심의 채용방침을 가진 회사는 현 직무명세서의 기준과 다르거나 못 미치더라도 잠재력이 풍부하고 자격을 갖춘 사람이라면 만족한다. 이는 결혼을 앞둔 사람이 이성을 선택할 때와 마찬가지이다. 즉, 결혼상대를 현재 중심의 기준으로 선택한다면 그 사람의 외모, 현재 직장, 현재 자산, 현재 시간여유 등을 볼 것이고, 미래 중심의 기준으로 선택한다면 그 사람의 잠재능력, 자질, 미래 포부 등으로 볼 것이다. 다만, 이때 조직이든 개인이든 현재 조직 또는 개인이 보유하고 있는 현실적 경제상태에 따라 이 두 기준 중 하나를 선택할 수 있다. 부족한 경제상태라면 현재 중심적 채용이 될 수밖에 없다.

제4절 교육·훈련 및 슈퍼비전

1. 조직 내 교육·훈련의 목적

조직 내에서 교육(훈련)이 필요한 이유는 인간의 개발 가능성, 기술과 환경 변화, 지식사회의 전문가, 지식반감기의 가속화, 그리고 커뮤니케이션과 상호협조라는 차원에서 논의될 수 있다. 즉, 이를 사회복지직에서 적용한다면 사회복지사의 소양과 능력을 개발하고 직무수행에 필요한 지식과 기술을 향상시키며 가치관과 태도를 바람직한 방향으로 변화시키기 위해 사회복지조직들은 조직 내에서 사회복지사에게 교육 및 훈련활동을 해야 한다(성규탁, 1998).

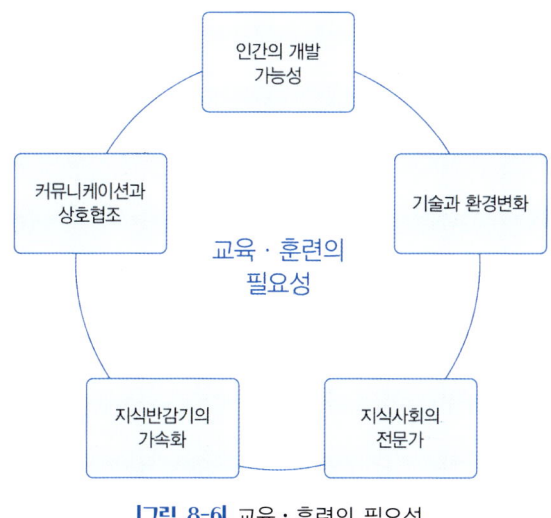

|그림 8-6| 교육·훈련의 필요성

조직적 측면에서 교육·훈련은 첫째, 사원이 교육·훈련으로 유능한 인재가 된다면 노동생산이 과거보다 오르며, 둘째, 사원의 실력과 능력이 점점 감소되고 노후화되기 때문에 재훈련과 재교육으로 노동의 질을 유지시킬 수 있다. 셋째, 사업전략과 새로운 경영환경에 대비하려면 기존 인력을 훈련시켜서 미래에 필요한 인력을 미리 확보해 놓아야 하고, 넷째, 사원이 교육을 받아 자아 성장감을 느낀다면 그들의 사기가 증대되고 만족수준이 올라서 생산성이 향상된다.

개인적(사원) 측면에서 교육·훈련은 첫째, 자아개발의 성장의 충족, 둘째, 기술과 능력 향상을 승진기회로 활용, 셋째, 기술변화에 적응할 수 있기에 실업위험을 피할 수 있다. 넷째, 자신의 특기와 개성을 개발하여 키울 수 있으며, 다섯째, 회사로부터 받는 보상수준이 증가하며, 여섯째, 직무만족도가 향상되어 직장생활의 질이 높아진다(임창희, 2013).

이를 종합하여 사회복지조직에서 교육·훈련을 하는 경우 사회복지사가 갖추어야 할 소양과 능력, 직무수행, 기술 및 지식, 가치관, 태도 등에 대한 교육·훈련을 함으로써 프로그램의 산출에 책임을 지는 사람들의 지식과 기술을 향상시키는 효과를 기대할 수 있다.

2. 교육·훈련의 종류

교육·훈련의 내용은 한두 가지가 아니지만 그 목적과 대상에 따라서 달라질 수 있다. 이를테면 신입 사원인 경우는 직무 내용 이외에도 회사의 상황과 내력을 알려야 하고, 관리자들 교육이라면 새로운 리더십 능력을 강조해야 한다.

일반적으로 조직 내에서 이루어지는 교육·훈련의 종류는 다음과 같다.

첫째, 신규채용자 훈련으로 이는 적응훈련 또는 기초훈련이라고도 한다. 새로운 직원에게 조직 전반과 조직의 서비스 및 지역 사회를 소개하는 과정으로 조직의 역사와 서비스, 기본 정책, 규정 및 절차, 조직구조, 봉급, 작업

시간, 휴가, 병가 등에 관한 기본적인 정보, 직원을 위한 사무실 배열, 특별급여, 승진, 봉급 인상과 같은 제반 기회와 도전 같은 사항들이 소개된다.

둘째, 일반 직원 훈련이다. 이는 직무수행의 개선을 위한 교육훈련으로 일반 직원들에게 필요한 새로운 기법을 습득하게 하는 등의 직무수행능력을 향상시키는 것을 목적으로 한다.

셋째, 감독자 훈련으로 1인 이상의 부하를 통솔하고 감독할 책임을 진 슈퍼바이저들에 대한 훈련이라고 한다. 업무수행에 필요한 지식은 물론 사기, 리더십, 의사전달, 인간관계, 인사관리 등 전 분야에 걸쳐 있다.

넷째, 관리자 훈련이다. 슈퍼바이저보다 높은 계층에 속한 중·고급 관리자에 대한 훈련을 의미한다.

3. 교육·훈련의 방법

교육·훈련하는 방법에는 강의, 회의, 토의, 계속교육 등이 있다.

첫째, 강의는 직원 개발을 위한 가장 공통적인 도구로서 일정한 장소에 직원들을 모아놓고 사회복지에 관한 전문적 지식과 기술 및 태도를 전달하는 방법이다. 강의는 짧은 시간에 많은 사람들을 대상으로 교육내용을 체계적으로 전달할 수 있으며, 경비를 절약할 수 있다는 장점이 있으나 강사가 유능하지 못하거나 직원들이 무성의할 때 소기의 효과를 거둘 수 없다는 단점이 있다. 따라서 영화, 슬라이드 등의 시청각 기재를 사용함으로써 강의방법을 보완하는 것이 바람직하다. 회의와 더불어 많이 쓰이며, 일반적인 방법 중에 하나이다.

둘째, 회의는 어떤 주제에 관한 논의 내지 토의가 이루어지는 공식적 모임이다. 집단을 대상으로 1명 혹은 그 이상의 연사가 발표, 토론을 하거나 구성원 간의 상호 의견을 통해서 학습이 촉진된다. 가장 많이 쓰이는 훈련의 방법이다.

셋째, 토의는 한 주제에 대하여 소수의 사람이 먼저 주제 발표를 한 다음 여러 사람이 토론을 벌이는 방법을 말한다. 이 방법의 장점은 자유롭고 공개적인 분위기에서 집단 사고를 통해 중지를 모을 수 있다는 데 있다. 그러나 많은 사람이 참여하기 때문에 사람마다 자기 의견을 개진할 기회를 갖기 힘들며, 결론 없이 끝나는 데 대해 불만이 생길 가능성은 물론 토의의 초점을 잃을 염려가 있기 때문에 주의를 요한다.

넷째, 계속교육은 학교교육이 끝난 사회복지조직의 직원들을 대상으로 그들의 전문성을 유지하고 향상시키기 위해 계속적으로 필요에 맞게 교육하는 것을 의미한다. 계속교육은 지역사회의 필요 및 직원들의 욕구에 따라 융통성 있게 실시할 수 있다는 장점이 있으나 철저한 계획이 마련되어 있지 않다면 일시적일 가능성이 많고, 교육기관과 일선 사회복지조직 간에 협조가 이루어지지 않는다면 큰 실효를 거두기 힘들다는 단점이 있다.

이러한 방법 외에도 사회복지시설 종사자의 교육·훈련 참여를 확대하기 위해서는 좀 더 조직 내에서 다양한 교육·훈련방법을 고려해야 한다. 그 방법에는 종사자의 특성, 전달내용, 전달방식에 따라 다양하게 분류될 수 있다. 교육·훈련 결과에 대한 인증 여부에 따라 형식, 비형식, 무형식 교육으로 분류하거나 실시장소에 따라 사내와 사외교육·훈련으로 이원화하거나, 목적에 따라 양성, 향상, 전직지원훈련으로 구분할 수 있다. 일반 기업들의 경우를 보면 대체적으로 고용노동부에서 분류한 기준에 따라 집체교육훈련, 원격교육훈련, 현장교육훈련으로 분류하고 있다. 즉, 근로현장을 벗어나 특정한 교육·훈련 공간에서 전문강사를 통해 근로자가 집합적으로 이루어지는 교육·훈련은 집체교육훈련, 교육·훈련 공간을 벗어나 실시간, 비실시간으로 이루어지는 우편, 독서통신, 인터넷 기반 교육·훈련은 원격교육훈련, 직무가 이루어지는 현장에서 숙련된 선임자들이 경험한 내용을 체계적으로 전달하는 방법은 현장교육훈련으로 구분하고 있다. 이러한 다양하고 체계화된 교육·훈련방법을 사회복지조직들도 조직 내에서 활성화시킬 필요가 있다. 현재처럼 대부분의 교육이 외부기관에서 이루어지는 것도 중요하지만, 무엇보다 사회복지조직 내에서 그들 종사자들의 특성과 직무에 맞도록 사내 교육·훈련이 먼저 체계적으로 이루어질 필요가 있다.

〈사회복지사 보수교육의 개념〉

보수교육의 개념은 학술적으로 합의되지 못한 측면이 있어 연구자에 따라, 법률에 따라 혼용되고 있다.

먼저 교육, 교육·훈련, 연구교육, 직무교육, 실무교육, 전문보수교육, 계속전문교육, 안전교육, 현직교육, 현임교육, 보습교육, 재훈련, 평생교육, 사회교육 등으로 혼용되고 있다. 퍼거슨(Ferguson, 2006)은 계속전문교육(continuing professional development)을, 최돈민(2010)은 계속전문교육 또는 교육·훈련을, 김소야자 외(2002)는 계속교육(continuing education)을, 그리고 신재은 외(2012)는 이미 직업에 종사하고 있는 자에 대한 교육적 의미로서 재교육(re-education)을 사용하였다.[4] 심지어 김미숙 외(2012)는 보수교육보다는 자격전문교육이 바람직하다고 하였다. 그 이유로 '보수'는 '사람'을 대상으로 사용하는 데 대해 거부감이 있다는 점, 전문성을 강조한 교육이라는 점, 평생학습적 차원에서 검토되어야 한다는 점 등을 들었다.

다음으로 국가자격 관련 법률들에서는 사회복지사를 포함한 41개 자격 관련 법률은 보수교육으로, 공인중개사를 포함한 9개 자격 관련 법률은 연수교육으로 사용하였다. 경매사를 포함한 6개 자격 관련 법률과 가축인공수정사를 포함한 5개 자격 관련 법률에서는 각각 교육·훈련과 교육으로 사용하였다. 그리고 산업안전지도사와 산업위생지도사에 관한 법률에서는 직무교육으로 사용하였고, 건축사, 화재조사관, 동력수상레저기구 조종면허에 관련된 자격 법률에서는 각각 실무교육, 전문보수교육, 안전교육으로 사용하였다.

국가자격 보수교육의 개념과 관련해서는 아래 그림과 같이 교육·훈련이라는 포괄적 개념 안에서 시기와 내용에 따라 분류된다(김미숙 외, 2012). 먼저 시기에 의한 기준에서는 전문가로서 직업 활동에 필수적인 지식과 기술은 해당 직업의 산업현장에 진입하기 이전에 대학 등의 교육기관에서 교육을 통해 이루어진다. 그리고 입직

---

[4] 이 개념은 다시 광의와 협의로 나뉘어 설명되는데(신재은 외, 2012; 한국사전연구사, 1996), 전자는 직업상 필요한 숙련된 또는 새롭거나 부족한 직업적 전문지식·기술을 습득하기 위한 교육이며, 후자는 일단 퇴직한 자 또는 휴직 중인 자가 복직하는 경우에 하는 교육이다.

이후에는 산업현장에서 각 직종별·산업현장별 특화된 지식과 기술을 내부적 또는 외부적 환경의 변화에 따라 부가적으로 교육·훈련이 실시된다. 해당 직업의 실천 기술의 핵심이 변화되고 있는 속에서 재직하고 있는 산업현장의 조직에서 종사자로서 그리고 전문직업인으로서 개발될 필요가 있어 교육·훈련이 필요하다는 것이다(Ferguson, 2006). 다음으로 내용에 의한 기준에 따라서는 기본교육과 전문교육으로 분류된다. 기본교육은 다시 해당 분야 기본 특수 분야와 직무 관련 기본 공통 분야로 구분된다. 이러한 여러 기준에서 보수교육은 해당 산업현장으로 입직한 후 그 자격과 관련된 직무수행이 요구되는 전문지식 및 기술을 배우는 교육·훈련에 해당한다.

즉, 사회복지사 보수교육이란 사회복지사 자격증을 취득하고 사회복지실천현장(사회복지시설 등)에서 종사하면서 해당 직무를 수행하기 위해 요구되는 사회복지 지식과 기술 등에 대한 계속전문교육으로 정의할 수 있다.

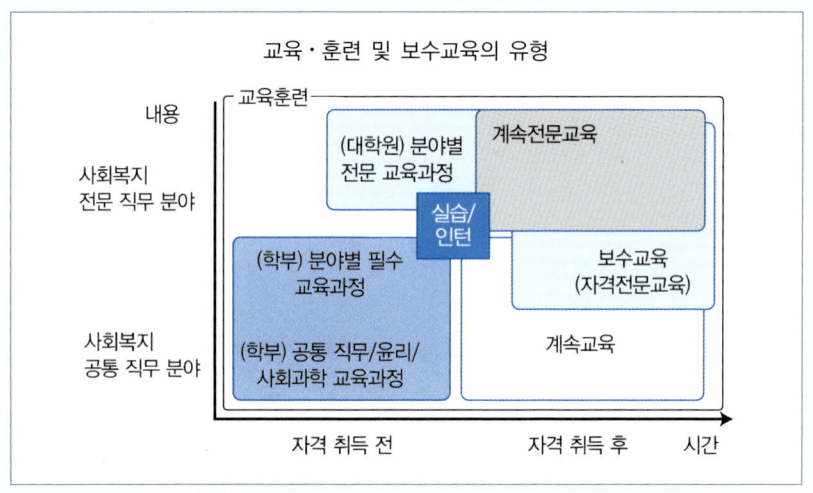

출처 : 김제선·윤정혜(2014) 재수정.

4. 슈퍼비전

슈퍼비전이란 "직원(supervisee)이 업무를 하는 중에 교육을 받는 것"으로 정의되는데, 'Training on Job'이라고 한다. 즉, 실제 직위에 앉아 일을 하면서 윗사람(supervisor)으로부터 직무에 관하여 지도감독을 받는 것을 말한다.

이러한 슈퍼비전은 사회복지 분야에서 중요한 의미를 갖는다. 사회복지 전문직에 있어 슈퍼비전은 사회복지조직에서의 직원이 서비스를 효과적이고, 효율적으로 전달하기 위하여 지식과 기술을 잘 사용할 수 있도록 도움을 주는 활동이기 때문이다. 슈퍼비전은 직무를 수행하면서 직무와 관련된 훈련을 받는다는 점에서 이점이 있으나, 다른 한편으로는 다수인을 동시에 훈련할 수 없으며, 슈퍼바이저로부터 많은 시간을 빼앗아간다는 점 등이 단점으로 지적되기도 한다.

슈퍼비전은 행정기능, 교육기능 및 상담기능을 갖는다. 행정기능은 직원개발의 역할과 더불어 하급자의 일을 조직, 모니터링하고, 평가하는 전형적인 행정적 책임이다. 교육기능은 업무와 관련된 지식과 기술의 전수가 이루어지며, 직무를 좀 더 효과적·효율적으로 수행할 수 있는 방안을 제시하는 것이다. 마지막인 상담기능은 정서적이고 사회적인 지지까지도 제공하며, 업무자의 전문성 개발에 기여하도록 직원개발이 단순한 사기진작의 수준에 머물지 않고, 업무로 인한 정신적·심리적 부담을 최소화하며, 자기의 창의력을 발휘할 수 있는 기회를 제공하는 것이다.

그럼에도 불구하고 사회복지사들이 실제 받는 슈퍼비전은 불규칙적으로 이루어지는 경우가 가장 많았으며(41.1%), 슈퍼비전이 없는 경우도 10.7%나 되는 것으로 나타났다. 슈퍼비전의 빈도를 살펴보면 불규칙적으로 이루어지는 경우가 454명(41.1%)으로 가장 많았으며, 매일 슈퍼비전이 이루어지는 경우가 163명(14.8%), 일주일에 한 번인 경우가 137명(12.4%), 3~4일에 한 번인 경우가 108명(9.8%), 한 달에 한 번인 경우가 71명(6.4%), 기타 54명(4.9%)이었으며, 슈퍼비전이 없는 경우는 118명(10.7%)이었다(김제선·유재윤, 2012).

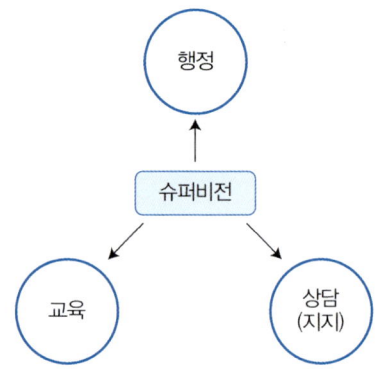

[그림 8-7] 슈퍼비전의 기능

슈퍼비전의 유형으로는 상사로부터 개별 슈퍼비전을 받는 경우가 많았으며, 일부 사회복지사는 다양한 형태로 슈퍼비전을 받고 있거나 반대로 받고 있지 않는 경우 등도 있어 개인 간 차이가 큰 것으로 유추된다. 슈퍼비전의 유형으로는 상사로부터 개별 슈퍼비전을 받는 경우가 385명(35.5%)으로 가장 많았으며, 다음으로는 개별·집단·동료 슈퍼비전 모두에 해당하는 경우가 272명(25.0%)으로 나타났다. 이어 집단 슈퍼비전 159명(14.6%), 동료 슈퍼비전 57명(5.2%), 기타 50명(4.6%), 개별 및 집단 슈퍼비전 23명(2.1%), 개별 및 동료 슈퍼비전 20명(1.8%), 집단 및 동료 슈퍼비전 2명(0.2%)의 순으로 나타났다. 반면, '해당 없음(슈퍼비전이 없는 경우)'도 118명(10.9%)인 것으로 나타났다(김제선·유재윤, 2012).

슈퍼바이저는 최상위에 있는 최고관리자(leader, CEO)가 아니라 바로 직접적인 상관을 의미하며 다음과 같은 요건을 갖추어야 한다.

① **풍부한 지식** : 서비스에 대한 전문적인 지식, 태도, 실천 기술뿐만 아니라 조직에 대한 이해와 기관이 제공하는 서비스들에 대한 지식의 습득을 의미한다.

② 실천기술 : 사회사업 실천기술에 대한 전반적인 이해와 함께 특정한 전문 분야에 대한 독자적인 실천기술을 보유하고 있어야 한다.
③ 접근 용이성 : 슈퍼바이저는 하급자들이 복잡하고 다양한 문제상황과 의문점에 대해 쉽게 문의하고 접근할 수 있어야 한다.
④ 진지한 자세 : 슈퍼비전활동에 대해 진심으로 관심을 가져야 하며, 이것은 슈퍼비전을 받는 하급자들이 업무를 습득하는 데 긍정적인 요인으로 작용한다.
⑤ 솔직성 : 슈퍼바이저는 실천기술에 대한 지식이 완전하지 못할 수도 있음을 솔직하게 시인해야 하며, 때로는 실수도 있음을 보여 줄 수 있어야 한다. 인간적인 한계를 솔직히 드러내는 슈퍼바이저들이 슈퍼비전을 받는 측에 보다 진솔하게 받아들여져서 슈퍼비전의 효과를 증대시킬 수 있다.
⑥ 긍정적인 보상 : 슈퍼바이저는 칭찬과 인정을 아끼지 말아야 하며, 이러한 긍정적인 보상들이 하급자의 동기나 전문성의 개발을 가져오는 데 필수적이다. 무엇보다 슈퍼비전을 주는 슈퍼바이저의 역할은 주로 슈퍼비전을 받는 상대방을 지지하고, 용기를 돋워주며, 정보를 제공하고, 상대방의 말을 듣는 것(Skidmore, 1990)이라 할 수 있다.

사회복지조직에서 적정한 슈퍼비전이 이루어지기 위해서는 각 조직의 특성에 따른 모델을 개발하고 적용할 필요가 있다.

① 개인교습모델 : 슈퍼바이저와 하급자가 마치 개인교사와 학생의 관계처럼 일대일 관계를 통해 슈퍼비전을 주고받는다.
② 케이스 상담 : 업무자와 상담인의 체계로서 형성되며, 케이스에 대해 일대일의 관계 혹은 여러 사람들을 포함시켜서 상담을 해주는 것이다.
③ 슈퍼비전 집단 : 한 명의 슈퍼바이저와 한 집단의 하급자들로 구성된다. 개인 교습 모델의 확대된 형태이다.

④ **동료집단 슈퍼비전**: 특정한 슈퍼바이저가 지정되지 않으며, 모든 집단 구성원이 동등한 자격으로 참여한다.
⑤ **직렬 슈퍼비전**: 일종의 동료집단 슈퍼비전으로, 두 명의 업무자가 동등한 자격으로 서로에게 슈퍼비전을 제공한다.
⑥ **팀**: 가능한 한 다양한 성격을 가진 구성원들로 팀을 이루도록 의도하며, 구성원들에 의해서 어젠다(agenda)가 사전에 제안되고, 한 케이스에 대한 결정은 동료 상호작용을 통해서 도달된다(김영종, 2010).

제5절 인사평가 및 보상

1. 인사평가의 목적

인사평가(personnel evaluation)란 "사원들이 업무를 수행한 결과와 업무수행능력을 평가하는 것"(임창희, 2013)이다. 즉, 전자는 사원이 일을 얼마나 잘했는가, 후자는 사원이 일을 얼마나 잘할 수 있는가를 평가하는 것을 의미한다.

따라서 인사평가는 보상과 통제 관리를 위한 목적도 있지만, 사원들의 행동에 영향을 미치기 위한 것이 더욱더 큰 목적이다. 이러한 이유로 인사평가는 사회복지조직에서 사용해 왔던 '성과평가', '직무수행평가' 등의 개념보다 넓은 의미로 이해될 수 있다.

인사평가는 단순히 사원의 성과만을 측정하는 것도 아니고, 그 사원의 잠재적 능력만을 평가하는 것도 아니다. 사원의 능력(지식, 기술, 자격증), 태도 및 성격(인간관계, 창의력, 리더십, 신뢰성), 행동(규정준수, 명령수행, 고객서비스), 업적(매출액, 생산량, 불량률, 사고율) 등을 종합적으로 평가하는 것이다(임창희, 2013).

2. 인사평가의 구성요소 및 기준

일반적으로 인사평가는 다음의 세 가지 요소로 구성된다.

첫 번째는 성과와 업적으로, 조직의 목적달성을 위해 반드시 필요한 사항으로 가장 중요시되는 평가요소이다. 하지만 그 업적과 성과가 개인인 경우도 있지만 팀인 경우도 있고, 양적으로 계량화할 수 있는 것도 있지만 그렇지 않은 것도 있다. 또한 사원의 능력과 노력이 아닌 행운 또는 환경 등일 수도 있어 면밀한 주의가 요구된다.

두 번째는 능력으로, 업무와 관련된 특수능력과 그렇지 않은 기본능력으로 구분된다. 따라서 직무에 따라 요구되는 능력이 다르며 모든 사람에게 두 가지 능력 모두를 요구하는 것은 타당하지 않다. 즉, 개인능력의 우열이 아닌 사람마다 무엇이 어떻게 다른지를 파악하여 더 잘 관리할 수 있는 방법을 찾아내는 것이 중요하다.

세 번째는 그 동안 조직성과와 직접적 관련성이 적다고 알려졌던 태도·행동이다. 최근 사원의 행동이나 태도가 그의 지식과 능력보다 오히려 조직성과에 큰 영향을 미친다는 연구들이 있듯이, 많은 기업들에서는 이미 그들의 사원을 평가할 때 업무의 질, 업무의 양과 함께 사원의 솔선수범, 협조성, 신뢰성, 출석률 등도 중요한 평가요소로 포함하고 있다.

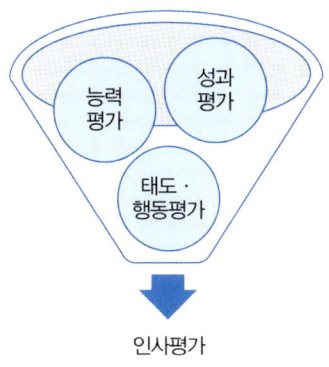

|그림 8-8| 인사평가의 구성요소

인사평가를 하는 기준으로는 생산성, 효율성, 서비스의 질, 서비스의 효과성 등에 의한 것으로 측정될 수 있다(김영종, 2010).

첫째, 생산성은 주로 서비스의 산출량을 기준으로 나타낸다. 업무자의 생산성을 나타내는 지표들은 서비스를 제공한 클라이언트의 수, 인터뷰의 실행 건수, 프로그램에 대한 지원자의 수, 서비스 실천 건수 등이 포함된다. 업무자의 직무 수행력을 생산성으로 파악하는 것은 서비스 제공자의 관점에 따른 기준을 사용하는 것이다.

둘째, 서비스의 효과성은 클라이언트에게 귀속되어 나타나는 효과를 기준으로 업무자의 클라이언트에 대한 활동들이 서비스의 목적 성취에 기여했는지를 인과론적으로 나타내는 것이다. 효과성 평가에는 크게 두 부분이 있는데, 의도된 서비스의 목적이 얼마나 성취되었는지를 확인하는 것과 그러한 목적 성취의 결과가 업무자의 활동 때문인지를 확인하는 것을 포함한다.

셋째, 효율성은 업무자의 활동이 혹은 활동으로 인해 나타나는 결과가 투입된 비용에 비해 얼마나 경제적인지를 평가하는 것이다. 효율성은 한 서비스에 동원된 투입물에 비해 얼마만한 산출물이 나왔는지 파악하며, 투입물에 비해 얼마만한 성과가 있었는지를 나타낸다.

넷째, 서비스의 질은 서비스의 목적 성취를 위해 방법이나 기법, 절차들을 업무자가 얼마나 적절히 활용하고 있는지를 나타내는 것이다. 서비스의 질을 판단하는 기준은 이전 프로그램으로부터의 경험이나 전문적인 판단에 비추어 만들어진다.

이러한 기준들에 의거해서 개별 업무자들을 평가하는데, 주어진 업무 상황에서 서비스의 방법이나 절차들이 기준에 어느 정도 부합되는지를 판단한다. 그러나 직무수행의 질과 관련된 기준들이 대부분 명확하게 조작화되기 어렵고, 평가에 직접 적용되기도 쉽지 않기 때문에 대부분의 프로그램들은 서비스의 질을 측정하는 데 보다 포괄적이거나 주관적인 판단에 의존하게 되며, 슈퍼바이저나 동료, 클라이언트로부터 나오는 서비스 평가들도 서비스 질을 사정하기 위한 중요한 참고자료로서 활용된다.

3. 인사평가의 단계

인사평가의 단계는 다음과 같다.

첫째, 직무기준을 확립한다. 이 단계에서는 직무명세서의 개발을 필요로 하며, 직무명세서에는 직무에 대한 기대치, 직무책임자, 평가시기, 직무와 관련된 기타 사항들이 나타나 있다.

둘째, 직원에게 직무 수행의 기대치를 전달한다. 직원들이 하는 일이 조직의 목표에 부합되는가를 확인할 수 있는 유일한 방법은 문서화된 직무명세서를 만들어 정기적으로 직원과 상관이 함께 이를 검토해 보는 것이다.

셋째, 실제로 직무수행을 측정해 본다. 직무 수행을 측정하기 위해서는 다양한 도구들을 사용하게 된다.

넷째, 실제의 직무수행을 직무수행 기준과 비교해 본다. 이 단계는 앞의 3가지 단계가 성공적으로 이행된 경우라면 이루어질 수 있다.

다섯째, 평가의 결과를 직원과 더불어 토의한다. 이 단계는 평가회의를 말하는 것으로서 직원의 직무 수행에 대한 평가뿐만 아니라 현재의 직무 수행 기준 척도에 대한 평가, 직원의 직무 수행이 직무 수행 기준과 비교되는 방식에 대한 평가도 이루어진다.

여섯째, 필요한 경우 직무 수행 기대치 및 직무 수행 기준 등에 관한 수정은 건설적이고 구체적이어야 하며, 시간상의 제한을 가지고 이루어져야 한다.

〈사회복지조직에서의 동기부여 및 근무환경 개선〉

사회복지조직에서 동기부여하는 방법은 첫째, 업무상의 동기부여 방법이다. 둘째, 과업환경상의 동기부여 방법이다. 셋째, 인사관리상의 동기부여방법이다. 넷째, 개인적 특성상의 동기부여 방법이다(신복기 외, 2002).

이러한 동기부여의 방법은 사회복지조직의 구성원들에게 복리후생을 높이는 것이는 것으로, 조직의 전략적 목적달성을 지원하면서도 직원의 욕구를 복리후생적 차원에서 관리하는 것이다. 즉, 잘 설계된 복리후생 소통 프로그램은 고용주가 의도한 목표를 달성하면서 복리후생에 대한 직원들의 평가를 개선시킬 수 있다.

한편 사회복지조직에서는 사회복지사 등의 구성원들이 '클라이언트 폭력 피해'뿐만 아니라, 우리 기업 문화에 만연한 '직장 내 갑질 문화'가 발생하지 않도록 하는 근로환경 개선에도 더욱 더 관심을 가져야 할 것이다. 2019년 1월 15일 「근로기준법」의 개정으로 '직장 내 괴롭힘의 금지'에 관한 조항이 제6장2(제76조의2와 제76조의3)로 신설됨에 따라 "사용자 또는 근로자는 직장에서의 지위 또는 관계 등의 우위를 이용하여 업무상 적정범위를 넘어 다른 근로자에게 신체적·정신적 고통을 주거나 근무환경을 악화시키는 행위, 이른바 '직장 내 괴롭힘'를 하여서는 아니 된다." 또한 2021년 4월 13일 직장 내 괴롭힘이 발생했는데도 조사·조치 의무를 다하지 않았을 경우 500만원 이하의 과태료를 부과하고, 사용자가 가해자인 경우엔 1000만원 이하의 과태료를 부과하는 내용으로 제76조의3 조항이 개정되었다.

4. 보상관리

어떤 조직 안에서 일(근로)을 하는 개인이 있다면 그는 그 조직으로부터 어떠한 형태로든 보상(reward)을 받을 것인데, 여기에는 경제적인 것은 물론 심리적 만족감인 내적 보상(intrinsic reward)까지 포함되어 있다. 그러면 인적자원관리에서 '보상관리'라고 칭할 때는 고용관계의 일부분으로서 종업원이 그 조직(회사)으로부터 받는 금전적 보상과 서비스적 복리후생을 일컫는다. 즉, 이러한 보상(compensation)은 직접적 보상인 임금과 간접적 보상인 복리후생으로 구분된다. 전자의 경우 임금관리(급여관리)로, 후자의 경우 복리후생관리(복지관리)로 그 명칭을 다루게 된다. 보상이 이처럼 포괄적인 의미를 내포하고 있고, 여러 보상 유형 중에서도 임금이 대부분을 차지하고 있기 때문에 보상관리는 한편에서는 임금관리 또는 보수관리라고 불리기도 한다. 그러나 보상관리가 임금(보수)관리보다 더 포괄적인 것만은 틀림없다(임창희, 2013).

|그림 8-9| 보상관리의 의미

　규모가 작거나 자발성이 높은 조직일수록 보상관리를 할 때, 특히 임금권리에 집중하는 경우가 있는데, 이때는 보상관리가 임금관리로 여겨지게 된다. 여하튼 임금관리는 보통 다음과 같은 세 영역으로 관리된다(임창희, 2013). 첫째, 임금 수준(wage level)관리이다. 직원들에게 지급하는 평균임금의 수준이 다른 동종업계의 조직에 비하여 어떠한지의 문제이다. 너무 높아도 낮아도 안 되며 적정 수준을 유지하는 것이 관건이다. 둘째, 임금체계(wage system)관리로서, 이는 임금제도를 선정하는 문제와 관련되어 있다. 정해진 임금총액(또는 평균임금)을 직원들에게 어떤 기준으로 배분하는가를 의미한다. 셋째, 임금형태(wage form)관리인데, 한 사람에게 정해진 임금 총액을 언제 어떤 형태로 지급하는가와 관련된 것이다. 임금형태가 어떠한지에 따라서 개인의 만족도나 생활계획 또는 직원들이 내는 소득세가 달라질 수 있기 때문에 임금형태의 관리도 중요한 임금관리 영역이 된다.

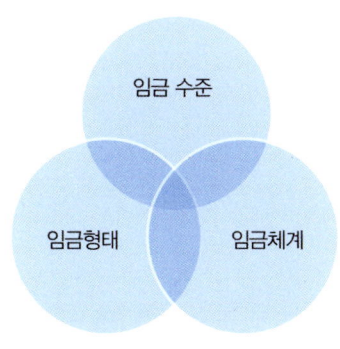

|그림 8-10| 임금관리의 영역

〈보상은 공평하고, 공정해야 한다〉

회사의 기본 인사 원칙은 모든 사람에게 공통적으로 적용되어야 한다. 일부 기업의 경우 임원이나 팀장에게 특혜가 주어지는 경우가 있다. 임원이나 팀장의 자녀에 대해서 채용 특혜를 주는 경우, 원칙대로 하면 하면 징계 대상이 될 사안에 대해서도 감싸고 넘어가는 경우, 직원들과 현저하게 차이 나는 특별 보너스 지급 등이다. 업계 최고 수준의 보너스로 유명한 국내 모 대기업은 어느 해 거액의 과징금 때문에 적자를 내 보너스를 지급하지 못하게 되었다. 그런데 임원들에게만 몰래 특별 보너스를 지급한 사실이 나중에 알려졌고, 직원들의 실망은 분노로 바뀌었다. 많은 직원이 퇴사했고, 상하 갈등이 고조되었으며, 조직 분위기가 악화되었다. 직원들은 몇 해가 지나도 그 일을 잊지 않고, 두고두고 임원들을 비난했다.

출처 : 김성남(2020 : 57-58).

CHAPTER 9

사회복지조직의
리더십과 조직문화

제1절 리더십의 개념
제2절 리더십에 관한 이론
제3절 리더십의 종류
제4절 사회복지 조직문화
제5절 리더십과 조직문화의 관계

사회복지조직의 리더십과 조직문화

본 장에서는 앞 장의 인적자원관리와는 다른 개념으로서 사회복지조직의 구성원 중 리더들과 관련된 리더십과 사회복지조직의 문화에 대해 살펴보고자 한다. 리더가 되기 위한 특성은 무엇이며, 사회복지조직에서 최근에 각광받고 있는 리더십으로는 어떠한 것들이 있는지를 먼저 살펴본 다음에, 사회복지조직이 다른 사회조직과 어떠한 조직문화를 형성하고 있는지 이해하는 것이 중요하다. 그리고 이 둘의 관계는 매우 밀접하기 때문에 그 관계에 대해 고찰하는 기회를 제공할 것이다.

제1절 리더십의 개념

사회복지서비스의 조직이나 프로그램관리에서 가장 빈번하게 다루어지는 부분이 리더십(leadership)이다(김영종, 2010). 사회복지행정에서 리더십은 조직의 분위기에 영향을 미쳐서 직원들이 조직의 목적과 임무에 관해 역량이 강화되고 흥미롭게 되며 고무되도록 하거나, 조직의 공동 목적을 위해 구성원들이 각자의 역할에 맞는 개입을 잘 할 수 있게 한다(지은구, 2007).

〈리더십의 반대말은 '관리'〉
리더십과 반대되는 말은 '관리'이다. 관리는 어제보다 조금 더 빨리, 조금 더 낮은 비용으로 뭔가를 만들어내는 일이다.
우리는 관리하는 방법을 잘 알고 있다. 복종의 미덕을 찬미하고, 끊임없이 비용을 낮추고, 오차를 줄이면 된다. 반면 리더십은 차원이 다른 게임이다.

진정한 리더는 항상 위험에 노출되어 있고, 다른 이들을 완전히 통제하려 들지 않는다. 그리고 값싸고, 빠르고, 복종적인 안전한 세상이 아니라 완전히 새로운 세상으로 사람들을 데리고 들어간다.
출처 : Godin, S(2012).

리더십(leadership)에 대한 사전직 정의는 "무리를 다스리거나 이끌어가는 지도자로서의 능력"(국립국어원, 2021)이다. 그러나 학술적인 정의는 보는 관점에 따라 다양하게 나타난다. 체머스(Chemers, 2002)는 "공동의 일을 달성하려고 한 사람이 다른 사람들에게 지지와 도움을 얻는 사회상 영향과정"으로 정의하였다. 그리고 '섬기는 리더십(servant leadership)'으로 유명한 키스(Keith, 2003)는 "대단한 일을 일으키도록 사람들이 공헌할 수 있게 하는 방법을 만들어 내는 영향력"으로 리더십을 정의하였다. 또한 "모든 조직활동에 동기를 부여하고 촉진하여, 다양한 집단활동을 일정한 목표로 향하도록 일체감을 조정하는 기능"(김병식 외, 2007)으로도 정의된다.

즉, 리더십이란 조직의 목적과 성과를 달성하고자 관리자가 자신의 지위나 능력을 기반으로 구성원을 일정한 방향으로 이끌어 내는 데 영향을 미치는 과정과 속성의 능력으로 정의될 수 있다.

리더십은 사람들에게 영향을 주는 과정이나 방법이기 때문에 지위와 능력, 그리고 과정과 속성 등의 하위 개념들로 구성된다(김영종, 2010).

먼저 지위와 능력으로서의 리더십(Skidmore, 1995)의 경우 지위(position)로서의 리더십은 한 사람이 특정한 상황에 대한 통제의 책임을 갖고서 지휘 혹은 지도적 지위에 있는 것을 의미하고, 능력(ability)으로서의 리더십은 다른 사람들과의 관계에 영향을 미칠 수 있는 역량이나 기술을 의미한다. 이러한 두 가지 하위 개념은 리더가 얼마나 다른 사람들을 통제할 수 있는 기제와 관련된 것이라 할 수 있다.

다음으로 과정과 속성으로서의 리더십(Moorhead & Griffin, 1989)의 경우 과정(process)으로서의 리더십은 비강압적인 영향력을 사용해서 집단 구성원들이 목적 성취를 위한 활동을 하도록 지휘하고 조정하는 것을 의미하고, 속성(property)으로서의 리더십은 그러한 영향력을 성공적으로 사용하는 것으로 여겨지는 사람들에 귀속되어 있는 일련의 특성들을 의미한다. 이러한 두 가지 하위 개념은 리더가 다른 사람들에게 영향을 미칠 수 있는 가능성의 정도와 관련된 것이라 할 수 있다.

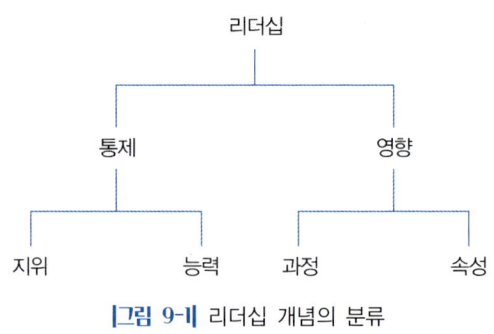

|그림 9-1| 리더십 개념의 분류

제2절 리더십에 관한 이론

리더십에 대한 정의가 다양한 만큼이나 리더십의 이론도 다양하다. 주류이론으로는 3가지 이론, 즉 성향이론, 행동이론, 개연성이론을 일반적으로 다루며(Fulmer, 1998), 최근에는 여기에 새롭게 등장한 이론들이 제시되고 있다.

〈리더란 누구이며, 어떠한 역할을 해야 할까〉

리더(leader)와 매니저(manager)는 비슷한 면이 있지만, 엄밀히 말해서 차이가 있다고 한다. 그러면 그 차이점은 무엇일까? 바로, '비전(vision)'이 있고 없음에 가장 큰 차이점이 있다.

매니저는 자원을 관리하고 배분하여 당면한 문제를 해결하는 것이 주요한 역할이다. 이러한 매니저의 관심사는 주로 사람이나 물건을 통제하거나 관리하는 것에 있다. 매니저는 현재 직면하고 있거나 해결해야 할 구체적인 문제에 관심이 있기 때문에 일을 어떻게 할까(how to do)에 관심이 있지, 미래에 무엇을 할까(what to do)에는 관심이 없다.

반면 리더는 목표를 달성하기 위한 선명한 비전을 구축하고 그 비전이 팀 멤버들의 협력 아래 실현하도록 환경을 만들어 주는 것이 주요 역할이라고 한다. 이러한 리더는 사람의 마음을 중요시하고 사람들이 목표를 달성할 수 있도록 동기부여를 하거나 잘못된 점을 수정할 수 있도록 도와준다. 때문에 리더는 과거보다는 미래를 향한 새로운 상황을 창조하는 것에 더 많은 관심을 가지는 사람이다. 즉, 현재의 일을 어떻게 할까보다는 오히려 미래에 무슨 일을 할까에 더 많은 관심이 있다.

개인이 본인의 역할을 잘 할 때 개인에게 주어진 과업이 효과적으로 수행될 수 있다. 리더 역시 조직의 리더로서 역할을 효율적으로 행해야 비로소 그 조직의 비전이나 목적, 그리고 목표가 효과적으로 달성될 수 있다. 이를 위해 리더에게 요구되는 역할을 다이아몬드처럼 생긴 야구장의 모습을 따서 네 가지의 '역할과업 사이클(performance cycle)'의 형태로 설명될 수 있다. 홈런처럼 조직의 관리자가 처음부터 조직 구성원들로부터 존경받는 리더가 되는 것보다 안타를 쳐서 1루에 진출하고, 다시 2루와 3루를 거쳐 홈에 들어갈 때 존경받는 리더가 될 수 있다는 것이다.

리더로서 처음의 역할은 목표를 설정(pathfinding)하는 것으로부터 시작한다. 목표 설정이란 조직이 달성하고자 하는 미래의 바람직한 상태를 수립하는 것이다. 그 다음에는 공감대를 형성(aligning)해야 하며, 그 후에는 권한 위임(empowering)을 해야 한다는 것이다. 공감대 형성이란 설정된 목표 또는 비전에 맞도록 구성원과 조직의 시스템을 형성하는 것이며, 권한 위임이란 조직 구성원들을 신뢰하고 그들의 잠재력을 최대로 발휘할 수 있도록 여건을 조성하는 것을 말한다. 이러한 역할의 세 가지 과업이 잘 수행하고 난 이후 리더는 모델링(modeling)을 할 수 있다. 모델링이란 상대방으로 하여금 나를 믿게 하고 나의 결정을 따를 수 있도록 모범적 행위를 하는 것을 말한다.

이상의 내용을 그림으로 그리면 다음과 같다.

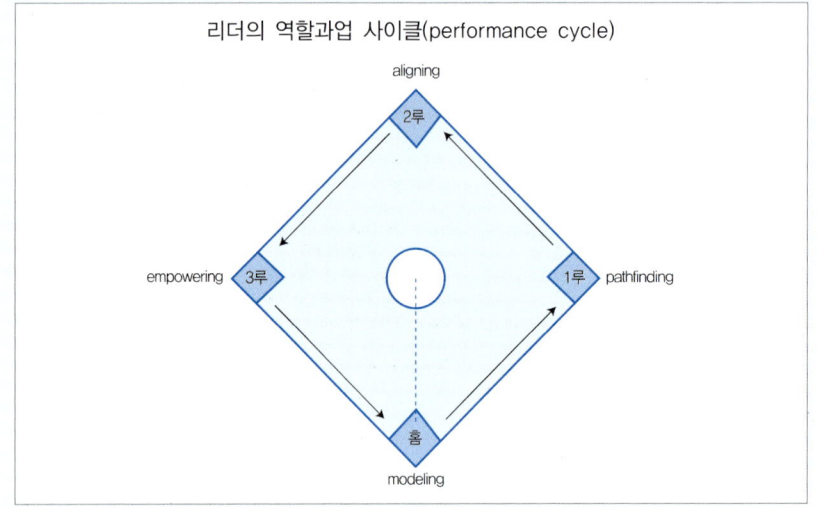

첫째, 성향이론 또는 특성이론(trait theory)은 리더들이 갖추고 있는 독특한 퍼스낼리티의 성향이 리더십과 중요한 연관이 있다는 것이다. 예를 들어, 지능, 지배력, 자기확신, 정열, 활동, 업무 관련 지식뿐 아니라 키, 몸매, 관상, 손금 등이 리더십의 성향이라는 것이다. 초기 이론으로 1940년대까지 주요한 이론으로 인식되었다.

둘째, 행동이론(behavioral theory)은 경험적 검증이 힘든 성향이론에서 탈피하면서 1940년대 후반 들어 나타났다. 리더의 행동을 관찰하여 어떤 행동들이 효과적으로 영향력을 미치는가가 관심사항이다. 미시간 연구(Michigan Studies), 오하이오주 연구(Ohio State Studies), 관리격자(managerial grid)이론 등이 여기에 포함된다.

셋째, 개연성이론 또는 상황이론(contingency theory)은 1960년대 말부터 피들러(F. Fiedler)의 상황이론에서 출발한 것으로, 한 리더의 효과성은 환경을 둘러싸고 있는 상황에 의존한다는 것이다. 상황적합이론, 경로-목표이론(path-goal theory), 브롬-예튼-제이고(Vroom-Yetton-Jago)이론, 리더십대체물이론, 허쉬-블렌차드(Hersey- Blanchard)이론 등이 여기에 속한다.

이러한 세 가지의 이론들은 거래적 리더십(transactional leadership)의 형태로 분류된다. 즉, 전통적 리더십이론을 통칭하는 개념이며, 리더가 상황에 따른 보상에 기초하여 부하에게 영향력을 행사하는 리더십이다.

〈표 9-1〉 리더십 이론의 특성 비교

이 론	특 성
성향(특성)이론	• 성공적인 리더들은 타고난 보편적인 특성을 가짐
행동이론	• 리더는 행동에 의해서 구별됨 • 리더십은 리더의 특성에서 오는 것이 아니라 다양한 상황에서 리더가 행동하는 것에 전적으로 의존함 • 따라서 성공적인 리더와 성공적이지 못한 리더는 어떤 행동을 취하는지에 따라 구별됨
개연(상황)성이론	• 성공적인 리더는 어떤 행동을 취하는지, 즉 행동 유형에 의해서도 결정되지만 환경을 둘러싸고 있는 상황에 의해서 결정됨
기타 이론	• 리더는 조직의 문화, 전략과 비전의 창조자임이 강조됨 • 변혁적 리더, 서번트 리더의 형태가 중요시됨

이러한 이론의 성격, 상황 및 목표 등 특성에 따라 리더십은 1차원, 2차원원, 그리고 3차원적 리더십으로 그 유형이 분류되어 그동안 발전되어 왔다(김병식 외, 2007).

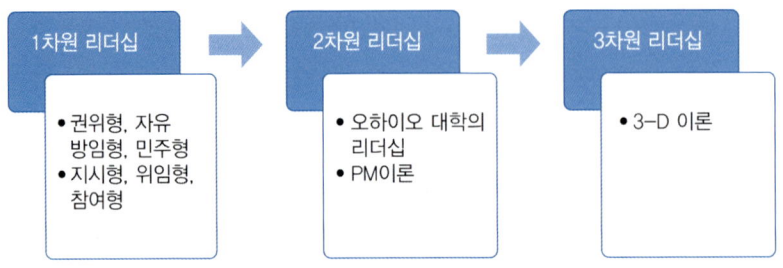

|그림 9-2| 리더십의 유형과 발전단계

제3절 리더십의 종류

 전통적인 리더십의 종류로서 거래적 리더십과 달리, 최근에는 변혁적 리더십, 서번트 리더십 등 많은 종류들이 거론되고 있다. 앤더슨과 선(Anderson & Sun, 2015)은 2000년 이후 2014년까지 리더십 논문(articles) 초록을 검토한 결과, 가장 많은 관점이 된 주제는 카리스마와 변혁적리더십(1212편 중 275편)이고 다음으로 공유/ 분산적리더십(37편), 진성리더십(34편), 구조주도 및 배려(24편), 공적통합(15편), 영성(15편), 이념/ 실용적(14편), 서번트(12편) 등의 순으로 나타났다고 분석했다. 이를 통해 9가지 리더십 스타일이 가장 많은 관심주제임을 규명하였다. 형용사 형태로 묘사된 리더십 형태로는 임파워링, 책임적, 지시적, 자기희생적, 피그말리온(자기연모적), 가부장적 등의 13가지를 제시했다(김종관, 2017).

1. 카리스마 리더십과 변혁적 리더십

 리더십에서 카리스마에 대한 연구자들의 관심은 자연스럽게 카리스마적 리더십 이론의 출현으로 이어졌다. 이 이론의 대표적인 학자들로는 콘거와 카눈고(Conger & Kanungo, 1987)가 있는데, 이들은 카리스마적 리더란 이상적인 비전을 제시하고 비전을 달성하기 위해서 자기를 희생하고 부하들에게 영감을 주는 리더라고 말하였다(전기석·한준구·이용권, 2019). 전통적 리더십의 개념과 달리 카리스마 리더십에서는 가능하지 않은 업적을 달성한 조직의 리더를 떠올리게 한다는 것이다.

카리스마는 리더십 이론 관점에서 하우스(House, 1977)에 의해 제기된 이후, 리더십 측면에서 더욱 더 많은 주목을 받게 되었다. 하우스는 막스 베버(Max Weber)[1]와 같이 카리스마적 리더십은 성원들이 어려운 상황에 처해 있을 때 나타날 가능성이 높아진다고 제시하였는데, 이는 카리스마적 리더가 어려움에 직면해 있는 조직이나 그 조직의 구성원들을 구해줄 수 있다는 일종의 바램 때문이라는 것이다.

카리스마적 리더는 개인적 특성측면에서는 남보다 뛰어난 우성형질을 가지고 있고, 자신감에 차 있으며, 타인에게 영향을 끼치고자 하는 강한 욕구를 가지고 있고, 도덕적 가치에서도 강한 신념을 가지고 있다. 또한 행동 측면에서 카리스마적 리더에게 나타나는 특징은 다섯 가지로 설명된다(전기석·한준구·이용권, 2019). 첫째, 카리스마적 리더는 구성원들이 받아들이고 싶은 가치관과 신념에 있어서 확실한 역할 모델이 된다. 둘째, 카리스마적 리더는 구성원들에게 유능하다고 인식된다. 셋째로, 카리스마적 리더는 도덕적 의미를 내포하고 있는 이상적인 목표를 상대방이 쉽게 이해할 수 있도록 분명하게 말한다. 넷째, 카리스마적 리더는 구성원들에게 높은 기대를 나타내고, 구성원들이 그 같은 기대에 부응할 수 있다고 구성원들의 능력에 대한 강한 신뢰를 나타내고 구성원들이 스스로 해낼 수 있다는 자신감과 자

---

[1] 'Charisma'라는 단어는 "하늘이 부여한 재능"이라는 뜻을 가진 희랍어로 기적을 행하거나 미래의 사건을 예언할 수 있는 능력을 가지고 있다는 의미이다. 이러한 카리스마는 독일의 사회학자 막스 베버(Max Weber)에 의해 개념이 제시되었으며, 리더십 분야에서 리더의 중요한 특성 및 행동으로 여겨져 왔다. 그는 비범한 일을 해낼 수 있는 잠재능력, 특별한 천부적 재능을 설명하기 위해 카리스마를 사용하였다. 카리스마의 개념은 권력의 정당화 측면에서 권한을 설명하기 위하여 카리스마적 권한과 함께 합법적인 권한, 전통적 권한 등 3가지를 제시하였다. 또한 리스마는 극소수의 사람에게만이 있는 천부적인 것이며 결국에는 카리스마를 보유한 사람은 리더로서 인정받게 된다고 보았다(전기석·한준구·이용권, 2019).

기 효능감을 갖게 한다. 다섯째로 카리스마적 리더들은 구성원들에게 과업과 관련된 동기요인을 고취시킨다.

샤밀(Shamir, 1991)은 하우스(House, 1977)의 이론에서 좀 더 발전하여 어떻게 카리스마적 리더에게 비이성적인 충성과 헌신을 하는지, 카리스마적 리더가 추종자에게 미치는 영향력의 과정은 무엇인지 등에 대해 자아개념 모형이라는 것을 가지고 설명하였다. 자아개념은 개인의 정체성과 관련된 것으로서 자존감, 자기가치감, 자기효능감 등 개인이 가진 내적 가치와 정체성에 관한 것이다. 이에 따르면, 카리스마적 리더는 조직의 비전과 정체성을 부하들의 내적 가치들과 연계한다고 보았다. 리더가 제시하는 비전과 목표를 바라볼 때 부하들은 자신의 자존감과 자기가치감등의 내적 동기가 강화되고 자신의 이익추구에서 사회와 집합체에 대한 공헌을 추구하는 것으로 관심이 바뀌는 등 부하들의 자기개념이 변화하게 한다는 것이다. 즉, 외적 보상에 의한 동기화보다 내적 요인(자존감, 자기효능감과 같은 자아개념)에 의한 동기화를 중시한다. 이는 부하들이 자신들의 내적 자아개념을 조직의 정체성과 결합시킬 때 발생한다. 카리스마적 리더는 이렇게 함으로써 부하들에게 영향력을 발휘하게 된다.

정리하면, 카리스마 리더십(Transformational Leadership)은 "리더의 특성과 행동보다는 부하들이 지니고 있는 지각을 통하여 리더를 진정으로 따르고 자발적으로 복종하며, 조직이나 집단의 업무를 자신의 일처럼 여기고 기필코 목표를 달성해야겠다는 마음 자세를 불러일으키는 것"으로 정의할 수 있다.

카리스마적 리더십은 변혁적 리더십과 상호 중복된다는 것이 일반적인 견해이다. 배스(Bass, 1985)는 카리스마 리더십에 영향을 받아 변혁적 리더십의 개념을 제시하였고, 이론을 완성하였기 때문이다. 변혁적 리더십(Transformational Leadership)은 미시적 측면에서 개인 간의 영향력 행사과정으로, 거시적 측면에서 사회적 체제의 변화와 조직혁신을 위해 힘을 동원하는 과정으로 정의된다. 변혁적 리더는 추종자들의 의식, 가치관, 태도의 혁신을 촉구하는 리더라는 점을 강조하고 있다. 다만, 변혁적 리더십에서는 카리스마가 중요하기는 하나 변혁적 리더십의 모든 것은 아니며 변혁적 리더십의 한 하위 요인으로 보았다.

변혁적 리더십에서 제기하는 변혁적 리더는 카리스마를 가지고 있으며 구성들에게 항상 비전과 사명감을 심어준다. 즉, 이상적인 목표의 가치와 중요성을 구성원들에게 일깨워 준다. 이를 통해서 구성원들의 의식 수준이 한 단계 향상되며 구성원들이 자신의 이익을 초월하여 소속한 조직을 위해 헌신하게 된다. 변혁적 리더는 높은 윤리적·도덕적 행동기준을 가지고 있고 항상 올바른 일을 하는 사람으로 부하들에게 인식된다. 구성원들은 리더에 대한 강한 신뢰감을 가지고 있기 때문에 변혁적 리더는 많은 존경을 받게 된다고 본다. 이로 인하여 다수 학자들은 카리스마적 리더십과 변혁적 리더십을 같은 카리스마적 리더십 부류로 인식하고 있다.

따라서 현대 리더십 이론은 카리스마적 리더십 특성과 행동에 대해 주된 관심을 보이는 경향이 있고, 그것이 곧 변혁적인 리더십이론과 카리스마적 리더십이론으로 대표된다. 최근에는 카리스마적이고 변혁적이며, 비전 있는 리더십에 대한 연구결과가 수렴되고 있으며, 카리스마와 변혁적 리더십에 대한 연구는 결합되는 추세이다(김종관, 2017). 즉, 변혁적 리더십이론에서 카리스마요인이 리더십 효과성에 가장 크게 영향을 미친다는 것이 일반적인 연구 경향이다.

이러한 카리스마 리더십이나 변혁적 리더십의 사례는 흔히 언론매체를 통해서 특정 정치인들이나 유명 지도자들에 대해 간접적으로 접하게 되는 경향이 높다. 즉, 일반인들은 유명한 지도자에 대한 카리스마 인식도 직접 관찰이 아닌 언론의 영향을 받아서 이미지를 형성할 가능성이 높다는 한계가 있다. 하지만 특정 조직 안에서 있는 구성원은 그들이 속한 조직 차원에서 그 지도자를 가까이 관찰할 수 있다. 이 때문에 카리스마에 대한 인식과 효과성을 연구하기 위해서는 조직 구성원을 대상으로 하는 것이 현실적이다.

이념적/ 실용적(ideological/pragmatic) 리더십 역시 카리스마적 리더십과 중복된다. 즉, 이념적 리더는 카리스마적 리더가 했던 같은 카리스마적 행동을 보여주고 있다는 것이다.

2. 서번트 리더십

기존 리더십이 조직 구성원을 이끌어가는 역할이었다면, 급격히 변화하는 새로운 환경을 주도적으로 이끌 수 있는 서번트 리더십이 주목받고 있다. 최근 사회복지시설에서도 구성원의 조직몰입의 향상을 위해 서번트 리더십(Servant Leadership)이 부각되고 있는 상황이다.

공익의 특성을 가지고 있는 사회복지조직은 자원의 투입, 변환, 산출의 모든 과정에서 공급자인 직원의 태도, 행동, 감정이 내포되어 서비스를 받는 이용자에게 전달된다. 이러한 이유로 사회복지조직의 효과성은 경제적 관점이 아닌 인간적이고 정서적 관점에서 평가되어 공급자와 이용자 간 상호작용의 질을 결과물로 평가하는 경우가 많다. 따라서 직원들의 담당 업무에 대한 열정과 헌신으로 일에 몰입하는 직무열의와 같은 태도는 필수적으로 요구된다.

그러나 대부분의 사회복지조직의 근로 조건은 영리조직에 비해 상대적으로 열악하여 직원의 직무열의를 기대하기 힘든 실정이다. 뿐만 아니라, 사회복지조직의 직원은 다른 사람들의 삶에 도움을 주고 위로와 희망 등 유익을 도모하지만, 정작 자신은 강요된 이타적 행동으로 인한 정신적 피로와 부조화를 느끼기 쉽고, 다른 사람들을 돌보는 데서 오는 정서적 외상에 의한 스트레스를 경험할 수도 있다. 이것은 사회복지조직의 직원들의 평균 근속기간을 짧게 하거나 이직률을 높게 하는 영향요인이 되기도 한다. 이러한 사회복지조직의 열악한 상황으로 인해 훼손될 수 있는 직원의 직무열의를 개선시키기 위한 대안으로 서번트 리더십에 주목하였다(김희경·신호철, 2019).

서번트 리더십(Servant Leadership)은 조직 구성원들에게 공감대 형성과 리더가 직접 봉사를 함으로써 구성원을 만족시켜 조직 및 구성원들의 목표달성을 하게 하는 것이다. 그린리프(Greenleaf, 1970)가 사람들은 존경과 섬김을 받으려는 욕구가 있는데 이를 리더가 충족시켜 줌으로써 구성원들에게 영향력을 미칠 수 있다는 이론적 틀을 기반으로 서번트 리더십에 대한 개념을 처음 제시하였다. 그는 서번트 리더십이 사람에 대한 존중을 바탕으로 자기 자신의 이익을 넘어 타인을 위한 봉사와 헌신에 초점을 두어야 한다고 주장하였다. 이러한 이유로 그는 조직과 더 넓게는 공동체 구성원들의 욕구 충족을 우선으로 고려해야 함을 강조하였다. 다푸트(Daft, 2008)는 서번트 리더십이란 "리더가 자신의 이익보다 우선하여 타인의 욕구를 충족시키고 타인의 성장에 도움을 주며 물질적, 감성적으로 이득을 획득할 수 있는 기회를 제공하는 리더십"으로 정의하였다. 이는 '헌신의 리더십' 또는 '섬기는 리더십'이라는 용어로도 표현되는데, 타인을 위한 봉사에 초점을 두고 종업원과 고객과의 커뮤니티를 우선시하며 종업원의 욕구를 만족시키도록 헌신적으로 봉사하는 리더십이다(황봉주, 2020).

그린리프(Greenleaf, 1970)에 따르면, 서번트 리더십의 구성요소로는 존중, 정의, 정직, 봉사, 공동체 윤리 등의 다섯 가지가 있으며, 스피어스(Spears, 2002)는 인지, 경청, 공감, 치유, 설득, 비전 제시, 통찰력, 청지기 정신, 성장 지원, 공동체 구축 등을 서번트 리더십의 구성요소로 제시하였다. 이처럼 서번트 리더십에서는 존중, 경청, 공감, 봉사, 공동체 등의 요소가 핵심을 이루고 있어 다른 리더십 이론과 유사한 점도 있지만, 이타적 행동에 초점을 맞추고 있는 점은 다른 리더십 유형에서는 찾을 수 없는 서번트 리더십만의 차별성이라 할 수 있다.

서번트 리더십에서 리더는 조직의 목표와 방향이 설정된 후에 인간존중을 바탕으로 구성원들이 자신의 잠재력을 최대한 발휘하여 업무를 수행할 수 있도록 도와주는 것이며, 공동의 목표를 달성해 가는 데 있어서 구성원들이 정신적·육체적으로 지치지 않도록 환경을 조성해 주고 그들의 성장을 위해 지원하는 것에 집중한다.

카리스마 또는 변혁적 리더는 인지기반의 신뢰를 촉진하고 영향기반의 신뢰에 더 영향을 미치는 경향이 있지만, 서번트 리더는 추종자의 신뢰를 기반으로 한다는 점에서 차이가 있다. 또한 서번트 리더는 카리스마 또는 변혁적 리더보다 더 높은 내면화된 도덕적 원칙에 의해서 조직을 운영하거나 구성원을 대한다는 점에서 차이가 있다.

이러한 서번트 리더십은 리더 자신보다 구성원들의 필요와 욕구 충족을 우선하는 리더십 스타일이기 때문에 사회복지조직의 존재 이유라고 할 수 있는 다른 사람들을 섬기는 것과 일치할 뿐만 아니라, 사회복지조직의 공익적 가치와 사명에 적합하다고 할 수 있다. 실제로 사회복지조직 등의 비영리조직에서 상사의 서번트 리더십 발휘가 직원의 조직몰입, 동기부여 및 이직율 감소, 등의 긍정적인 직무 태도 및 행동과 관련되어 있다거나(Ebener & O'Connell, 2010), 다양한 직무관련 태도와 행동 및 직무성과와 관련이 있다. 또한 서번트 리더십은 이직의도를 감소시키고, 자기효능감, 조직몰입, 직무만족, 그리고 조직시민행동을 향상시키고, 영업성과를 제고시키는 효과가 있다는 등의 선행연구들이 있다(김희경·신호철, 2019).

3. 공유리더십

공유리더십(Shared Leadership)은 다양한 팀 구성원들 사이의 다중 영향력으로 정의되거나(Carson et al. 2007), "그룹 또는 조직의 목표 모두를 달성하기 위해 서로의 역량을 이끌어내는 개인 간의 역동적인 상호 영향력 프로세스로 상향 또는 하향의 계층적 영향력"으로 정의된다(김종관, 2017). 즉, 공유리더십은 팀 구성원들 간의 공통된 목표 및 목표를 달성하기 위한 개별 구성원의 전문지식을 기반으로 리더십 영향력을 행사하는 팀과 연관된다. 공유리더십은 팀 수준의 현상이며, 개별적 리더십 스타일로 분류하기는 어렵다.

이처럼 공유리더십은 팀 내의 영향력을 분산시키는 비공식적인 리더의 출현을 특징으로 팀 효과를 극대화시키는 리더십이기 때문에, '분산리더십'이라고도 불린다. 또한 구성원들 간 리더십을 공유하여 팀 전체에 의해 이루어져야 하기에 '팀 리더십', 혹은 '집합적 리더십' 등의 다양한 명칭으로 지칭된다.

이러한 측면에서 공유리더십은 구성원의 역할을 계획과 조직화, 문제해결, 지원과 배려, 개발과 멘토링이라는 네 가지로 분류하고 각 역할에 대한 구성원 인식을 중요하게 여긴다(석상원·이미애, 2021). 팀 내 네트워크 과정에서 발현되기 때문에 구성원 서로에게 영향력을 행사하게 되고 상호 간 신뢰가 높아지게 된다. 궁극적으로 팀 성과로 나타난다.

변혁적리더들이 비전을 제시하고 팀 내 목적을 공유한다면, 팀 환경을 조성할 수 있으나 공유리더십의 스타일로 다 방향적인 관계를 형성할 수는 없다. 따라서 현대 리더십 이론은 크게 변혁적 리더십을 축으로 하는 유사 리더십 이론과 다중영향력으로 리더십이 나타나는 공유리더십으로 대별되며, 변혁적 리더십 중심의 중복성이 매우 높다

2000년대 이후 공유리더십의 주제는 상당한 주목을 받고 있고, 대부분의 공유리더십 학자들은 팀 성과와 관련 있다고 주장한다.

리더십 패러다임을 설정한 후 실증연구를 거쳐 수직적 리더십과 공유리더십을 비교한 결과, 공식적 리더보다 팀 전체 구성원에 분산된 영향력(공유리더십)은 팀 효과성에 더 높은 영향력이 있는 것으로 나타났다. 이후 피어스와 미엘레스키(C. L. Pearce & Hmieleski, 2006)는 조직성과 측면에서 수직적 리더십과 공유리더십을 비교하였다. 연구대상은 미국에서 빠르게 성장하고 있는 500개 신생기업 중 성장수준이 높은 66개 팀을 대상으로 1차 샘플 측정을 하고, 벤처기업 중 무작위로 154개 신생 최고경영자 팀으로 2차 샘플을 측정하였다. 수직적 리더십과 지시적, 거래적, 변혁적, 위임적 차원의 공유리더십을 비교한 결과, 수직적 리더십은 거래적, 지시적인 경우에만 정

(+)의 영향이 나타났고, 공유리더십은 네 가지 모두 정(+)의 영향이 밝혀졌다. 이를 통해 공유리더십은 수직적 리더십의 부분적 유의결과에 비해 회사 성장에 모두 긍정적인 상관관계가 나타나는 것을 밝혀냈다. 이처럼 동료 팀원들로부터 영향을 받게 된다면 팀은 존중과 신뢰를 바탕으로 기능할 수 있다. 이는 팀 성과 향상에 중요한 자원이 되며 팀내 무형의 네트워크 관계가 형성된다면 더 많은 노력과 협력 및 효율성을 가져올 수 있다(김종관, 2017).

4. 진성리더십

진성리더십(Authentic Leadership)은 진정성(authenticity)의 개념을 바탕으로 한 것으로, 리더와 조직 구성원들의 긍정적 자기개발 촉진 측면에서 자기인식, 내재화된 도덕적 관점, 정보의 균형된 프로세스(처리) 및 관계적 투명성 등을 보다 발전시키기 위해 긍정적 심리 역량과 긍정적/ 도덕적 분위기를 만들어내고 증진하는 리더의 행동 양식으로 정의된다.

진성리더십은 미국 네브라스카-링컨 대학 갤럽 리더십 연구소(Gallup Leadership Institute)의 변혁적 리더십과 윤리적 리더십을 바탕으로[2] 사회와 조직 구성원으로부터 존경과 신뢰를 받을 수 있는 리더십의 제시와 개발에 대한 연구에서 시작되었다. 이 리더십은 네 가지의 요소로 구성되어 있다. 자기인식, 관계적 투명성, 균형 잡힌 정보처리, 내면화된 도덕성이 그것이다(김은희·유영미, 2019).

---

[2] 진성리더십은 변혁적 리더십, 윤리적 리더십과 밀접한 관계가 있다(김은희·유영미, 2019). 먼저 진성리더십과 윤리적 리더십은 정직함, 성실성, 개방성, 도덕적인 사람으로 리더를 묘사한다는 점에 공통적이지만, 윤리적 리더십은 도덕적인 측면을 중시하고, 진성리더십은 윤리적 리더십에서 고려하지 않는 자아인식, 관계적 투명성, 균형 잡힌 정보처리를 다루고 있다는 차이점이 있다. 둘째, 진성리더십은 변혁적 리더십과 유사한 측면이 많으나 진성리더십의 관계적 투명성, 균형 있는 정보처리의 요소는 변혁적 리더십이 포함하지 않아 차이가 있다고 한다.

첫째, 자기인식(self-awareness)은 자신의 정체성을 성찰하는 과정으로, 자신의 강점, 약점, 동기, 특성, 가치 등을 인식하고 신뢰하는 것이다. 즉, 진성리더는 자신 내면의 강점과 약점을 누구보다 잘 이해하고 있으며, 특히 약점을 감추기보다는 과감하게 드러냄으로써 자신을 더 깊이 이해한다.

둘째, 관계적 투명성(transparency)은 리더 자신의 참된 모습을 구성원들에게 공개적으로 솔직하게 표현히고, 의사소통하는 것을 말한다.

셋째, 균형 잡힌 정보처리(balanced processing)는 의사결정 과정에서 모든 정보를 객관적으로 분석하는 것이며, 자신의 내적 경험이나 자신에 대한 외부의 평가를 부정하지 않고, 과장하거나 왜곡하지 않도록 편향되지 않은 정보처리를 하는 것이거나, 균형 잡힌 정보처리이다. 진정성이 부족한 리더는 과거의 정보에만 의존해서 정보를 처리하려는 경향이 높기 때문에 편파적으로 정보를 처리할 가능성이 크지만, 진정성을 갖춘 리더는 과거의 정보와 앞으로의 성장을 염두하여 미래 지향적으로 학습하기 때문에 정보를 처리하는 과정에서도 과거와 미래 사이에 정보가 균형 있게 다루어진다.

넷째, 내면화된 도덕성(ethical/ moral)은 리더가 외부의 압력으로부터 통제를 받지 않고 자신의 내면적인 도덕적 기준에 따라 행동하기 때문에 스스로에 대한 통제력을 갖추는 자기규제과정(self-regulatory process)이다. 즉, 리더 자신의 이익이나 관심보다 공공의 이익과 도덕적 가치를 중심에 두기 때문에 진정성 있는 리더로 인식된다. 이러한 도덕적 행동은 리더의 신념과 도덕기준이 일치하기 때문에 나타나는 것으로 이를 바탕으로 한 리더의 자기인식과 투명하고 균형 잡힌 행동은 구성원들로부터 높은 신뢰를 얻을 수 있다.

이러한 측면에서 진성리더십은 리더의 개인적 역사와 중요사건 등과 같은 개인적 요인과 리더가 속해 있는 조직의 포용적이고 윤리적인 분위기, 동료와 부하에 대한 보살핌, 강점기반 등의 조직분위기에 따라 개발된다. 여기서 진성리더십은 높은 수준의 자아인식을 핵심요인으로 한다. 자아인식은 자신의 동기, 감정, 욕구, 자아와 관계된 인지를 인식하고 이를 믿는 것으로, 가치, 정체성, 정서 및 동기/ 목적 등의 요인들을 포함한다.

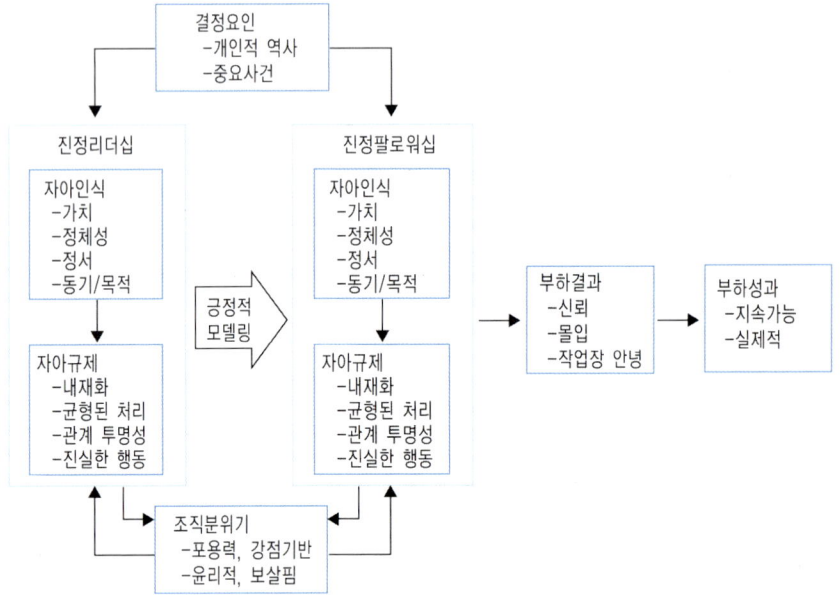

|그림 9-3| 진성리더십의 개발 모형

〈한국형 리더십(Leadership)의 특징〉

일반 기업의 경우 리더들의 리더십은 시대에 따라 계속적으로 변해 왔다. 우리나라 기업 리더들의 특징을 통해 리더십의 변천과정을 살펴보면, 1960년대까지는 창업가형의 리더십이라고 할 수 있다. 그리고 1970년대와 1980년대에는 사업확장형 리더십이며, 1990년대에는 관리형 리더십이었다(한창수 외, 2001).

이처럼 한국의 성장과 발전에 대해 이야기할 때 빼놓을 수 없는 것은 성장과 발전을 이끌었던 주인공들, 즉 리더들에 대한 이야기다. 결정을 내리고 행동을 해서 성과를 내는 것은 결국 사람이기 때문이다.

국내외를 막론하고 경영자들의 리더십 속에서는 그 나라 고유의 리더십과 글로벌 리더십을 찾을 수 있다. 그러면 리더십이 발휘될 때, 한국형 리더십과 글로벌 리더십 가운데 어느 쪽이 더 큰 영향을 미칠까?

연구결과에 따르면, 한국의 리더들은 세계 보편의 리더십을 인식하고는 있지만, 실제 리더십을 발휘할 때는 한국적 가치로부터 더 큰 영향을 받은 것으로 나타났다. 이것은 골프를 칠 때 머릿속으로는 박세리 선수의 스윙을 그리면서 골프채를 휘두르지만, 실제 동작은 아주 다르게 나타나는 것과 같은 이치다.

대략 1000개가 넘는 리더십 이론이 존재한다. 이들 이론의 99%는 서구(西歐) 문화의 토양에서 만들어진 것들이다. 리더십과 문화의 관계에 대해서는 두 가지 주장이 존재한다.

하나는 세계가 하나가 되면서 세계보편적인 하나의 리더십으로 수렴한다는 주장이다. 다른 하나는 각국의 문화적 특수성이 지역 리더들의 행동을 지배한다는 주장이다. 최근에는 위의 두 주장을 종합적으로 봐야 한다는 주장이 힘을 얻고 있다.

리더십의 효과는 '(추종자들이 싫어할 수도 있지만)필요한 행동'과 '(추종자들이 바라고 기대하는)좋아하는 행동'에 의해 결정된다. 글로벌 리더십이 '리더가 보여 주어야 하는 필요한 행동'이라면, 한국적 리더십은 한마디로 '추종자들이 기대하고 좋아하는 행동'이다.

한국형 리더십은 ① 자기긍정, ② 성취열정, ③ 솔선수범, ④ 상향적응, ⑤ 수평적응, ⑥ 하향온정, ⑦ 환경변화, ⑧ 미래비전 등의 8가지 요소로 이루어져 있다. 이 요소들은 첫째, 리더 자신에 관련된 요소(자기긍정·솔선수범·성취열정), 둘째, 대인(對人)관계에 관한 요소(상향적응·수평조화·하향온정), 셋째, 전략적 요소(환경변화, 미래비전)로 구분된다.

출처 : 백기복(2009); 한창수 외(2001).

제4절 사회복지 조직문화

1. 조직문화의 개념

문화가 조직성과의 원동력이 될 수 있다는 인식이 확산됨으로써 조직문화(organizational culture)의 개념이 탄생된다. 조직문화에 대하여 최근의 관심이 높아진 계기는 오우치(Ouchi, 1981)의 Z이론, 딜과 케네디(Deal & Kennedy, 1982)의 기업문화, 피터와 워터맨(Peter & Waterman, 1982)의 초우량기업 등의 연구가 발표되면서 조직문화가 조직의 효과성에 중요한 영향을 준다고 주장하였기 때문이다(임채숙, 2009).

조직문화는 조직과 문화의 두 개념이 합쳐진 개념이다. 따라서 여기서는 문화의 개념을 먼저 살펴보자.

문화(culture)란 한 사회의 구성원들이 공유하고 있는 가치, 신념, 이념, 관습, 규범 등을 총칭하는 것으로 그 문화권에 속한 인간의 행동에 영향을 미치는 법칙들에 대한 거시적인 개념이다. 문화는 사회생활의 여러 수준에 걸쳐 계층을 이루면서 형성되는데, 그 가운데 사회 전체 집단의 가장 일반적인 생활과정을 통해서 생성·진화되는 것을 사회문화라고 한다. 이러한 사회문화의 범위 안에서 다양한 하위문화가 형성되며, 행정문화도 이런 사회문화의 한 부분이다.

페티그루(Pettigrew, 1979)는 조직문화를 주어진 시기에 특정집단의 운영을 위해 공적이며 집합적으로 수용된 의미의 시스템으로 상징, 언어, 이념, 신념, 의식, 신화 등 조직체 개념의 총체적 원천으로 보았다. 오우치(Ouchi, 1981)는 조직의 전통과 분위기로서 조직의 가치관, 신조 및 행동 패턴을 규정하는 기준으로 보았다. 홉스테드(Hofstede, 1984)는 특정 조직 구성원들이 공유하고 있는 가치관, 이념, 신념, 관습, 지식, 기술 그리고 상징물을 포함하는 종합적인 개념으로 보았다. 샤인(Schein, 1985)은 조직문화에 있어 대표적 학자로서 조직문화란 내적 통합과 외적 순응의 문제들에 대처하면서 학습되며 집단에 의해 발전되고, 발견되며, 창조된 기본가정들의 하나의 유형을 정의하였다. 이 유형은 구성원들에게 문제와 관련해서 느끼고 생각하고 인지하는 데 있어 정확한 길을 갈수록 학습되고 충분히 유용한 것으로 간주되어 잘 기능하여 왔던 유형이라고 하였다(지은구, 2007 재인용).

이와 같은 여러 정의들에는 크게 두 가지 공통적 시각이 들어 있다. 하나는 조직문화를 조직 구성원이 보유하는 가치, 신념 및 규범체계라고 보는 시각이다. 다른 하나는 외부로 드러나는 상징체계, 즉 언어, 일화, 의례, 의식, 영웅, 신화, 규칙, 구조, 제도 등으로 보는 시각이다(임채숙, 2009).

조직문화에 대한 접근방법은 조직문화를 조직변수로 파악하는 방법과 인류학적으로 파악하는 방법으로 구분하여 설명된다.

전자의 방법은 조직 자체가 문화를 가지고 있는 것으로 판단하는 것이다. 조직변수를 조직의 목표달성을 위한 도구로 보는 것이 중심이다. 다시 이 방법은 문화를 조직의 외부변수로 보는 비교 문화적 관점과 문화를 조직의 내부변수로 보는 조직문화적 관점으로 나누어져 접근한다.

후자의 방법은 인류학의 영향을 많이 받았기 때문에 인류학적 접근법이라고도 하는데, 조직을 하나의 문화현상으로 보고 조직체를 경제적·물질적·행동적 관점에서 개인의 의식을 표현하는 과정을 통하여 조직문화를 연구하는 것이다. 따라서 조직현상을 주관적 경험으로 탐색하고 조직화된 행동을 가능하게 하는 패턴을 찾으려는 것이 중심이다. 다시 이 방법은 인지적 접근방법, 상징적 접근방법, 구조적·정신역학적 접근방법으로 나뉘어져 접근한다.

2. 조직문화의 기능

로빈스(Robbins, 1990)는 조직문화의 기능으로 다음의 다섯 가지를 제시하였다. 첫째, 문화는 경계를 정의하는 역할, 즉 한 조직과 다른 조직들과의 구분을 가능하게 한다. 둘째, 조직문화는 구성원들에게 정체성을 제공한다.

셋째, 조직문화는 구성원들이 자기의 개인 이익보다 큰 무엇에 헌신하는 것을 도와준다. 넷째, 조직문화는 사회체계의 안정성을 높여 준다. 즉, 직원들의 말과 행동에 대한 표준을 제공한다. 다섯째, 조직문화는 직원들의 태도와 행동에 의미를 부여하고 그것을 조절하는 역할을 한다. 이처럼 조직문화는 조직의 생존과 발전 및 효과성을 형성하고 유지하는 데 매우 중요한 기능을 수행한다.

반면 조직문화는 다음과 같은 역기능이 있으므로 유의할 필요가 있다.

첫째는 고도의 기술발전과 이에 따른 시장환경의 변화에도 불구하고 경직화된 조직문화에서는 신속하게 이에 대처해 나가는 것을 용이하지 않게 한다는 점이다. 둘째는 기업가정신과 자율성을 중시하는 조직문화를 지닌 조직의 경우 하위부서들 간에 독자성이 강하기 때문에 이들 부서 간의 협력을 통한 조직 전체의 통합력을 달성하기 어렵게 만든다는 점이다.

인간봉사조직의 성공은 서비스 제공자와 서비스 대상자 사이의 관계형성과 상호작용의 정도에 달려 있다. 이들 당사자 간의 관계와 상호작용의 수준 및 특성은 조직문화에 의해 좌우될 가능성이 매우 크다.

조직문화는 서비스의 질과 다양성의 중시와 함께 현대 조직이론의 핵심적인 요소이다(지은구, 2007). 즉, 조직에 광범위하게 펼쳐져 있는 조직문화를 잘 이해해야만 조직을 잘 관리할 수 있다. 사회복지조직과 조직문화의 관계를 살펴보기 위해서는 사회복지조직은 가치를 중요시하는 문화일지, 아니면 사실을 우선시하는 문화일지, 그리고 사회복지조직에서 주도적으로 작동하는 구성요소는 무엇이 있는지 등을 고려해 볼 필요가 있다. 이에 대한 대답은 사회복지조직이 추구해야 하는 목표와도 관련이 있을 것이고, 목표를 달성하기 위한 클라이언트에 대한 복지서비스 내용에 영향을 미치게 될 것이다.

〈조직문화는 일문화보다 관계문화가 중요할 수 있다〉

조직문화는 일문화와 관계문화로 나눌 수 있다.

우선 일문화 측면은 2010년 전후 스마트 워크 붐이 일어 시차 출퇴근, 유연 근무제, 자율 좌석제, 복장 자율화 등 각종 제도가 도입되면서 상당히 달라진 것이 사실이다. 또한 주 52시간 근무를 규정한 노동법 개정으로 많은 변화가 이어질 전망이다. 그러나 일문화가 달라진다고 저절로 관계문화가 좋아지지는 않는다. 밀레니엄 이후 세대는 '수직적인 문화'를 불편해 한다. … 청년들이 수평 문화를 선호하는 것은 수직 문화에 대한 반발 때문인 경우가 많다. 우리나라에서 수직적 조직 문화를 폐기해야 한다는 목소리는 '꼰대' 담론이 확산하면서 정점에 이르렀다. 꼰대는 꽉 막히고, 억압적이며, 권위적인 관리자와 선배를 지칭하는 말이다. 지금 꼰대로 손가락질 받는 1970년대생 관리자들도 약 15년 전에는 답답한 조직문화 속에서 신음하던 청년이었다. 이들은 선배들이 물려준 조직문화를 욕하면서도 한편으로는 무의식적으로 체화하면서 수직적인 문화의 한 부분이 되었다. 그런데 수직적인 문화는 조직 안에서 세대 간 소통을 막고 오해와 갈등을 조장하고 있다.

그러나 수직적인 문화는 더 이상 지속될 수 없다. 그 이유는 … 수직적인 문화는 권위주의적이(기 때문이)다. 권위는 조직 안의 자원을 배분하고 의사 결정을 하는 힘이다. 수직적인 문화에서는 이런 힘이 소수의 손에 집중된다. … 권위주의의 또 다른 문제는 소외다. … 수직적인 문화 안에서 소외되는 것은 직원만이 아니다. 고객의 소외가 더 큰 문제다. … 수직적인 문화는 혁신과 거리가 멀다. 새로운 일을 시도하기보다는 문제가 될 수 있는 일을 못하게 하는 데 최적화되어 있기 때문이다.

출처: 김성남(2020: 10-17)

3. 조직문화의 요인

조직문화는 정치적 이데올로기나 사회적 가치로 형성된 사회적 문화와 재화의 특성, 기술, 제도적 구조를 포함하는 산업적 문화, 그리고 조직의 규모, 성장전략, 통제시스템, 중심인물, 의례와 의식, 그 밖의 신규 임용자들의 선발, 입직훈련 등의 요인들의 상호작용을 통해 형성된다. 이 외에도 조직문화의 형성에 대해서는 학자들에 따라 다양한 견해가 주장되고 있다(임채숙, 2009).

해리슨과 쉬롬(Harrison & Shriom, 1999)은 조직의 하부구조적 특성과 물리적 환경이 조직문화를 형성한다고 하였고, 존스(Jones, 1983)는 조직 구성원들 사이의 교환관계, 거래관계 등 상호작용을 통제하기 위한 조직의 제도적 질서로부터 조직문화가 형성된다고 하였다. 또한 샤인(Schein, 1985)은 조직의 성장과 존립, 즉 외부환경에 대한 적응과 내부구성요소들의 통합과정에서 조직문화가 형성된다고 하였다.

조직문화는 조직 구성원의 행동과 전체 조직행동을 지배하는 중요 개념으로서 가치관과 신념, 규범과 관습 등 여러 가지의 요소로 형성되어 있다. 그러나 각 요소가 개별적으로 구성원 행동과 조직체 행동에 얼마나 작용하고 있는지에 대한 계량적인 측정이 어렵다. 이들 각 요소들은 전체적인 연관관계 속에서 조직 구성원의 행동과 전체 조직체 행동에 영향을 주고 있기 때문이다.

이러한 점을 보완하여 조직문화의 중요 요소와 이들 간의 상호관계를 개념화하여 조직문화연구와 조직개발에 많은 도움을 주도록 개발된 것이 '7S 모형'이다. 이 모형은 파스칼과 아토스(Pascale & Athos, 1981), 그리고 페테로스와 워터맨(Peters & Waterman, 1982)이 개발한 틀이다. 조직문화의 형성요소로서 공유가치, 전략, 구조, 제도, 절차, 구성원, 관리기술, 행동·관리 스타일 등을 제시하였다. 이 중에서도 가장 중요한 역할을 하는 것은 공유가치이므로 이것이 곧 조직문화이다.

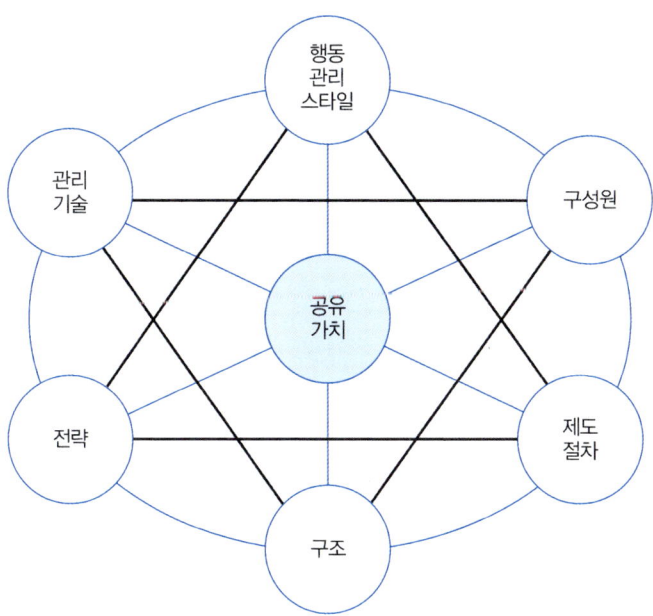

|그림 9-4| 조직문화 요인의 '7S' 모형
출처: Peters & Waterman(1982).

4. 조직문화의 유형

딜과 케네디(Deal & Kennedy, 1982)는 조직문화의 유형을 조직문화가 조직성과에 미치는 영향을 중심으로 분류하였다. 이는 조직활동에 따르는 위험의 정도와 조직의 의사결정 전략의 성공 여부에 대한 피드백 속도에 의해 네 가지로 분류된 것이다. 첫째, 씩씩하고 남성다운 문화이다. 이 유형은 위험도가 높고 성과에 대한 피드백이 빠른 환경하에서 형성되는 문화로 구성원들이 상호 경쟁하는 개인주의적 색채가 짙다. 이러한 문화에서는 신속한 의사결정, 위험을 극복해 낼 능력이 요구되나 구성원들 간의 협력은 별로 요구되지 않는다. 둘째, 열심히 일하고 열심히 노는 문화이다. 이 유형에서는 조직 구성원의 정력적 활동이 성공의 열쇠로서 팀워크가 중요시된다. 따라서 조직의 구성과 집단 간 협력 형성이 무엇보다 중요하다. 셋째, 조직목표 달성에 몰입하는 문화이다. 이 유형은 올바른 결정이 중요하므로 조직 전체에 신중성을 강조하는데, 의사결정은 상의하달식으로 이루어지며 회의가 중요한 의식이 된다. 넷째, 과정 중시의 절차문화이다. 이 유형은 무엇보다 결과로서 나타나는 것보다 과정에 초점을 둔다는 특징을 가지고 있으며, 구성원들은 자기가 하는 일의 결과를 알기가 곤란하기 때문에 현재하고 있는 과정이나 절차에 집착한다. 따라서 이 조직문화를 가지고 있는 조직에서는 기술적 정확성과 완벽성이 요구된다.

〈표 9-2〉 딜과 케네디(1982)의 조직문화 유형

구분		환경으로부터의 피드백	
		빠름	늦음
위험의 정도	많음	씩씩하고 남성다운 문화	사운을 거는 문화
	적음	열심히 일하고 열심히 노는 문화	과정 중시의 절차 문화

최근에는 퀸과 킴벨리(Quinn & Kimberly, 1984) 등에 의해 제시된 경쟁가치모형(CVM : Competing Value Model)을 통해 그 유형을 분류하고 있다. 경쟁가치모형은 모순적이고 배타적인 다양한 조직문화의 가치요소들을 포괄적으로 분석할 수 있는 틀을 제공해 준다는 점에서 의의가 있다.

이 모형에서는 상반된 두 축의 관계를 바탕으로 조직문화의 유형을 구분하고 있다. 한 축은 조직구조의 '유연성(flexibility)대 통제(control)'이며, 다른 축은 '내부지향성(internal)대 외부지향성(external)'이다. 이에 따라 네 가지 조직문화 유형으로 분류되는데, 집단문화, 발전문화, 위계문화, 합리문화로 나뉜다.

첫째, 집단문화(group culture)는 유연성과 조직내부를 지향하는 문화로 인간 친화성의 욕구에 기초하여 구성원 개개인의 애착심, 친화, 동료들의 중요성과 같은 관계적 차원을 지향하는 문화이다. 이 때문에 이 모형을 '인간관계 모형'(human relation model)이라고도 한다.

둘째, 발전문화(development culture)는 유연성과 조직외부를 지향하는 문화로 환경에 적응, 변화, 유연성을 특징으로 외부 환경에 대한 적응과 조직성장을 강조한다. 이는 '개발문화' 혹은 '개방체계모형'(open system model)이라고도 부르는데, 혁신을 지향하는 차원의 문화이다.

셋째, 위계문화(hierarchy culture)는 통제와 안정, 조직내부를 지향하는 문화로 인간의 안정성 욕구에 기반한 문화를 말한다. 공식적인 규칙과 규제에 따라서 행동하거나 조직요구에 응하는 것이기 때문에, '내부과정모형'(internal process model)이라고도 한다. 즉, 이 모형은 위계를 지향하는 차원의 문화이다.

넷째, 합리문화(rational culture)는 통제와 안정, 조직외부를 지향하는 문화로 효율적인 과업수행과 합리적 목표 달성이 무엇보다 중요하여, 체계적이고 능률적인 조직 관리를 받아들인다. 또한 이 문화는 과업을 지향하고 있기 때문에 '합리적 목적모형'(rational goal model)이라고도 부른다.

구조 : 신축성 및 변화

내부지향	관계지향문화 집단문화 (인간관계 모형)	혁신지향문화 발전문화 (개방체계 모형)	외부지향
	위계지향문화 위계문화 (내부과정 모형)	과업지향문화 합리문화 (합리적 목적 모형)	

통제 및 질서

|그림 9-5| 퀸과 킴벨리의 조직문화 유형

5. 사회복지 조직문화의 특징

사회복지조직에서 조직문화는 3가지의 역할을 한다(Glisson, 2001). 첫째, 조직문화는 사회복지서비스 체계의 규범과 가치의 역할을 한다. 둘째, 조직문화는 사회복지서비스 제공자의 상황인식에 중요한 역할을 한다. 셋째, 조직문화는 조직 구성원의 행태와 인식, 그리고 태도를 통하여 조직의 효과성과 연결하는 역할을 한다.

사회복지조직이 환경에 적합하게 변화하기 위해 혁신적인 활동을 이루는 것은 사회로부터 신뢰를 얻는 일이고, 시대적 사명을 실현할 수 있는 길이다. 우리나라 사회복지조직은 2000년대부터 공공과 민간의 기능 혼재 등으로 조직의 정체성이 흔들리는 문제를 안고 있는데, 이런 정체성의 위기는 변화하는 환경에 맞춰 사회복지조직도 함께 변화해야 한다는 것을 시사한다.

사회복지조직의 변화를 위해서는 사회복지조직의 내·외부 환경 특성들을 포괄적으로 이해해야 한다. 사회복지조직은 운영의 모든 원료들이 조직 외부환경에 자리잡고 있어 외부 의존성이 높으며, 다양한 외부환경 변화에 민감하다. 외부환경에 적합한 조직으로 변화하기 위해 내부적인 조직관리 방향도 달라져야 하지만 사회복지조직은 그동안 조직변화의 노력에 소극적이었다. 그 이유는 전통적으로 공급보다 수요가 많았던 사회복지시장의 특성과 국가보조금으로 인한 재원의 안정성, 1998년 복지시설평가 전까지 보조금 사용의 책임과 성과평가로부터 자유로웠기 때문이다. 사회가 요구하는 역할을 외면하는 사회복지조직은 그 기능을 상실하거나 사회적 사명감을 갖추지 못한다. 때문에 사회복지조직은 외부환경에 유연하게 대응하기 위한 제도적인 변화와 자발적인 노력들이 필요하다(김은희·유영미, 2019).

조직의 변화관리에 핵심 전략인 조직문화는 내부적인 기능에 초점을 두는 경직된 문화보다 유연함을 바탕으로 조직외부를 지향하는 문화여야 한다. 사회복지조직이 가지는 환경과의 긴밀한 관계적 특성을 고려한다면 사회복지조직의 문화는 유연성을 지향하는 집단문화와 개발문화를 갖추도록 노력해야 하며, 적극적인 변화를 위해서는 외부를 지향하는 특성이 강한 개발문화가 더 적합하다고 볼 수 있다.

제5절 리더십과 조직문화의 관계

조직 구성원인 종사자와 리더의 행동은 조직 내에서 상호작용하며 전체적인 분위기를 조성하여 조직 과업의 성패를 좌우한다. 사회복지조직의 변화와 혁신을 위해 리더의 역할을 특히 강조하면서 리더십을 조직의 환경변화 대응과 기관의 혁신활동 예측의 중요한 변수이다(신준섭, 2000). 조직변화와 관련한 많은 리더십 연구들이 리더의 개인적 특성과 성향을 강조하는 리더십에 주목하며, 카리스마적 리더십과 유사한 변혁적리더십을 주로 다루고 있다. 그러나 리더의 호기로운 면에 집중하는 리더십의 문제와 한계가 나타났고, 이에 대한 반성으로 리더의 도덕성과 조직경영의 진정성에 대한 중요성이 강조되었다. 진정성 있는 리더의 핵심은 리더의 내면과 외면의 모습이 일치되어 진정성 있는 사명감 표출과 구성원들의 신뢰를 통해 조직에 긍정적인 영향을 미치는 것이다.

조직문화는 조직 구성원의 행동과 조직 전체에 영향을 미쳐 조직의 성패를 좌우할 수 있는 핵심도구다. 특히 소규모 단위가 많은 사회서비스조직에서 조직문화의 영향력은 더 크게 작용한다. 조직문화와 밀접한 관계의 리더는 조직문화의 중요성과 그 영향력에 대한 이해가 높아야 한다. 조직의 특징을 결정짓는 조직문화는 조작할 수 없다는 시각과 조직관리 차원에서 변화할 수 있다는 시각이 있는데, 최근에는 조직문화를 변화하고 관리하는 대상으로 보고 다양한 접근들이 이루어지고 있다.

사회복지조직을 배경으로 살펴보면 '설립자의 철학'은 사회복지조직에서 사회로부터 기능과 역할, 책무 등을 위임받는다는 측면을 의미하고, 이에 근거하여 리더를 비롯한 구성원들이 선발되어 조직이 이루어지고 조직문화가 형성된다. 사회복지조직에서는 최고관리자와 같은 리더의 행동이 조직문화와 구성원들에게 영향을 미치고, 구성원들이 조직에 녹아드는 사회화 과정 역시 조직문화로 이어진다(김은희·유영미, 2019).

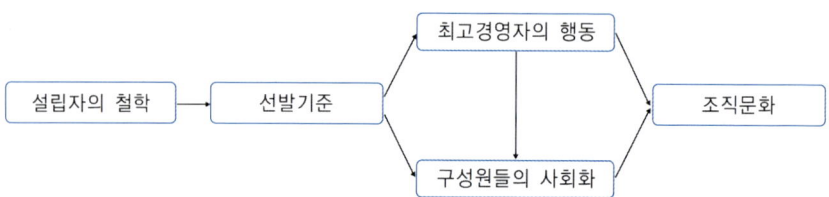

|그림 9-6| 사회복지조직의 리더십과 조직문화 형성

출처 : 김은희·유영미(2019).

CHAPTER 10

사회복지조직의 재정관리

제1절 재정관리의 개념
제2절 재원의 확보
제3절 예산 편성
제4절 예산 집행
제5절 회계 및 결산

사회복지조직의 재정관리

본 장에서는 모든 사회조직에서 가장 민감하고도 중요한 재정에 관한 관리의 내용을 다룬다. 다른 사회조직이나 정부조직과 다른 의미에서 재정관리란 무엇인지를 먼저 학습해 보고, 사회복지조직에서 재정은 보조금이라는 종류에도 불구하고, 더욱 다양한 재원 확보 방안을 고민하고 있는데, 그 종류들은 무엇들이 있는지를 살펴보고자 하였다. 그 다음에 확보된 재원을 적재적소의 사업이나 하위 부서 등에서 사용할 있게 하는 예산 수립과 관련된 이론(모형)이나 그 절차는 무엇이며, 또한 예산을 집행하고 난 후에 회계와 결산 등은 왜 사회복지조직에서 해야 하며, 그 방법 및 절차는 어떻게 되는지 등을 살펴보고자 하였다. 예산 수립과 회계 및 결산을 제대로 학습을 한다면 사회복지사로서 역할하는 데 있어 최소한 해당 사업이나 프로그램을 진행하고자 할 때, 진행하고 나서 큰 곤경에는 처하지 않을 것이다.

제1절 재정관리의 개념

재정관리(financial management)란 한 조직이 필요로 하는 재원을 조달·배분하고 효율적으로 사용하는 모든 재정자원을 관리하는 활동을 말한다.

재정관리의 주된 관심사는 세입과 세출에 관한 예산의 관리이다. 즉, 정책과 사업에 예산을 연결하는 것뿐만 아니라, 예산 외 지출을 승인하고 기타 연관 요인들을 관리하는 것이다. 이에 따라 재정관리의 과업으로서는 필요한 재원의 경제적 조달, 합리적 배분을 위한 예산의 편성·집행과 통제, 회계·감사·재정보고, 조직의 재산에 대한 위험의 관리, 세입·세출의 예측, 자본재투자계획과 부채관리, 재정적 조건의 평가, 구매(조달) 등이 해당한다.

〈재무관리와 재무행정의 차이〉

재무관리의 용어가 사기업에서 사용된다면, 엄격하게는 정부조직의 경우 재무행정의 용어를 사용하는 경향이 짙다. 이러한 용어가 각각 사용되고 있는 것은 이들 조직 간의 성격 차이 때문이다.

재무관리에 대비한 재무행정의 상대적 특징은 ① 기업의 재무관리보다 훨씬 복잡하다는 것, ② 국민생활에 미치는 영향이 더 크다는 것, ③ 많고 다양한 세력이 간여하고 정치성이 짙다는 것, ④ 법적·관료적 제약을 더 많이 받으며 그만큼 경직성도 높다는 것, ⑤ 효율성 평가는 상대적으로 더 어렵다는 것 등이다.

정부의 재무관리에서는 정부조직에서 수입과 지출 및 정책과 사업을 연결짓는 과정, 그리고 그에 연계된 여러 활동국면을 내포하고 있다. 대내적으로 정부조직 운영의 조건을 설정할 뿐만 아니라, 대외적으로 국민경제 전반에 커다란 영향을 미치기 때문에 정치과정과도 밀접한 관련을 맺고 있다(오석홍, 2013).

사회복지조직의 재정관리는 사회복지전달체계에서 서비스를 제공하는 데 필요한 자금을 확보하여 지출하고 그것을 기록·정리하고 평가하는 것과 관련된 업무이다. 여기에서 '재정'이란 사회복지조직에서 서비스를 제공하는 데 투입되는 경제적 자원으로 소득재분배, 자원배분, 경제성장·안정 등의 기능을 가지고 있다.

우리나라 사회복지조직의 재정관리에서 나타나는 특징은 다섯 가지 정도로 요약될 수 있다. 첫째, 외부 의존성이 크며, 이는 계속해서 증가하고 있다는 점이다. 둘째, 소득재분배와 성장우선주의의 대립 속에서 결정된다는 점이다. 셋째, 공비부담의 원칙[1]이 적용되고 있다는 점이다. 넷째, 재정분권화가 이루어졌다는 점이다. 다섯째, 사회복지비에 대한 책임성이 증가하고 있다는 점이다.

---

1) 공비부담의 원칙이란 국가 또는 지방자치단체가 사회복지 관련 법령 등에 따라 사회복지서비스에 대한 재정부담을 원칙으로 한다는 것을 의미한다.

사회복지 재정관리에 대한 주체는 일반적으로 정부(지방정부)지만, 현실적으로는 사회복지서비스 제공과 관련된 모든 사회복지조직이다. 때문에 공공과 민간의 사회복지전달체계 간에 다르게 정의될 수 있다. 이를테면, 전자의 경우 사회복지사업 관련 예산을 편성하고 집행하며 결산하는 것으로 정의되는 반면, 후자의 경우 기관운영에 필요한 예산을 효율적으로 사용하기 위하여 사업예산 수립, 회계관리, 예산 통제 및 관리, 추가 예산 심의 계획을 수립하는 것으로 정의될 수 있다. 즉, 전자는 지방자치단체 내 사회복지 부서와 그 지역사회 내에 소재한 사회복지시설에 지원되는 보조금과 관련된 예산과 편성, 그리고 결산을 의미하고, 후자는 사회복지조직 내 운영과 관련된 예산과 결산을 의미한다.

본 교재에서는 민간전달체계의 사회복지시설을 중심으로 사회복지 재정관리의 분야를 설명하고자 한다. 재정관리의 범위는 크게는 수입과 지출로 설명될 수 있지만, 5분야로 더 확장해서 설명할 수 있다. 즉, ① 재원 확보, ② 예산 편성, ③ 집행, ④ 회계, ⑤ 결산·평가 등을 사회복지 재정관리의 범위로 볼 수 있다.

|그림 10-1| 사회복지 재정관리의 범위

〈재정관리론의 발달〉

재정관리, 특히 정부의 재무행정의 경우 예산제도의 발달과 함께 한다. 예산제도는 영국에서 일찍부터 세입통제를 위하여 성립하였다. "동의 없이는 조세도 없다"는 대헌장(Magna)과 권리청원(Petition of Right) 등이 모두 의회의 과세동의권, 즉 세입 통제권이 중심이었던 것이다. 예산통제가 세출통제까지 확대된 것은 19세기부터이다

세출통제는 처음에는 예산통제 중심이다가 20세기 의회가 결산에 대한 통제까지 행하는 제도로 발전하였다. 20세기 전후부터 주로 미국을 중심으로 예산운영의 능률화·효율화를 위한 행정부의 자율화를 도모하는 관리 중심 내지 계획 중심으로 변천하게 되었다(최창호·하미승, 2010).

재정관리론의 발달에 관한 두 가지 입장이 있다. 하나는 과거에 주장되었던 2단계 발달론이 있고, 다른 하나는 현대에 주장되고 있는 4단계 발달론이 있다. 첫째, 2단계 발달론은 재정관리론을 전통적 재성관리론과 근대적 재정관리론으로 구분하고 있다. 전자는 자본의 조달과 운영을 말하며, 후자는 자본의 관리와 투자를 말한다. 둘째, 4단계 발달론에서는 앞의 전통적·근대적 재정관리론을 하나로 포함하고, 회사금융론적 재정관리론, 종합관리론적 재정관리론, 투자결정론적 재정관리론 등을 추가하여 설명하고 있다. 회사금융론적 재정관리론은 자본조달기능에 치중한 것으로 1890년 전후 미국의 주식회사제도의 발달과 기업활동의 활성화라는 역사적 배경에서 생성되었다. 종합관리론적 재정관리론은 자본운용기능에 치중한 것으로 1929년 대공황을 맞아 수익성은 물론 유동성의 결여에서 자본조달기능 치중론에 대한 반성으로 생성되었다. 회사금융론적 재정관리와 종합관리론적 재정관리가 경험실증적인 재정관리론인 반면, 투자결정론적 재정관리론은 투자에 대한 의사결정문제에 치중한 것으로 반드시 이렇게 하여야 한다는 규범적(normative)인 재정관리론이다. 주로 투자의 수익성 문제와 주가 극대화 문제에 따르는 기업가치평가에 대한 여러 이론이 여기에 속한다.

제2절 재원의 확보

사회복지 재원과 관련한 근거는 ①「사회복지사업법」(사회복지사업의 조직과 운영에 관한 기본사항을 총괄적으로 규정하는 기본법), ②「보조금의 예산 및 관리에 관한 법률」(보조금 예산편성, 교부절차, 사업수행 및 실적관리 등에 관한 기본사항 규정), ③「사회복지법인재무회계규칙」(사회복지시설의 세입·세출관리 규정), 그리고 ④「사회복지시설관리안내지침」(사회복지업무 관련 기본 지침) 등이다.

이 근거들에 의한 경우 사회복지의 재원은 크게 공공재원과 민간재원의 유형으로 분류되어 확보할 수 있다.

첫째, 공공재원의 유형으로서는 정부가 세금(조세)을 걷어서 민간 사회복지시설로 이전하는 보조금 형태가 있고, 소득이 있는 국민들로부터 정부에서 강제로 보험료를 걷어 마련하는 사회보험료 형태가 있다. 이 중에서 중앙정부나 지방자치단체에서 민간의 사회복지시설들에게 지급되는 재정을 '보조금'이라 한다. 보조금은 국가나 지방자치단체가 사회복지사업을 하는 자에게 필요한 비용의 전부 또는 일부를 국고로 보조하는 것이다.

둘째, 민간재원으로서는 모금이나 후원 등을 통해 모으는 기부금 형태와 이용자가 직접 내는 본인부담금(이용료) 형태, 그리고 법인전입금 형태 등이 있다.

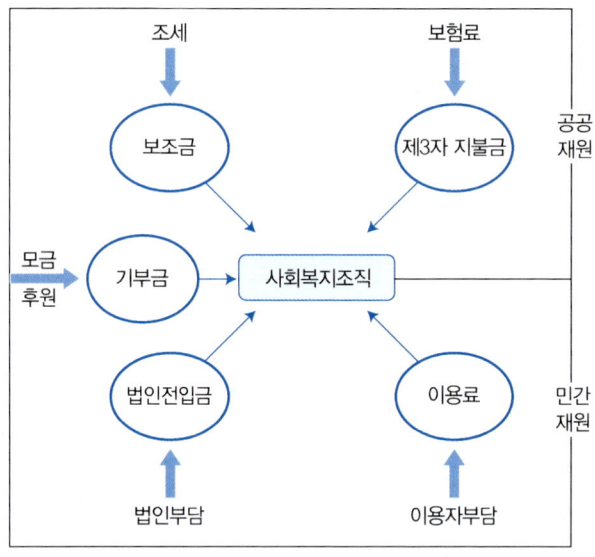

[그림 10-2] 사회복지조직의 재원 확보 방법

1. 보조금

보조금(grants)[2]이란 사회복지를 수행하기 위하여 사회복지시설의 운영에 필요한 비용의 일부를 정부가 예산에서 지원하는 경우로서 대부분의 사회복지조직의 재원 중에서 가장 큰 부분을 차지하고 있다.

보조금은 두 가지 유형이 있다(지은구, 2007). 첫째, 정부지원에 의한 보조금, 둘째, 증가하고 있는 민간(복지)재단으로부터의 프로그램 실행을 위한 지원금이다. 이 두 번째 유형은 그래서 '수여금'이라고도 부르는데, 수여금을 제공받기 위한 프로포절의 작성은 사회복지행정의 실천에 있어 중요한 하나의 형태로 이해된다.

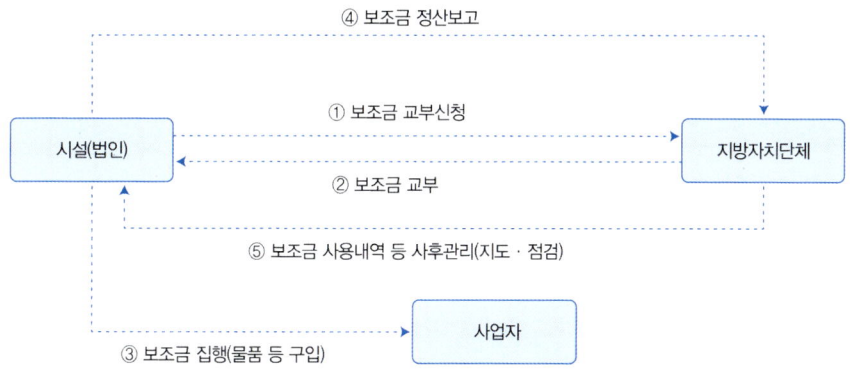

[그림 10-3] 보조금 교부 및 집행절차

---

[2] 보조금은 장애인수당, 기초생활수당 등 수급자에게 직접 지급되는 보조금과 사회복지시설 등을 통해 지급되는 보조금으로 구분된다.

> 「사회복지사업법 제42조」(보조금 등)
> ① 국가나 지방자치단체는 사회복지사업을 하는 자 중 대통령령으로 정하는 자에게 필요한 비용의 전부 또는 일부를 보조할 수 있다.
> ② 제1항에 따른 보조금은 그 목적 외의 용도에 사용할 수 없다.
> ③ 국가나 지방자치단체는 제1항에 따라 보조금을 받은 자가 다음 각 호의 어느 하나에 해당할 때에는 이미 지급한 보조금의 전부 또는 일부의 반환을 명할 수 있다.
>   1. 거짓이나 그 밖의 부정한 방법으로 보조금을 받았을 때
>   2. 사업 목적 외의 용도에 보조금을 사용하였을 때
>   3. 이 법 또는 이 법에 따른 명령을 위반하였을 때

보조금의 경우, 기부와 달리 이 기금이 제안서상에서 어떻게 사용될 것인가에 대한 상세한 내용을 포함하기 때문에 기금유용의 책임과 한계가 분명하다는 차이가 있다. 정부보조금의 경우, 지방자치제 실시 이후 사회복지시설에 보조하는 금액을 국가(중앙정부)와 지방자치단체가 나누어 부담하고 있다.

정부보조의 주요 내용은 세 가지로 설명된다. 첫째, 인건비 지원으로 해당 직종에 대한 인력의 인건비를 지원하는 것이다. 둘째, 관리운영비 지원이다. 다만, 사회복지시설의 유형에 따라 관리운영비의 지원율은 다르다. 셋째, 기능보강사업비 지원으로 시설의 신축이나 증축 및 개보수비 지원 등이 이에 해당한다.

보조금의 특징은 다음과 같다. 첫째, 안정적이라고 할 수 있는 초기에 승인된다는 점이다. 즉, 일차적으로 뚫는 것(tapping)이 어려우나 점증주의 예산(incrementalism budget)방식으로 인해 지속적으로 지원받을 가능성이 높다. 둘째, 그러나 국가예산은 엄격한 통제하에 있어 엄격하고 경직적인 감독을 받기 때문에 쉽게 전용할 수 없는 등 재량권이 축소되어 서비스의 질에 부정적인 영향을 미칠 수 있다. 셋째, 관리가 복잡하고 예산배정이 지연되는 경우 현금유동성의 문제가 발생할 수 있다.

2. 기부금

기부금(donation)이란 법인의 대표이사 또는 시설의 장이 아무런 대가 없이 받은 금품 또는 기타의 자산으로 정의되며, '후원금'으로도 불린다. 현금뿐만 아니라 음식, 의류, 물품 등 대가없이 받은 자산 등으로, 즉 현금(cash)과 현물(kind)로 구분된다. 현금기부는 분명한 데 비해, 현물기부는 현금뿐만 아니라 물건이나 서비스 등까지 지칭되기 때문에 분명하지 않다.

기부(후원)금의 종류는 두 가지가 있다. 첫째, 지정 후원금이다. 후원자가 지정한 용도로 사용해야 하는 것이 지정후원금으로, 결연 후원금이 대표적인 예이다. 후원자는 지로, 자동이체, 무통장입금 등의 방식으로 후원금을 납부할 수 있다. 둘째, 비지정 후원금이다. 후원자가 사용 용도를 지정하지 않은 후원금을 말하는데, 흔히 일반 후원금을 가리킨다. 사용 용도가 지정되지 않았다고 해서, 무원칙하게 사용할 수는 없다.

기부금의 특징은 첫째, 재원 풀(pool)이 좁아서 조달되는 재원이 충분하지 않으며 예측가능성이 낮고 모금하기 위해 많은 비용이 소요될 수 있다. 둘째, 모금을 위한 노력들이 사회복지서비스 전문가가 대우받기보다 마케팅 전문가들의 영향력이 커지거나 외부에 알리기 좋은 사업에만 집중하는 등의 부작용이 나타날 수 있다.

사회복지공동모금은 1997년에 「사회복지공동모금법」이 제정되어 국가가 공인한 대표적 민간모금활동이다. 사회복지공동모금회의 설립으로 기관이 모금을 하고 배분하고 또한 지역사회를 계획하는 것이 이루어지고 있다. 민간 참여의 폭 확대, 지역사회에 기반을 둔 공동체의식 개발, 사회복지서비스 개발과 전달의 효율성 제고 등이 나타나는 특징을 가지고 있다.

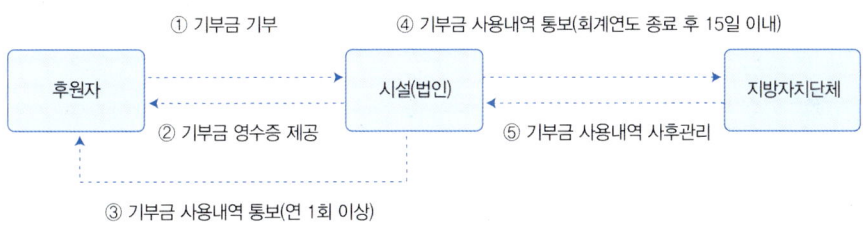

|그림 10-4| 기부금의 접수 및 처리절차

⟨기부금/ 후원금 관리⟩

정부보조금, 법인전입금, 이용료 등과 함께 사회복지시설에 들어오는 기부(후원)금도 동일하게 관리, 즉 예산에 편성되도록 하고 있다.

법인과 시설에서 후원금을 받는 경우에는 「소득세법」에 따른 기부금영수증 서식 또는 「법인세법」에 따른 기부금영수증 서식에 따라 후원금 영수증을 발급하여야 하며, 영수증 발급목록을 별도의 장부로 작성·비치하여야 한다. 법인과 시설에서 금융

기관 또는 체신관서의 계좌입금을 통하여 후원금을 받은 때에는 법인명의의 후원금 전용계좌나 시설의 명칭이 부기된 시설장 명의의 계좌를 사용해야 한다. 이 경우 후원자가 영수증 발급을 원하는 경우를 제외하고는 '후원금 영수증' 발급을 생략할 수 있다.

법인의 대표이사 및 시설의 장은 후원금을 받은 때에는 각각의 법인 및 시설별로 후원금 전용계좌 등을 구분하여 사용하여야 하며, 구분된 사실을 후원자에게 사전에 반드시 안내하도록 한다. 그리고 후원금을 받은 때에는 후원금 영수증 교부 후 발급목록을 별도 장부로 관리·비치하여야 한다.

대표이사와 시설장은 연 1회 이상 해당 후원금 수입 및 사용내용을 후원금을 낸 법인·단체 또는 개인에게 통보하여야 한다. 이 경우 법인이 발행하는 정기간행물 또는 홍보지 등을 이용하여 일괄 통보할 수 있다.

법인의 대표이사와 시설장은 관할 군수·구청장에게 결산보고서를 제출할 때 후원금 수입 및 사용결과 보고서를 함께 제출하여야 한다(전산파일 출력물도 가능).

군수·구청장은 제출받은 후원금의 수입 및 사용결과 보고서를 제출받은 날로부터 20일 이내에 인터넷(군·구 홈페이지) 등을 통하여 3개월간 공개하여야 하며, 법인의 대표이사와 시설장도 후원금 수입 및 사용결과 보고서를 법인 및 시설의 게시판과 인터넷 홈페이지에 공개하여야 한다.

3. 법인전입금

법인전입금(corporate transfer)이란 사회복지시설을 위탁·운영하는 법인이 해당 사회복지시설에 전출하는 예산을 말한다. 즉, 사회복지법인 등이 경상비전입금, 법정부담전입금, 자산전입금 등의 내역으로 산하 사회복지시설에 지원하는 경비를 뜻한다.

사회복지시설의 운영을 위해 국가 및 지방자치단체가 80%를 부담하고, 법인은 전입금을 통해 운영비의 20%를 자체적으로 부담하도록 하는 규정이 해당한다. 장애인복지관, 노인복지관의 경우는 이 규정의 적용을 받지 않았지만, 이 규정의 적용을 받았던 종합사회복지관들은 실제로 후원금을 자체부담으로 전용하거나 무리한 수익사업 등을 추진하는 등의 문제가 있어 지속적으로 자체부담을 폐지하자는 주장이 제기되었고, 마침내 2004년부터 종합사회복지관 운영법인의 자체부담규정은 폐지되었다.

4. 이용료

이용료(fee)는 클라이언트 개인 또는 그 가족 등으로부터 징수된 자금으로 사회복지조직이 서비스를 전달하는 재정유입의 한 원천을 의미한다. 기부금, 보조금과는 달리 서비스이용료의 가장 중요한 성격은 이용료의 질인데, 이는 제공되는 서비스의 양과 이용료세입의 총액으로 측정한다. 다만, 법인의 수익사업은 보건복지부령이 정하는 바에 따라 주무관청의 승인을 받아야 한다.

이용료의 유형은 다음과 같이 다섯 가지로 구분된다(지은구, 2007). 첫째, 공정부담요금으로 각각의 참여자들이 서비스 총비용의 적절한 부분을 지불하는 방식이다. 둘째, 참가요금으로 클라이언트에게 실행의 최소수준을 보장할 수 있는 명목적인 양만 제공하게 하는 방식이다. 셋째, 정액요금으로 모든 사람들이 수행되는 서비스의 변화에 상관없이 동일한 양의 액수를 지불하는 방식이다. 넷째, 지불능력요금으로 클라이언트의 지불능력에 따라 요금이 책정되는 방식이다. 다섯째, 제3자 요금으로 제3자(예 정부나 보험회사 등)에 의해서 클라이언트에게 제공된 서비스의 이용료가 지불되는 방식이다.

5. 제3자 지불금

제3자 지불금의 원리는 제3자 요금과 비슷한데, 일정한 표준액의 지불이 제공자의 실제 비용과 상관없이 제3자에게 지불되는 방식(계획요금)과 서비스 제공자가 클라이언트 인구의 크기에 비례해서 머리당 미리 요금을 지불하는 방식(머리숫자요금) 등을 합친 의미를 가지고 있다. 예를 들면, 미국의 저소득층의료보험(medicaid) 방식이나 우리나라의 국민건강보험 방식 등이 해당된다.

우리나라 국민건강보험제도는 '제3자 지불제도'를 취하고 있다. 즉, 환자가 진료를 받은 뒤 진료비 중 건강보험의 적용이 되는 부분을 제외한 나머지(본인부담금)만 요양·의료기관에 지불하고, 건보적용 금액은 요양·의료기관의 청구를 거쳐 제3자인 건강보험공단이 지불하는 방식이다.

사회복지시설의 경우에는 주로 노인장기요양시설 등이 이 방식에 의해 요양서비스 진료비를 노인 등을 대신하여 보상을 받고 있다.

제3절 예산 편성

재정을 잘 관리하는 데 있어 예산을 편성 또는 수립하는 기술적 방법을 어디에 관심을 두는가는 중요할 수밖에 없다. 예산 편성에 관한 제도들이 발달하였는데, 이를 '예산수립 모형(model of budgetary framework)'이라고 한다. 일반적으로 네 가지의 모형이 활용되고 있다.

첫째, 품목별 예산제(LIB : Line Item Budget system) 모형이다. 각 단위조직에서 조직의 유지 및 관리에 필요한 품목을 정한 후 각 품목에 대하여 단가를 곱하고 그것들을 합산하여 조직의 예산을 정하는 방식이다. 이는 부서별 예산, 항목별 예산 등으로도 불린다. 이 모형의 특징은 각 부서 단위로 예산을 결정하고 예산의 증가를 전년도 대비 일정한 비율로 한다고 하여 증분주의 예산제(incremental budget system)라고도 한다. 장점은 품목별 지출 및 예산의 전체 규모에 대한 통제가 명확하게 이루어질 수 있다. 반면 경직적이기 때문에 조직이 처한 여건의 변화를 반영할 수 없으며, 그 조직이 어떠한 업무를 수행하고 예산이 효과를 거두었는지에 대한 판단이 불가능하다는 단점이 있다.

둘째, 사업별 예산제(PB : Program Budget system) 모형이다. 단위사업을 중심으로 예산을 편성하는 방식(단위사업의 목표와 그것의 수행에 필요한 비용을 곱하여 예산 산출)으로 여러 조직이나 부서에 걸쳐 있는 사업을 합산하여 결정하는 방식이다. 이는 성과주의 예산, 기능적 예산관리 등으로도 불린다. 이 모형의 특징은 효율성을 제고한다는 점이다. 장점은 유연성과 예산 투입의 목표를 명확하게 할 수 있다. 반면 단점은 여러 조직이나 부서에 걸쳐 있기 때문에 지출과 예산의 규모를 통제하기 어렵고, 예산이라는 것이 대개 회계 연도 단위로만 편성되기 때문에 사업의 성과나 기대효과를 단기적인 관점에서만 파악하게 된다는 것이다.

셋째, 계획예산제(PPB : Planning and Programing Budgeting system) 모형이다. 프로그램기획 예산관리 등으로도 불리는데, 단기적인 예산과 장기간에 걸친 계획을 융합하려는 시도에서 출발하여 사업별 예산의 문제를 극복하려고 시도하였다. 최초로 1965년 미국의 존슨(Johnson, L. B.) 대통령이 '빈곤과의 전쟁(war on the poverty)'이라는 장기적 정책을 추진하면서 연방의 각 기관들에게 도입하도록 권고하였다(Skidmore, 1995). 장점은 사업들이 장기적으로 효과를 거둘 수 있고, 예산이 효율적으로 사용될 수 있다는 점이다. 반면 단점은 각 사업의 필요성 및 사업의 우선순위를 결정하는 것과 관련된 의사결정과정에 대한 고려가 없다는 점이다.

넷째, 영기준예산제(ZBB : Zero-Based Budgeting system) 모형이다. 이 모형은 기존의 예산제도들이 각 사업들의 필요성과 우선순위를 결정하는 절차를 고려하지 않았다는 단점을 극복하기 위하여 시도된 제도이다. 한 번 계획에 포함된 사업들은 시간이 흘러 여건이 변화하여도 필요성과 우선순위를 특별히 논하지 않고 그대로 편성·집행되는 경우가 많다는 점에 착안한 것이다. 그러므로 매년 예산 수립 시에 기존의 사업인가, 신규 사업인가를 구별하지 않고 각 사업의 필요성과 우선순위를 전혀 새롭게 검토하는 방식이다. 장점은 새로운 변화를 연도별로 반영하기 쉽고, 사업의 효과성과 효율성을 극대화할 수 있다는 점이다. 반면, 필요성과 우선순위를 판단하는 명확한 기준이 필요하지만, 그것이 존재하지 않는다면 모호한 기준으로 인하여 정치적 영향력 등 비합리적인 요인들이 힘을 발휘하여 매몰비용(sunk cost)3)이 발생할 수 있다는 단점이 있다.

〈표 10-1〉 예산수립 모형의 특징 비교

모형	특징
품목별 예산제도 (LIB)	• 전년도 예산이 주요 근거가 됨(증분주의) • 회계계정별, 구입품목별로 편성 • 통제 기능 • 회계자에 유리(재무과)
사업별 예산제도 (PB)	• 효율성을 중시함 • 관리기능 • 관리자에 유리(사업부서)
계획예산제도 (PPB)	• 장기적 계획을 전제 • 목표를 분명히 하고 달성을 강조 • 계획기능 • 계획자에 유리(기획실)
영기준예산제도 (ZBB)	• 목표달성을 위한 다양한 사업 고려 • 사업의 비교평가에 기초한 우선순위로 사업을 선택 • 성과(결과)의 한계 증가량에 관심 • 의사결정기능 • 클라이언트에 유리 • 매몰비용 발생

예산4) 편성에서는 사업예산 수립과 관련된 근거자료를 기준으로 필요예산을 수립하고, 이때 세입과 세출을 지침규정에 의거하여 예산과목을 편성

---

3) 각 사업들의 필요성을 입증하기 위하여 막대한 비용이 투입될 것이지만 일부 사업들만이 예산부서를 설득하는 데 성공하게 되고 나머지 사업들은 예산을 배정받지 못한다면 그 준비에 투입된 노력은 헛수고가 되는 비용을 의미한다.
4) 예산의 종류는 본예산, 준예산 그리고 추가경정예산 등이 있다. 첫째, 본예산이란 당초(매 회계연도 개시 전) 이사회의 심의와 의결을 거쳐 확정하고 법정기일(회계연도 개시 5일 전까지)내에 관할 지방자치단체에 제출한 예산을 말한다. 둘째, 준예산이란 회계연도 개시 전까지 법인의 예산이 성립되지 아니한 때에 대표이사는 군수·구청장에게 그 사유를 보고하고 예산이 성립될 때까지 다음의 경비를 전년도에 준하여 집행할 수 있는 예산을 말한다. 셋째, 추가경정예산이란 법인의 대표이사가 예산 성립 후에 생긴 사유로 인하여 이미 성립된 예산에 변경을 가할 필요가 있을 때 예산편성 등의 절차를 거쳐 추가경정예산을 편성·확정한 것을 말한다.

한다. 그리고 사업목적에 따라 예산이 적절하게 편성되었는지 확인하고, 필요시 추가 경정 예산을 심의한다.

〈예산의 개념과 성격 및 원칙〉
- 예산의 개념
  ① 예산 : 한 조직이 일정 기간 동안 수행할 업무와 그것을 위하여 필요한 재정의 확보방안 및 지출에 대하여 수립된 계획을 의미
  ② Budget : 예산은 영어 단어로 'little bag'이라는 의미의 프랑스 고어임. 영국에서 재정에 관한 여러 가지 문서들을 넣고 다니던 가방을 의미하는 것으로 사용되기 시작하였음.
- 예산의 성격
  ① 정치적 기능 : 자원의 배분과 관련된 이해관계의 조정
  ② 법적 기능 : 예산안은 의법기구의 의결을 거쳐 회기기간 동안 법적 효력을 가짐
  ③ 행정적 기능 : 회계연도 사업들에 대한 계획을 수립하는 기능
  ④ 경제적 기능 : 예산의 투입에 따른 경제성장과 재원조달에 따른 경제적 부담 등
- 예산의 원칙
  ① 예산 총계주의 원칙 : 한 회계연도의 모든 수입은 세입으로 하고 모든 지출은 세출로 하며 세입과 세출은 모두 예산에 편성되어야 하고 편성된 모든 수입은 각각의 목적과 용도에 부합되게 지출되어야 함
  ② 회계연도 독립 원칙 : 각 회계연도에 있어서 지출되어야 할 경비의 재원은 그 연도의 수입으로 조달되고 당해연도에 지출해야 함
  ③ 사전 의결 원칙 : 예산은 회계연도 중 세입·세출(예정적 계획)의 견적이므로 회계연도 이전에 법인이사회(국회, 의회)의 의결을 얻어야 함
  ④ 예산 공개 원칙 : 민주적이고 능률적인 재정운영과 주민의 이해를 통한 참여와 협조를 위해 예산을 널리 공개(공고)해야 함
  ⑤ 수입금 직접사용금지 원칙 : 모든 수입은 지정된 수납기관에 납부하여야 하며 직접 사용이 금지되어야 함
  ⑥ 목적 외 사용금지 원칙 : 세출예산은 편성된 목적대로 집행하여 계획성 있는 재정운영과 이사회 결정사항을 존중해야 함

이때 기준은 회계연도의 모든 수입을 '세입'으로 하고, 모든 지출을 '세출'로 한다(표 10-1 참조).

정부 및 지방자치단체 보조금, 사회복지공동모금회, 민간복지재단 등에서 주관하는 각종 공모사업 수행 후원금, 각종 단체 및 개인의 기부금, 후원금, 불용품 매각대금, 예금이자 등의 잡수입에 이르기까지 모든 수입은 세입예산에 편성되어야 하고, 편입된 모든 수입은 각각의 목적과 용도에 부합되게 지출하도록 세출예산에 편성되어야 한다.

1. 예산편성계획서 작성

법인의 대표이사는 매 회계연도 개시 1월 전까지 그 법인과 시설의 예산편성요령을 정한다.

이때 다음과 같은 사항을 고려해야 한다. 첫째, 사회복지법인 및 사회복지시설 재무회계규칙 등 관련 법규, 지침 등을 준수한다. 둘째, 법인과 시설에서 발생하는 모든 수입과 지출은 반드시 예산에 계상한다. 셋째, 법인과 시설회계의 예산을 구분하여 편성하고, 사업계획에 근거하여 수입 및 지출 예산을 편성한다. 넷째, 예산규모는 전년도 또는 수년간의 실적을 검토한 후에 익년도의 물가 상승률을 추가로 고려하여 추정하되, 과거 실적과는 상관없이 제로베이스(zero-base)에서 편성한다. 다섯째, 법인전입금, 후원금, 공모사업 지원금 등 시설 자체의 세입재원 확충을 위한 노력을 강화한다. 여섯째, 정부 및 지방자치단체의 보조금이 얼마인지를 확인하고 편성한다.

2. 세입예산안 작성

세입예산은 재원별, 성질별로 관·항·목으로 구분하여 편성한다. 주요 세입재원은 정부·지방자치단체의 보조금, 법인전입금, 후원금, 이용자부담금, 수입, 이월금, 잡수입 등으로 구성되어 있다. 보조금 수입은 각 보조사업별로 명확히 구분해야 한다. 법인전입금, 공모사업 후원금, 기부금, 이용료 수입, 불용재산 매각수입 등 모든 수입을 누락 없이 편성한다.

3. 세출예산안 작성

세출예산은 경비의 성질과 기능을 고려하여 관·항·목으로 편성한다. 일반적으로 세출예산은 사무비(예 인건비, 업무추진비, 운영비), 사업비, 재산조성비, 전출금, 과년도지출, 상환금, 예비비, 잡지출 등으로 구성되어 있다. 정부, 지방자치단체, 법인, 시설의 역점사업에 우선권을 부여한다. 사업비는 사업계획서에 근거하여 지출 예산을 편성한다. 업무추진비 등 소모성 경비 증가를 억제하고, 불요불급한 사업은 예산편성단계에서 삭감조정하며, 사업 추진 및 시설운영에 직접 필요한 예산을 우선적으로 편성한다. 지출단가에 대한 정부 및 지방자치단체의 지침이 있는 경우(예 인건비)에는 이를 적용시킨다. 보조금 이외의 법인이 자율적으로 부담하는 인건비성 경비는 법인전입금 항목에 편성한 후 집행함으로써 보조금과 법인전입금의 구분을 명확히 한다. 여비, 수용비, 공공요금, 제세공과금, 연료비, 차량유지비 등의 운영비는 전년도 실적을 분석하여 낭비요인 제거 등 절감할 수 있는 부분이 있는지를 우선적으로 검토하고 편성한다.

제4절 예산 집행

집행(execution)에서는 예산 재원에 따른 집행원칙을 수립하고, 사업별 지출재원과 지출방법을 파악한다. 예산규정에 의거 현금, 계좌이체, 법인카드 결제 등의 방법으로 예산을 집행하고, 「사회복지 재무·회계 규칙」에 따라 적절한 절차를 준수한다.

1. 예산 과목 내의 집행

예산의 집행(execution of the budget)이란 이사회에서 의결·확정된 예산에 따라 수입을 조달하고 경비를 지불하는 재정활동을 의미한다. 모든 세출예산을 집행할 때 원칙적으로 예산에 표시된 목적과 금액의 범위 내에서 집행되어야 한다. 만약 예산이 부족하거나 없는 경우에는 지출행위 또는 계약행위 전에 반드시 추가 경정예산을 수립하거나 예산을 전용하여 예산을 확보한 후 집행하여야 한다. 확보된 예산액보다 초과하여 지출하거나 예산확보 없이 지출하는 것은 예산운영과 지출명령을 부적절하게 처리함은 물론, 예산절차를 어기게 되는 행위가 된다.

2. 법적 근거에 따른 집행

예산의 집행은 반드시 법적 근거에 따라 집행되어야 한다. 우선 관련법령이 있는지를 검토하고 「세법」, 「건축관리법」 등 관련 법령이 있는 경우에는 이를 적용해야 한다. 특히 급여 및 수당에 대한 지급은 반드시 규정에 근거한 집행이 되어야 한다. 인건비 중 건강보험, 국민연금, 산재보험, 고용보험의 사용자부담금은 법적 근거에 의거하여, 정액급식비, 체력단련비, 교통비 등 기타 수당은 시설 내부 규정에 따라 예산을 집행하되 근거서류는 유지관리 보존에 주의를 기울여야 한다.

3. 시설 기준에 따른 집행

각종 강사료, 법 규정이나 보조금 지침에 없는 각종 수당은 임의대로 정하여 지급하여서는 안 되며, 단체나 시설의 실정에 맞게 지급하되, 반드시 자체 운영규정에 수당 지급에 관한 규정을 두고, 예산에 편성한 사항에 대해서만 집행하여야 한다. 가령, 교육 강사료와 각종 회의 수당은 규정이나 기관 실정에 맞게 기준(대표이사 또는 시설장의 방침)을 마련한 후 예산을 편성하고 집행하여야 한다.

제5절 회계 및 결산

1. 회계

회계(account)에서는 재원별 기능항목을 파악하여 적정하게 지출하며, 수립된 예산을 근거하여 수입과 지출을 관리한다. 그리고 수입과 지출 내역에 대한 회계장부 관리를 투명하게 하고, 증빙서류를 분류 및 보관한다. 또한 사업별로 정산하여 결산보고를 한다.

1) 사회복지법인 및 사회복지시설의 회계기준

법인 및 시설의 회계 관련 사무는 「사회복지법인 및 사회복지시설 재무·회계규칙」을 우선 적용해야 하며, 해당규정이 없을 경우에 한해서 「보조금의 예산 및 관리에 관한 법률」, 「예산회계법」, 「지방자치단체를 당사자로 하는 계약에 관한 법률」, 「지방재정법」, 「회계관계직원 등의 책임에 관한 법률」, 「사회복지사업법」 등을 준용하여 회계처리한다.

2) 회계연도 및 소속구분

법인과 시설의 회계연도는 정부의 회계연도(매년 1월 1일부터 12월 31일까지)에 의한다.

수입 및 지출의 발생과 자산 및 부채의 증감·변동에 관하여는 그 원인이 되는 사실이 발생한 날을 기준으로 하여 연도소속을 구분한다. 다만, 그 사실이 발생한 날을 정할 수 없는 경우에는 그 사실을 확인한 날을 기준으로 하여 연도소속을 구분한다. 여기서 발생일 기준은 법인의 수입 및 지출의 발생, 자산 및 부채의 증감에 관하여는 그 원인이 되는 사실이 발생한 날을 기준으로 하여 연도 소속을 구분한다. 그리고 확인일 기준은 그 사실이 발생한 날을 정할 수 없는 경우에는 그 사실을 확인한 날을 기준으로 연도소속을 구분한다.

3) 출납기한

회계연도에 속하는 법인의 세입·세출의 출납에 관한 사무는 다음연도 2월 말까지 완결하여야 한다. 단, 전년도 예산을 2월 말까지 출납하고자 할 때에는 전년도 12월 31일 이전에 원인행위(내부결재)가 이루어져 있어야 한다.

4) 회계의 구분

법인회계는 당해 법인의 업무 전반에 관한 회계를 말한다. 시설회계는 당해 법인이 설치·운영하는 사회복지시설에 관한 회계를 말한다. 이때 각 시설별로 구분하여 회계 관리한다. 수익사업회계는 법인이 수행하는 수익사업에 관한 회계이며, 수익사업회계는 법인 및 시설의 일반 회계와 구분하여야 한다.

예금통장의 관리
- 통장개설 : 시설 명의의 통장을 개설해야 한다. 일부 시설은 시설명의의 통장이 없고, 법인 명의의 통장만으로 세입·세출을 관리하고 있는데, 이는 규칙 제6조 '회계의 구분' 규정에 위배되는 행위이다. 통장개설(또는 폐기) 시에는 내부결재로서 시설장의 승인을 얻도록 한다.
- 회계별, 재원별 통장관리 : 법인회계, 시설회계, 수익사업회계별로 구분하여 거래통장을 만들어 보관 및 관리해야 하며, 보조금, 법인전입금, 유료사업수입, 후원금 등 수입 재원별로 각각 거래통장을 만들어 보관 및 관리하고 장기 휴면계좌는 내부결재를 득한 후 폐기한다.

5) 회계 처리

　법인과 시설에는 수입과 지출의 현금출납업무를 담당하게 하기 위하여 각각 수입원과 지출원을 둔다. 다만, 법인 또는 시설의 규모가 소규모인 경우에는 수입원과 지출원을 동일인으로 할 수 있다. 법인의 수입원과 지출원은 그 법인의 대표이사가, 시설의 수입원과 지출원은 시설의 장이 임면한다.

　재정보증이 없이는 회계관계직원이 그 직무를 담당할 수 없으므로(「지방재정법」 제95조), 회계관계직원에 대한 재정보증을 해야 한다.

　회계의 방법에는 단식부기와 복식부기가 있다. 일반적으로 단식부기에 의한 회계를 하지만, 법인회계와 수익사업회계에 있어서 복식부기의 필요가 있는 경우에는 복식부기에 의한다.

　법인 및 시설은 ① 현금출납부, ② 총계정원장 및 총계정원장 보조부, ③ 재산대장, ④ 비품관리대장(소모품관리대장도 포함) 등의 회계장부를 비치해야 한다.

　이러한 장부들을 기록하는 방법은 다음과 같다. 첫째, 장부는 수입결의서 및 지출결의서에 근거하여 정확히 작성한다(이것이 기재원인이 된다). 또한 그 원인을 증빙하는 부속서류들이 잘 징구·작성·첨부되었는지 기록 확인하고 증빙관리에 부실한 요소가 없도록 다시 한번 확인한다. 둘째, 현금출납부 외의 각 장부에는 그 과목별 또는 종류별 색인을 붙인다. 셋째, 각 란의 사항 및 금액을 소급하여 기재하지 않는다. 넷째, 매월 말의 월계를 2월 이상에 걸치는 때에는 누계로 기재한다. 다섯째, 잔액란에 기재할 금액이 없을 때에는 검은 글씨로 "0"을 기재한다. 여섯째, 예산에 대하여 수입액이 초과하였을 때는 초과액을 기재한다. 일곱째, 과오납된 수입은 당초 세입 예산 과목에서 반환하여야 하고, 이미 지출된 금액에 대한 반납 및 정산으로 반납되는 지출금은 당초 지출 예산 과목에 여입하여야 한다.

6) 정보통신매체에 의한 재무·회계의 처리

법인 및 시설의 재무·회계는 컴퓨터 회계 프로그램으로 처리할 수 있다. 국가나 지방자치단체로부터 보조금을 받는 법인과 시설의 경우, 사회복지시설정보시스템 또는 보건복지부장관이 검증한 표준연계모듈이 적용된 정보시스템을 사용하여 재무·회계를 처리하여야 한다.

컴퓨터 회계 프로그램에 의하여 전자 장부를 사용하는 경우에는 그 출력물을 보관하는 것으로 각종 장부 등의 비치를 갈음할 수 있다.

2. 결산 및 평가

결산(settlement of accounts)은 예산에 대응하는 개념으로 1회계연도에 있어서의 법인 및 시설의 수입과 지출의 실적을 확정적 계수로서 표시하는 행위이다.

법인의 대표이사는 법인회계와 시설회계의 세입·세출 결산보고서를 작성하여 이사회의 의결을 거친 후 다음연도 3월 31일까지 군수·구청장에게 제출하여야 한다. 회계연도는 12월 31일에 종료되므로 그 전에 당해 회계연도의 모든 수납행위 및 지출 원인행위를 종료한다.

과목별 예산의 증감사항이 모두 반영되었는지 확인해야 한다. 예산액의 증감을 가져오지 않는 예산전용, 예비비 지출 등이 모두 반영되었는지 확인한다. 예산과목 또는 사업목적의 위배사항은 없는지 확인해야 한다. 예산편성지침에서 정한 지침과 규칙의 서식대로 작성되었는지 확인한다. 결산보고서와 같이 첨부되어야 할 서류들은 빠짐없이 구비되었는지 확인한다. 이사회 개최 기일과 재무회계규칙에서 정하는 기일 내에 시·군·구에 제출될 수 있는지 확인해야 한다.

결산서의 작성은 결산 준비의 과정을 거친 후, 장부를 마감하고 이루어진다. 결산서 작성이 완료되면 시설의 장은 시설 운영위원회에 보고하고, 이

사회 의결을 거친 후 결산 관련 서류는 다음연도 3월 31일까지 지방자치단체장에게 제출하며 세입·세출개요와 후원금품의 수입 및 사용내역 개요를 시설의 게시판과 인터넷 홈페이지에 20일 이상 공고하도록 한다.

사회복지행정론

CHAPTER 1

사회복지조직의 정보체계관리

제1절 정보체계의 개요
제2절 정보체계의 구성요소
제3절 사회복지 정보체계의 설계 및 관리
제4절 개인정보의 보호

CHAPTER 11 사회복지조직의 정보체계관리

본 장에서는 사회복지조직에서 다양하고 수많은 정보들이 관리가 되어야 하는 이유와 그 정보를 관리하기 위한 전산화 등 정보체계를 설계하는 기초적인 지식을 이해하고자 한다. 이를 위해 우선 정보체계의 개요와 함께 사회복지조직에서 정보체계가 구성된 요소들은 무엇인지 등을 학습하고, 실제적으로 이용자에게 복지서비스를 제공하면서부터 하고 난 이후까지 관련된 정보들이 입력되고 보존되며, 그것들을 나중에 다시 활용할 수 있도록 하는 설계에 대한 방법을 이해한다. 그리고 추가적으로 최근 우리 사회에서 매우 중요하고 민감하게 반응하는 개인정보 보호에 대해 살펴보고자 한다. 이를 통해 법률상 사회복지조직이 겪을 수 있는 불가피한 상황을 방지할 수 있을 것이다.

제1절 정보체계의 개요

1. 정보체계의 개념

우리 사회가 21세기를 맞이하면서 관심을 가졌던 한 주제는 '정보화(infor-matization)'에 관한 것이었다.[1] 정보화의 진전은 사회 각 분야에 걸쳐 일대

---

1) 정보화는 전산화와 다른 개념이다. 사전적으로 정보화는 "지식과 자료 따위를 정보의 형태로 가공하여 가치를 높이는 것"인 반면, 전산화는 "어떤 일이 컴퓨터로 처리할 수 있는 상태로 됨"을 말한다(국립국어원, 2015). 여기서 지식이란 "어떤 대상에 대하여 배우거나 실천을 통하여 알게 된 명확한 인식이나 이해"를, 자료란 "연구나 조사 따위의 바탕이 되는 재료" 또는 "만들거나 이루는 데 바탕이 되는 물자나 재료"를 의미하고, 정보란 "관찰이나

변혁을 가져올 것이라고 믿었다.

사회복지 분야에서는 장애인이나 노인과 같이 거동이 불편한 사람들도 원격진료, 원격교육 등의 정보기술을 통하여 좀 더 많은 복지서비스의 혜택을 받을 수 있을 것으로 기대하였다. 또한 사회복지전달체계와 관련된 조직, 인력 등의 개편은 단기간에 개편되기도 어렵고, 설사 개편을 하더라도 가시적인 성과가 금방 나타날 수 있는 것이 아니어서 사회복지전달체계의 개편을 위한 대안으로서 정보기술의 활용이 부각되었다(나운환, 1998).

국내 사회복지학계에서는 지난 1990년대 후반경 미국 등 일부 선진국들의 영향을 받아 어떻게 하면 정보화 및 정보기술을 활용하여 사회복지전달체계의 운영에서 더 효율적이고 효과적으로 개선할 수 있는가(Velasquez, 1992)에 관심을 가졌다. 이에 따라 다수의 연구들이 사회복지조직과 사회복지전달체계뿐만 아니라 사회복지서비스, 사회복지사와 클라이언트, 심지어 자원봉사자 등에 이르기까지 긍정적 영향과 변화를 가져올 것으로 전망하였다(윤영민·박영란, 1996; 안문석, 1997; 나운환, 1998; 노병일, 1999; 손연기, 2000; 장중탁, 2000; 김수영, 2000).

정보체계(information system)에 대한 정의는 정보에 대한 구조나 설계특성을 중심으로 하나의 실체화된 시스템으로서 관심을 갖는 설계지향적 개념과 정보에 대한 이용 측면이나 사용자를 중심으로 정의하는 이용지향적 개념에 따른 개념으로 구분된다. 전자는 기업의 운영과 관리에 필요한 자료를 저장, 검색하기 위한 여러 가지 절차, 방법, 조직, 소프트웨어, 하드웨어 등의 요소로 이루어진 시스템(Moravec, 1965)을 말한다. 후자는 조직의 운영과 환경에 관련된 과거, 현재 및 앞으로 예상되는 미래의 정보를 제공해 주기 위해 조직화된 방법으로 조직의 의사결정자들에게 적절한 시기에 정보를 제공해 줌으로써 조직의 계획, 운영 및 통제기능을 지원해 주는 시스템

측정을 통하여 수집한 자료를 실제 문제에 도움이 될 수 있도록 정리한 지식 또는 그 자료"를 의미한다. 따라서 지식이나 자료를 어떠한 일에 활용하기 위해 체계적 정리·관리가 곧 정보이며, 정보는 컴퓨터와 전산의 발달로 그 효용성이 증가하고 있다.

(Kennevan, 1970)을 말한다.

김영종(2010)은 정형화된 구조를 통해서 다양한 자료들을 수집, 관리, 처리하여 유용한 정보를 전환하는 것을 정보체계로 정의하였다. 김병식 외(2007)는 사회복지조직의 서비스 및 유지활동에 관한 많은 양의 정보를 획득하고 보관해서 필요할 시 즉각 활용하는 능력을 보충해 주는데, 이러한 능력을 갖추어 주고 제공하는 것을 정보체계로 정의하였다.

이러한 측면에서 정보체계관리란 정보통신기술을 이용하여 필요한 정보를 제공하는 커뮤니케이션 체계를 관리하는 것으로 정의할 수 있다.

〈행정정보체계와 경영정보체계〉

정보체계의 개념은 다시 행정정보체계나 경영정보체계로 세분화되어 정의되고 있다.
- 행정정보체계(public management information system)의 정의
  - 협의: 행정조직 내 운영, 관리, 의사결정에 필요한 정보를 제공하는 시스템(정부 내부적 관리의 효율성 위주)
  - 광의: 행정조직뿐 아니라 시민과 사회의 각종 조직의 정보체계를 포함하는 종합행정정보체계(행정환경과의 관계 속에서 정부 대응성 위주)
- 경영정보체계(management information system)
  - 조직의 관리자 또는 기업의 경영자에게 투자, 생산, 판매, 재무, 인사 등 경영관리에 필요한 각종을 신속하고 정확하게 공급하여 생산성과 수익성을 높이고자 하는 정보체계(시스템)

2. 정보체계의 유형

정보체계는 어느 관점을 가지고 있느냐에 따라 다양한 유형으로 분류된다.

첫째, 집중화 정도에 따라 집중정보체계, 분권정보체계 그리고 분산정보체계로 분류된다. 집중정보체계는 하나의 대형 시스템으로 전체 조직에 필요한 정보의 제공 및 제어를 하는 것을 말하며, 분권정보체계는 지사 또는 부서 등 사용자 단위로 필요한 시스템을 구성하는데, 중앙통제가 없다는 특

징이 있다. 그리고 분산정보체계는 설비, 인력 등 물리적 요소는 분권정보체계를 취하지만 중앙통제가 있다는 특징이 있다.

둘째, 지원계층의 수준에 따라 전략계획 정보체계, 관리통제 정보체계, 그리고 운영통제 정보체계로 분류된다. 전략계획 정보체계는 최고관리자의 업무를 지원하기 위해 구축된 정보시스템이다. 관리통제 정보체계는 중간관리자의 업무를 지원하기 위해 구축된 정보시스템이며, 운영통제 정보체계는 조직의 기본적인 업무가 원활하게 수행될 수 있도록 하위계층의 업무를 지원하기 위해 구축된 정보시스템이다.

셋째, 지원업무기능, 즉 국민에게 서비스를 제공하는가에서의 정부기능에 따른 재무정보체계, 인사정보체계 등으로 나눌 수 있다. 재무정보체계란 기업 운영 중에서 재무업무를 지원하기 위한 정보시스템으로 기업의 재정자원의 배분과 통제, 그리고 그에 따른 의사결정에 관한 것을 말하며, 인사정보체계란 기업 운영 중에서 직원들의 인사나 인적자원관리업무를 지원하기 위한 정보시스템을 말한다.

3. 정보체계의 기능

정보체계는 인간이 지닌 인지능력과 시간적 한계성을 극복하도록 도와주며, 대량의 복잡한 정보를 신속하고 효율적으로 활용하도록 해준다(김병식 외, 2007). 좀 더 구체적인 정보체계의 기능은 다음과 같이 설명할 수 있다(김영종, 2010).

첫째, 자료 거래 및 처리의 기능이다. 기관에 입·출력되는 자료들을 거래관계별로 처리해 주며, 자료가 입력, 기록, 전달, 보고되는 과정들을 일괄적으로 처리할 수 있게 해준다. 전통적으로는 한 조직 내에서의 자료의 거래와 처리가 주된 관심이었으나, 네트워크의 급속한 발달로 인해 조직들 간의 자료 거래와 처리에 컴퓨터 활용이 급증하고 있다.

둘째, 자동화된 작업의 기능이다. 전산화된 시스템은 수동작업들을 자동화된 작업환경으로 바꾸어 주며, 그로 인해 비용 절감의 효과를 유발하고, 서비스 인력과 자원들을 보다 직접적인 서비스에 충실할 수 있게 해준다.

셋째, 정보활용의 기능이다. 조직업무의 전산화를 바탕으로 다음과 같은 두 시스템을 통해 활용방안이 높아지게 된다. 경영정보시스템(management information system)은 경영에 필요한 정보들을 자동적으로 제공하기 위한 시스템이며, 결정지원시스템(decision support system)은 경영에 관한 의사결정-행동을 뒷받침하기 위한 자료분석능력을 제공하는 시스템이다.

넷째, 사회-기술연계의 기능이다. 휴먼서비스 조직들에서 컴퓨터의 행정관리에의 연계는 일종의 복잡한 사회기술체계를 의미한다. 따라서 사회-기술체계란 사람, 컴퓨터 관련 하드웨어와 소프트웨어, 자동화된 데이터베이스, 조직 절차 등과 같은 것들이 미리 규정된 유형에 따라 상호작용하는 상태를 의미한다.

다섯째, 자료분석의 기능이다. 통계적이고 수량화된 자료분석이다. '컴퓨터(전산기)'란 명칭에서 암시하듯이, 컴퓨터는 빠른 속도로 계산해낼 수 있는 능력으로 인해 수량적인 자료 분석이나 데이터베이스 분석 처리 등에서 주된 기능을 발휘한다.

여섯째, 업무자의 개인 용도의 기능이다. 데스크탑(desktop) 컴퓨터의 개념으로, 사용자들이 쓰기 간편한 운영체제 환경과 몇몇 사무용 프로그램들로 인해 더욱 친숙한 개념으로 활용된다. 스프레드시트, 워드프로세서, 개인자료 관리, 데스크탑 퍼브리싱, 캘린더-스케줄러, 컴퓨터 그래픽, 프로젝트 관리, 멀티미디어 프레젠테이션, 자료 분석 등 그 용도는 매우 다양하다.

이러한 기능들 중 사회복지조직에서의 정보체계는 클라이언트에 관한 정보를 다룰 목적으로 쓰이고, 재정자원의 관리와 같은 내부 운영의 통제 목적을 위해 사용된다.

<표 11-1> 정보체계의 기능

기 능	내 용
자료의 거래·처리 기능	• 입력, 기록, 전달, 보고되는 과정의 일괄 처리
자동화된 작업 기능	• 수동작업을 자동화된 작업환경으로 전환
정보활용 기능	• 경영 필요 정보 제공 • 자료분석능력 제공 ⇒ 의사결정
사회-기술 연계 기능	• 사람-컴퓨터-데이터 등의 상호작용
자료분석 기능	• 통계화·수량화된 자료분석
개인 용도 기능	• 사무용 프로그램 제공

제2절 정보체계의 구성요소

사회복지조직의 정보체계는 크게 클라이언트 정보체계, 조직 정보체계, 수행 정보체계 등의 세 가지 요소로 구성된다(김영종, 2010). 이 세 가지는 서로 연결되어 있는데, 특히 수행 정보체계는 클라이언트 정보체계와 조직 정보체계의 결합에 의해서 발생하며, 각 체계 간의 유기적인 연결을 통해 통합적인 정보체계를 구축하는 것이 중요하다.

첫째, 클라이언트 정보체계는 클라이언트에 관한 정보, 클라이언트와 서비스 프로그램 간의 상호작용에 관한 정보 등을 생성, 조직, 보고하기 위한 것이다. 이것의 기본적인 기능은 프로그램 이용자들에게 서비스를 제공하는 것에 초점을 맞추기 때문에 이러한 과정에서 나타나는 활동들을 반영하기 위한 하위시스템들로 구성된다.

〈표 11-2〉 클라이언트 정보체계의 단계별 자료/ 생성

단계별 활동	수집할 자료/ 정보
이용자 확인	• 서비스의 잠재적 수요자 명단 • 다른 기관들의 의뢰, 비공식 접촉 혹은 다양한 아웃리치(outreach) 활동들을 통해서 얻어지는 것
인테이크(intake)	• 개인이나 가족에 관한 개인력 자료 • 해결될 필요가 있는 문제에 관한 자료 포함
자격 여부 결정	• 해당자의 프로그램에 대한 자격 여부를 판단하는 데 적합한 자료산출 • 누가 서비스 비용을 지불할 것인가도 포함
프로그램 진단/ 계획	• 문제, 욕구, 계획들 간의 관계에 대한 기록 • 문제사정은 때로 구술 형식으로 기록, 반면에 치료계획 같은 것은 개인적 혹은 케이스의 목표들을 보다 구체적으로 기록한 자료
서비스 전달	• 언제, 누구에 의해, 어떤 서비스가 제공되는지 등의 자료 • 연결된 서비스들의 경우 그 과정에 대한 자료도 포함
케이스 모니터링	• 활동계획과 실질적으로 제공된 서비스를 비교하는 자료
케이스 평가	• 케이스 혹은 개인의 서비스 결과에 관한 정보 • 케이스 종료 직전 혹은 종료 후에 발생되는 정보
케이스 종료	• 케이스 종료의 시점과 이유에 관한 정보 • 자발적 중단, 목표의 성공적인 성취 혹은 실패, 다른 지역으로의 이전 등과 같은 자료를 포함

둘째, 조직 정보체계이다. 기획이나 예산, 보고, 비용 통제 등과 같은 기본적인 행정기능들을 보조하는 역할을 수행하는데, 주로 외부의 자금제공기관들이 요구하는 정보들을 수집하는 경우가 많다. 조직 정보체계에서 지원되는 전형적인 기능들은 ① 욕구사정, ② 시설 및 운영에 관한 기획, ③ 예산, ④ 조사연구, ⑤ 직원 및 임금 대장, ⑥ 회계 및 비용 통제, ⑦ 통계 보고 및 예측 등이다. 조직정보를 생산하는 기본 원천은 운영단위 혹은 개별 업무자이다. 조직정보는 클라이언트에 대한 정보를 산출하고 개선하는 책임을 갖는 동일한 단위와 개인들에 의해서 조직정보가 이루어지고 있다.

셋째, 수행 정보체계이다. 의사결정의 향상을 위해서 프로그램의 생산성 및 효과성과 같은 다양한 측면들을 평가하는 데 필요한 목적으로 정보들을 다룬다. 이 때 굳이 새로운 정보체계를 운영하지 않고서도, 기존의 클라이

언트 정보체계와 조직 정보체계를 합성해 만들 수 있는데, 정보의 합성을 고려한다면 정보체계들은 모듈화가 필요하다.

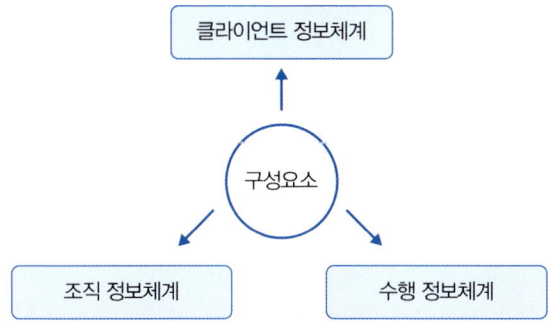

[그림 11-1] 사회복지조직의 정보체계 구성요소

모듈화(modules)란 정보의 단위를 쉽게 분리하거나 결합할 수 있게 하는 것이며, 각기 다른 정보체계들에서 생성된 정보단위들이 새로운 정보의 산출을 위해 손쉽게 합성될 수 있게 한다. 즉, 모듈화된 클라이언트와 조직에 관한 정보들을 합성하면 수행 정보들은 손쉽게 산출될 수 있다.

이때 수행에 관한 정보는 다시 기획을 위한 정보와 평가를 위한 정보로 나누어진다. 전자의 경우 미래의 계획을 수립하기 위해 필요한 정보로서 장기간에 걸친 데이터의 축적이 필요하며, 계획 기간 내에 요구를 가진 인구와 서비스 예상 인구를 예측하는 데 필요한 정보가 주된 관심의 대상이 된다. 이것을 위해서는 다양한 원천으로부터의 방대한 자료가 필요하다. 후자의 경우 서비스 성과와 비용에 관한 정보들이 여기에 해당된다. 서비스 이용자들은 복수의 문제와 욕구들을 소유하고 있을 가능성이 높으며, 이들은 각기 다른 여러 기관들의 서비스를 사용하는 것이 보통이다. 따라서 서비스의 효과성 평가를 위해서는 자기 기관에서 제공한 서비스와 관련된 정보만이 아니라, 클라이언트의 다른 기관에서의 다양한 서비스 경력에 관한 정보들도 요구된다. 이를 위해 다른 기관이나 프로그램들과의 정보체계의 호환성 내지는 통합성이 필요하다.

제3절 사회복지 정보체계의 설계 및 관리

1. 정보체계 설계 시 고려해야 할 요건

정보체계를 설계할 때 고려해야 할 주요 요건들은 ① 현재 자원이 어떻게 사용되고 있는가를 제시(자원 할당), ② 서비스 전달방식을 제시(서비스 전달), ③ 사업관리자를 위한 보조와 보정역할을 제시(관리자 보조), ④ 자금제공기관이 요청하는 보고 자료의 제공 및 검토(보고서 검토), ⑤ 장·단기의 목표를 위해 적합한 계획 자료를 제공, ⑥ 위 5가지 요건 모두 포괄적, 경제적이며 정확한 자료 수집을 하는 것(자료계획의 점검) 등이다(김병식 외, 2007).

첫째, 자원이 어떻게 사용되고 있는가를 제시하는, 이른바 자원 할당의 방법으로는 ① 기관의 각 부서에서 구성원들이 자원할당 및 서비스 제공을 위해 그들의 시간을 어떻게 활용하였는지를 제시하고, ② 전문가에게 배당된 시간을 통해서 어느 정도의 서비스가 제공되었는지를 알려 주는 것이다. 그리고 ③ 기관의 유사한 부서가 재정부서를 통해서 비용에 관한 자료를 수집하도록 알려 주며, 이를 통해 서비스비용이 결정되도록 하는 것이다. 자원할당에 있어서 적당한 비율을 결정하는 방법은 다양하지만, 이러한 방법들은 모두가 활용 가능하고 유용하며 명확하게 정의된 형태의 자료들을 요구한다. 그러나 서비스방식과 유형에 대한 명확한 합의가 없으면, 서비스 프로그램의 비용을 비교하기가 어렵게 된다.

둘째, 서비스 전달에서 정보체계관리의 중요한 사항은 기관 내·외의 서비스 유형들을 결정하는 능력에 있다. 기관 내에서는 중복되는 책임성, 전문적인 역할들 간의 차이, 그리고 서비스 제공에서 누락된 클라이언트의 사후처리를 담당하게 된다. 그리고 기관 외에서 책임성은 중복되는 서비스 분야, 중복되는 책임성, 서비스의 지속성, 서비스 통합 등에 대한 요소들로 구분하게 된다. 특히 클라이언트는 관계된 변수들에 따라 적절한 서비스영역에 의뢰를 해줄 수 있어야 한다.

셋째, 관리자의 보조로서 효과적인 정보체계관리는 기관의 각 하위체계로서 일선 관리자와 기관 내 구성원들에게 그들이 담당하고 책임져야 할 서비스활동에 관한 전반적인 내용들을 제공해 주는 것이다. 그리고 관리자를 위한 보조로서 서비스 내용, 케이스 부담, 업무시간 및 치료결과에 관련된 전반적인 정보가 제공되어야 한다.

넷째, 정보체계관리의 중요한 요건은 보조금 제공자와 자금출처에서 요청하는 보고서를 작성하는 데 있다. 다시 말해, 기관에 후원을 해주는 국영기관, 전문위원회, 감독위원회, 지역사회, 자금기관 기타 자금제공자가 요청하는 보고서를 작성하는 것이며, 이에 따라 기관에 요구하는 예상적인 제반조건뿐만 아니라 현존의 요구조건들도 재검토하는 것이 바람직하다.

다섯째, 정보체계관리의 필요조건 중에 하나는 장·단기의 목표를 위해 적합한 계획 자료를 제공해야 한다. 이때 단기적으로 그리고 장기적으로 결정해야 할 사항이 있는데, 단기적으로는 ① 기관 내 직원과 기타 자원의 재분배에 관한 결정, ② 기관의 서비스를 제공받지 못하는 클라이언트에게 활용 가능한 서비스를 개발하는 결정을 해야 한다. 장기적으로는 ① 기관의 서비스 내용, 치료를 위한 전문가들의 효과성 등에 관한 결정, ② 비효율적인 사업을 대체할 혁신적인 프로그램의 필요성을 확인하는 결정, ③ 클라이언트에게 새롭게 인지된 욕구를 충족시키기 위한 구체적인 프로그램 계획에 대한 결정이 이루어져야 한다.

여섯째, 정보체계관리는 포괄적이고 정확한 자료를 수집할 뿐만 아니라 체계의 경제성과 효율성을 보장해야 한다. 정보체계를 통해 입력된 자료들은 구성원들이 최소한의 시간 내에 찾아볼 수 있어야 하고, 어디에서든지 자료를 활용할 수 있도록 정보체계 간의 연계성이 있어야 한다. 기관의 정보체계 내에서 자료와 외부의 정보자원들 간의 협력적인 연계를 이루는 것이 무엇보다 중요하다.

2. 정보체계의 설계

필요한 작업으로는 시스템의 분석, 자료처리시스템 구축, 그리고 데이터베이스의 수립, 정보체계의 구조화 등이다.

1) 시스템의 분석

정보체계를 사회복지조직에 설계하기 위해 우선 시스템을 분석해야 한다. 시스템 분석은 조작 세팅 안에서 정보의 생성과 분배를 향상시키기 위한 목적으로 행해진다. 조직현상을 구성 부분들로 쪼개고, 각 부분들 간의 관계를 설정하는 작업이다.

정보체계의 분석에 포함되는 활동들은 조직 구성원들이 요구하는 다양한 정보 요소들을 확인, 그러한 정보를 생성하는 데 필요한 구체적인 자료요소들의 확인, 다양한 자료들 간의 상호관계, 정보와 의사결정자 간의 상호관계를 용이하게 하는 자료처리기술을 도출하는 것이다.

시스템 분석의 결과로 분석모델이 도출된다. 분석모델(analytical model)이란 원자료와 유용한 정보 사이의 개념적인 연결을 제공하는 것이다. 이 분석모델은 산만한 원자료들의 축적으로부터 유용한 정보를 도출하기 때문에 중요하다. 따라서 각 구성원들이 정보체계를 통해 자신들에게 유용한 정보를 만들어 낼 수 있도록 분석모델의 개발과정에 참여하는 것이 필요하다.

자료와 정보는 엄격히 구분되는 개념이다. 자료(data)는 스스로 의미를 갖지 않고, 단지 산만한 사실들의 집합에 불과한 것이다. 즉, 현실 세계에서 벌어지는 사건이나 일들을 관찰하고 측정해서 얻은 값이다. 반면 정보(information)는 이러한 사실 자료들의 축적과 조직화의 과정을 통해 사람들이 의미를 부여한 결과 또는 자료를 처리해서 얻을 수 있는 결과로 나타나는 것이다.[2]

---

[2] 자료들이 모여 있는 것을 이른바 자료 더미(data-set)라고 한다. 이러한 자료 더미에서 정보를 찾는 것을 데이터마이닝(data mining)이라고 한다.

사회복지계에 있어서 경영정보체계의 개발에 따르는 장애는 자료의 부족이나 자료처리 기술의 부족이 아니라 유용한 정보를 산출해 낼 수 있는 분석적 모델을 제대로 갖추지 못함에 기인한다. 따라서 적절한 분석모델을 개발해 내는 것은 정보체계 설계의 다음 단계들에서 나타나는 기술적인 문제들보다 오히려 훨씬 더 중요하다.

2) 자료처리시스템 구축

자료처리시스템은 실제로 작업을 수행하고 결과를 산출해 내는 것을 말한다. 이때 자료처리는 수작업으로도 가능하며 계산기나 컴퓨터 등과 같은 다양한 기계적 방법들을 사용할 수도 있다.

모든 자료처리시스템이 기본적으로 갖추어야 할 세 가지의 과정이 있다. 첫 번째는 입력 수단으로 시스템에 자료를 입력하는 과정이다. 두 번째는 처리 및 저장 수단으로 자료를 변형하는 것과 같은 조작화 및 이를 저장하기 위한 과정이다. 세 번째는 출력 수단으로 입력, 처리, 저장된 자료들을 출력하는 과정이다.

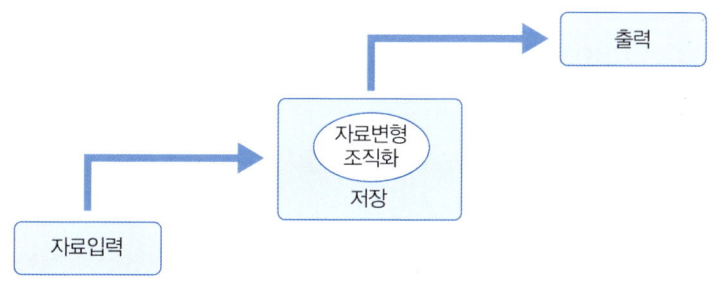

|그림 11-2| 자료처리시스템의 과정

어떤 유형의 자료처리시스템을 갖출 것인지는 업무의 종류에 따라 달라지겠지만, 가능한 한 전산화된 자료처리과정을 갖추는 것이 유용하다. 전산화된 시스템은 컴퓨터를 사용하는 것인데, 사회복지조직에서 컴퓨터를 사용

하여 자료들을 처리하게 된 것은 최근의 일이다. 그럼에도 불구하고, 컴퓨터의 활용은 현재 빠르게 확산되고 있으며, 대부분의 사회복지조직에서 부분적 혹은 전면적으로 전산화된 자료처리시스템을 갖추고 있는 추세이다.

대부분의 사회복지조직에서 전산 자료처리시스템의 활용 여부는 비용의 문제라기보다는 그러한 시스템을 다룰 수 있는 조직의 인적 역량과 직결되어 있다.

3) 데이터베이스의 수립

자료처리능력이 주로 전산시스템의 하드웨어에 관한 능력이라면, 데이터베이스는 소프트웨어에 관한 것이라 할 수 있다. 데이터베이스(database)란 자료의 입력과 저장, 처리 및 산출 등에 대한 구상을 담고 있는 틀을 말한다.

전산화된 정보시스템의 데이터베이스를 이해하기 위해서는 먼저 다음의 세 가지 기초적인 개념들을 이해할 필요가 있다.

첫째, 필드(field)이다. 이는 자료의 범주에 관한 단위 중에서 가장 기초적인 것으로 클라이언트를 구분해 낼 수 있는 개별적인 속성들의 한 집합단위이다. 성별, 나이, 이름, 서비스 여부 등이 필드의 이름이라면, 이러한 필드들은 각기 속성 혹은 값들을 가지고 있다. 예를 들면, 성별이라는 필드의 속성은 남과 여로 구성되는데, 그에 따라 각기 1, 2라는 기호 값을 배당하여 구분한다.

둘째, 레코드(record)이다. 이는 관련된 필드를 묶어 놓은 한 단위로서 한 레코드에는 한 개인에 관한 성별, 나이, 이름, 서비스 여부라는 필드의 값들이 들어 있을 수 있다. 한 프로그램 부서에서 이러한 데이터베이스를 운영한다면, 레코드의 크기는 클라이언트 수와 대부분 일치한다.

셋째, 레코드의 집합인 파일(file)이다. 이는 한 데이터베이스가 포함하는 자료들의 총합으로서 컴퓨터 운영시스템의 입장에서는 파일은 정보 이동의

가장 기초적인 단위이다. 이러한 세 가지 구성 개념들을 도식화하면 |그림 11-3|과 같다. ①은 필드, ②는 레코드, ③은 파일이다.

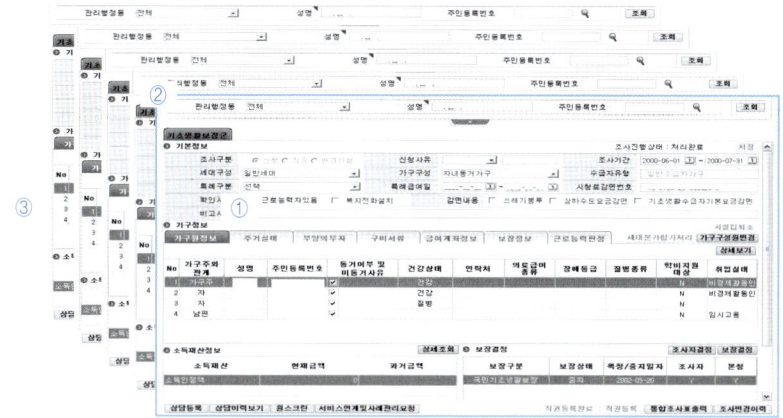

|그림 11-3| 사회복지정보시스템의 데이터베이스 구성 예시
출처 : 보건복지부·한국보건복지정보개발원(2013).

다수의 파일들로 구성된 데이터베이스로서 관련된 파일들 간의 이동이나 합성이 가능하게 설계된 것을 통합 데이터베이스라 한다. 이 통합 데이터베이스를 위해서는 기본적으로 개별 파일들을 묶을 수 있는 키필드(key field)를 모든 파일에서 공통적으로 정의하여 갖는 것이 필요하다. 예를 들면, 각기 다른 데이터베이스를 사용하는 두 군데의 기관에서 클라이언트에 관한 서로의 정보를 공유하려 한다면, 적어도 두 데이터베이스를 공통적으로 연결할 수 있는 키필드를 각자의 데이터베이스에서 공통적으로 규정해 두어야 한다.

데이터베이스의 설계에 있어서 관계데이터베이스(relational database), 모듈화(module), 객체지향적 프로그램(object-oriented program) 등의 개념은 바로 이러한 자료 공유와 호환성을 염두에 두고 개발된 것이다.

4) 정보체계의 구조화

한 조직 내에서 자료와 정보의 흐름이 이루어지는 양식은 정보체계의 구조를 통해 잘 나타난다. 이러한 정보체계 구조화는 크게 두 가지의 기본적인 모형을 고려하여 이루어진다.

(1) 위계 모형

위계 모형(hierarchical model)은 수직적인 조직구조를 반영하는 모형으로서 조직구조의 특성을 수직적 유형의 권위, 책임, 통제 등으로 간주하고, 그에 따라 바람직한 정보의 흐름을 위계적인 형태로 설정한 것이다. 위계적 구조에 있어서 전형적인 흐름은 정보에 대한 욕구가 위에서 아래로 내려가고, 작성된 정보는 아래에서 위로 올라간다. 정보는 위로 올라가면서 점차 통합되고 정제되며 고급화된 형태로 바뀐다.

위계 모형은 정보의 집중도에 따라 다시 집중형 모형(centralized model)과 탈집중형 모형(decentralized model)으로 구분된다. 전자는 중앙 자료처리기구에서 자료를 집중화하는 반면, 후자는 각각의 부서 단위들에서 자료처리 기구들을 분산해서 가지고 있다. 그러나 위계적인 조직구조의 모습을 반영하고 있다는 점에서는 같다.

이러한 위계 모형의 주요 문제점으로는 다음과 같다. 첫째는 정보의 수직적인 이동에 있다는 점이다. 즉, 수평적인 정보의 흐름들이 부서들 간에 발생하는 것이 보통인데도, 그것이 공식적인 정보체계의 한 부분으로 간주되지 않는다. 둘째는 일차적인 자료산출자들의 입장이 정보 생성의 과정에 반영되기 힘들다는 점이다. 이것은 자료산출자들의 자발성과 자료의 질을 높이기 위한 노력을 약화시킨다는 점에서 중대한 단점이 된다.

(2) 체계모형

체계모형(system model)은 전체 조직체계에서 발생하는 계속적으로 변화되는 정보 요구들에 적절하게 부합하도록 하는 것이다. 이때 정보의 생성과 전달이 위계적인 정보 채널들의 일방적인 요구에 의해 이루어지는 것이 아님을 유의해야 한다.

체계모형은 다시 통합체계(integrated system)모형과 분산체계(distributed system)모형으로 나누어진다.

전자 모형의 경우 모든 정보의 흐름이 중앙의 단일한 자료처리단위를 통해서 조성된다. 정보의 흐름이 수직적 위계를 거쳐서 이루어지는 것이 아니라, 각 자료 산출자들의 위치가 수평적이라는 점이다. 이러한 점에 의해 이 모형은 위계 모형과 다른 차이가 있다. 다만, 통합체계의 문제는 ① 비밀보장이 어렵다는 점, ② 기관들 간의 영역이 모호하다는 점, ③ 표준화 등으로 인한 개별 프로그램들의 유연성이 상실된다는 점, ④ 표준화된 도구를 사용해 기관과 프로그램을 비교하게 될 때 그로 인한 기준행동의 유발이 된다는 점 등이다.

후자 모형의 경우 개별 산출자들이 스스로 데이터를 처리하는 능력을 소유하고, 다양한 자료산출자들 간에 직접적으로 정보가 교환되는 것이 가능하다. 다만, ① 각 기관들 간 자료 공유가 어려워지게 된다는 점, ② 문제, 욕구, 서비스, 비용, 서비스 산출 결과 등에 대한 일관성 있는 규정이 부재하다는 점, ③ 자료와 정보의 호환성이 줄어든다는 점 등의 문제점이 있다.

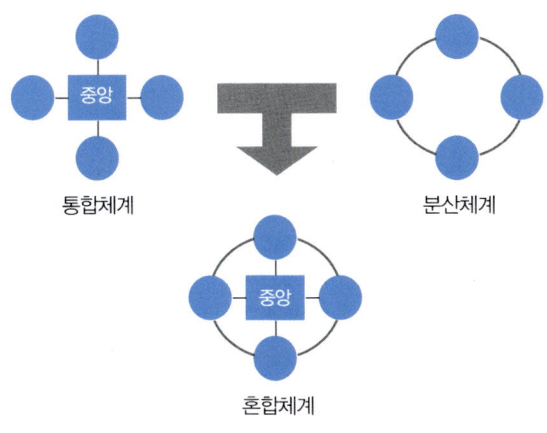

|그림 11-4| 정보체계모형의 유형

최근에는 분산체계와 통합체계의 차이가 모호해지는 경향이 있다. 이는 네트워크에 대한 기술의 발전이 이러한 경향에 기인한다. 따라서 혼합체계로 통합체계와 분산체계를 섞어 놓은 것이 일반적으로 나타난다. 통합적 데이터베이스를 보유하면서도 필요에 따라 개별 데이터베이스를 동시에 소유함이 가능해지는 기술이 보편화됨에 따라 혼합체계 구조를 위한 기계적인 설정의 어려움은 크지 않다. 다만, 정보체계의 설계가 조직의 전체적인 구조 맥락을 반영하는 것이므로 그에 따른 정보체계들이 보다 통합적 혹은 보다 분산적인 것으로 나타나는 차이는 여전히 존재한다.

사회복지 분야에서는 이러한 통합체계의 개발로 다양한 프로그램 간의 통합성을 높이는 데 기여할 것으로 평가되고 있다. 트래킹시스템이 대표적인 예이다. 트래킹시스템(tracking system : 행적시스템)은 각기 다른 기관과 프로그램에서 각자가 다루었던 클라이언트들에 대한 정보를 서로 공유할 수 있게 하는 시스템으로 클라이언트의 서비스 경로나 행적을 추적해서 알아볼 수 있도록 해준다. 그러나 통합체계는 클라이언트에 대한 사생활과 비밀성 보장이라는 원칙들이 쉽게 침해받을 수 있다는 점 등이 단점으로 지적되고 있다.

제4절 개인정보의 보호

정보통신기술은 사용자 ID, 이름, 주소, 성향, 신체적 특성 등 개인정보를 공유하기 용이하도록 하였고, 이를 근간으로 누구나 개인정보를 열람, 수집 및 저장할 수 있게끔 발전되어 왔다.

성역 없는 개인정보의 수집 및 분석, 광고 효과의 중요한 요소, 정보의 민감도가 높아지면서 개인정보의 활용은 점차 증가하고 있으나, 이에 따른 역기능 역시 심화되고 있다. 이에 따라 「개인정보보호법」이 개정되고 2011년

9월 30일부터 시행되면서 개인정보 수집 이용 등 처리절차, 정보 주체 및 개인정보처리자 등에 대한 규제가 강화되었다. 사회복지 분야에서도 「사회보장기본법」, 「사회복지사업법」, 「사회보장급여 이용·제공 및 수급권자 발굴에 관한 법률」 등에서 클라이언트 등의 개인정보를 보호하도록 강화되었다.

〈개인정보의 의미와 침해 유형〉

개인정보란 성명, 주민번호 등을 통하여 살아 있는 개인을 알아볼 수 있는 정보" 또는 "다른 정보와 용이하게 결합하여 개인을 알아볼 수 있는 정보이다. 예를 들면, 성명, 주소, 전화번호 등 외에 PC IP, e-mail 등도 개인정보에 포함된다.

개인정보처리란 개인정보의 수집, 생성, 기록, 저장, 보유, 가공, 편집, 검색, 출력, 정정, 복구, 이용, 제공, 공개, 파기 기타 이와 유사한 행위를 말한다.

정보 주체란 처리되는 정보에 의해 알아볼 수 있는 그 정보의 주체가 되는 사람을 말한다. 개인정보처리자란 업무를 목적으로 개인정보파일을 운용하기 위하여 개인정보를 처리하는 공공기관, 법인, 단체, 개인 등이며, 개인정보 파일이란 개인정보를 쉽게 검색할 수 있도록 일정한 규칙에 따라 체계적으로 배열하거나 구성한 개인정보 집합물이다.

개인정보 침해의 유형에는 개인정보 유출, 개인정보 매매, 개인정보 오남용, 홈페이지 노출, 허술한 관리 방치 등이 있다.

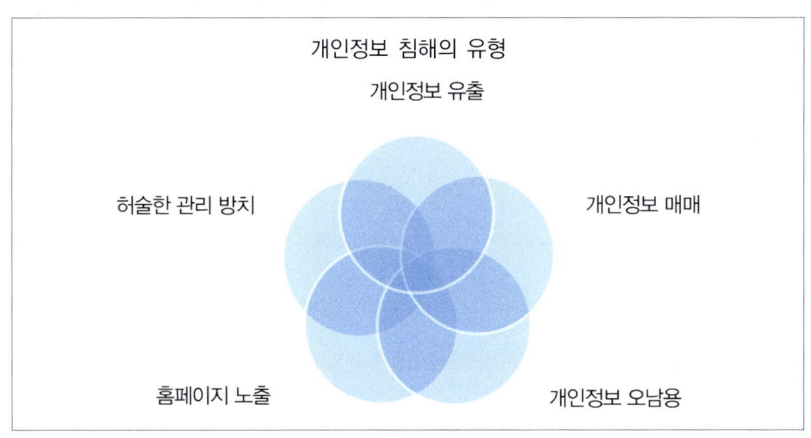

「공공기관의 개인정보보호에 관한 법률」 폐지와 「정보통신망 이용촉진 및 정보보호 등에 관한 법률」의 일부 조항을 흡수하여 제정된 「개인정보보호법」은 약 350만 개 모든 공공기관과 사업자를 규율 대상으로 확대하였다. 이에 따라 적용 대상이 공공기관과 민간기관에 대한 통합 적용이 되어 확대되었다. 국회·법원·헌법재판소·중앙선거관리위원회 등 공공기관 대상 확대, 의료기관, 협회·동창회 등 비영리단체 대상 확대, 그리고 온라인사업자에서 오프라인 사업자까지 대상이 확대되었다. 또한 전자기록뿐 아니라 수기 기록 개인정보도 보호대상이 되어 적용범위도 확대되었다.

「개인정보보호법」은 일반법이므로 다른 법률에 특별한 규정이 있는 경우를 제외하고는 이 법을 적용한다. 사회복지 관련 법령에 따른 사회복지 자원봉사활동 등을 위한 개인정보 수집·열람·제공은 사회복지 관련 법령이 우선 적용된다. 사회복지 관련 법령에 규정되어 있지 않은 사항은 「개인정보보호법」[3])에 따라 처리한다. 영상정보처리기기 설치 운영 제한, 유출통지제, 집단분쟁조정제, 권리침해 중지 단체소송 등은 사회복지 관련 법령 수범자에게도 모두 적용한다.

---

3) 개인정보의 수집, 이용과 제3자 제공은 「개인정보보호법」의 규제 대상이다. 동법은 사업자가 개인정보 처리자로서 정보 주체인 개인으로부터 개인정보를 수집, 이용하거나 제3자에게 제공할 때 엄격하게 정해진 방법으로 사전에 동의를 받는 것을 원칙으로 하고 있다. 예외가 규정되어 있지만 제한적이다. 동의의 방법이 엄격해서 동의를 받으려면 수집하는 개인정보의 항목 전체를 모두 구체적으로 알리고 동의를 받도록 되어 있다. 동의를 받았더라도 항목이 빠지거나 동의를 받은 후 항목이 추가되는 경우 법에 위반될 수 있다. 또한 개인정보를 수집하는 목적이 명확해야 하고, 목적에 필요한 최소한의 범위 내에서 수집해야 하며, 목적 범위 내에서 이용하거나 제3자에게 제공해야 한다. 동법은 개인정보에 대해 개인이 스스로 긴장할 수 있는 권리를 갖는다는 것을 전제로 한다. 개인정보를 보호하는 방식은 자신에 관한 개인정보가 누구에 의하여 어떤 목적으로 얼마만큼 수집되고 이용되는지, 그리고 누구에게 제공되는지를 미리 알려주는 방식이다. 이를 '옵트 인 방식'이라고 한다. 여기에는 개인이 미리 알고 대비하면 권리 침해를 예방할 수 있다는 사고 방식이 깔려 있다(서울대 법과경제연구센터, 2017).

1. 개인정보의 수집·이용

먼저 동의 없이 수집·이용이 가능한 경우는 다음과 같다. 첫째, 법률에 특별한 규정이 있거나 법령상 의무 준수를 위해 불가피한 경우이다. 「사회복지사업법」에 따른 시설입소자 및 퇴소자의 명부, 「노인복지법」에 따른 시설입소자 및 퇴소자의 명부, 「근로기준법」에 따른 근로자명부 및 임금대장 등이 속한다. 둘째, 계약의 체결 및 이행을 위하여 불가피하게 필요한 경우로서 노인돌봄종합서비스, 장애인활동 지원, 가사간병방문도우미, 발달재활 서비스 등 바우처사업 이행 등이다. 셋째, 장애인, 노인 등 그 법정대리인이 의사표시를 할 수 없는 상태에 있거나 주소불명 등으로 사전 동의를 받을 수 없는 경우이다.

반면 동의를 받아야 수집·이용이 가능한 경우는 다음과 같다. 첫째, 14세 미만의 아동은 법정대리인의 동의가 필요하다. 법정대리인의 동의를 받기 위해 필요한 최소한의 정보는 해당 아동으로부터 직접 수집할 수 있고, 수집하는 개인정보처리자의 신분과 연락처, 법정대리인의 성명과 연락처를 수집하고자 하는 이유를 해당 아동에게 고지해야 한다. 둘째, 홈페이지 회원 개인정보 수집 시 정보 주체의 동의가 필요하다. 온라인 가입 시에는 정보 주체의 동의가 필요하며, 정보 주체의 홍보를 위한 경우에는 반드시 별도의 동의가 필요하다. 홈페이지 회원정보로 주민등록번호는 수집하지 않도록 해야 하며, 건강정보와 민감정보 수집 시에는 별도의 동의가 필요하다.

2. 개인정보의 제3자 제공

정보 주체의 동의를 받아 제3자에게 제공해야 한다. 그리고 제3자 정보를 제공하기 위해 이용자에게 알려야 하는 사항은 제공받는 자, 제공받는 자의 개인정보 이용목적, 제공하는 개인정보 항목, 제공받는 자의 개인정보 보유 및 이용기간, 동의거부 권리 및 동의 거부에 따른 불이익이 있는 경우 그 내용 등이다.

그리고 주의할 점은 업무상 알게 된 개인정보 누설 또는 권한 없이 다른 사람이 이용하도록 제공하는 행위는 금지된다는 점이다.

3. 개인정보의 위탁관리

개인정보 처리 위탁 시 문서화에 포함되어야 할 내용은 위탁업무 목적 외 개인정보 처리금지에 관한 사항, 개인정보의 기술적·관리적 보호조치에 관한 사항, 위탁업무의 목적 및 범위, 재 위탁 제한에 관한 사항, 개인정보에 대한 접근 제한 등 안전성 확보조치에 관한 사항, 위탁업무 관련 개인정보의 관리현황 점검 등 감독에 관한 사항, 수탁자가 준수하여야 할 의무 위반 시 손해배상 등 책임에 관한 사항 등이다.

개인정보 처리를 위탁할 경우에는 그 사실을 인터넷 홈페이지 및 사업장 등 보기 쉬운 장소에 게시해야 하며, 위탁에 대한 관리 감독 시 개인정보 분실, 도난, 유출, 변조, 훼손되지 않도록 수탁자를 감독해야 한다. 또한 수탁자가 「개인정보보호법」을 위반하여 손해배상 책임이 있는 경우 개인정보 처리자(위탁자)의 소속직원으로 간주한다.

4. 개인정보의 안전한 관리

안전성 확보에 필요한 관리적·기술적·물리적 조치를 하여야 한다. 관리적 조치는 내부관리계획 수립 및 시행 등이다. 기술적 조치는 접근 권한의 관리, 비밀번호 관리, 접근통제시스템 설치 및 운영, 개인정보 암호화, 접속기록의 보관 및 위·변조 방지, 보안 프로그램의 설치 및 운영 등이다. 물리적 조치는 개인정보의 안전한 보관을 위한 보관시설, 잠금장치 설치 등이다.

그리고 내부관리 계획 수립 및 시행을 해야 하는데, 이때 포함되어야 할 내용은 개인정보 보호책임자의 지정에 관한 사항, 개인정보 보호책임자 및 개인정보취급자의 역할 및 책임에 관한 사항, 개인정보의 안전성 확보에 관한 사항, 개인정보취급자에 대한 교육에 관한 사항, 그 밖에 개인정보 보호를 위하여 필요한 사항 등이다. 다만, 상시근로자 수가 5명 미만인 소규모 사회복지시설의 경우에는 내부관리 계획을 수립하지 아니하는 예외적 조항이 있다.

접근 권한 관리에서는 업무별 사용자 그룹별 접근권한 설정, 접근권한 부여, 변경, 말소 내역 기록 등이 포함되어야 한다.

비밀번호 관리는 안전한 비밀번호의 작성규칙을 수립 및 적용하고, 비밀번호 분실 시 SMS 등 본인확인 절차로 비밀번호를 재설정해야 한다.

접근통제시스템의 설치·운영 및 암호화를 하기 위해서는 침입차단시스템(firewall) 또는 침입방지시스템(IPS) 등을 설치 및 운영하고, 외부에서 개인정보처리시스템에 접속하려는 경우, 가상사설망(VPN) 또는 전용선 등 안전한 접속수단을 적용하여 개인정보 암호화 계획 수립 및 적용을 해야 한다.

접속기록의 보관 및 위·변조를 막기 위해서는 접속기록이 최소한 6개월 단위로 보관·관리하고, 위·변조 및 도난, 분실되지 않도록 안전하게 보관해야 한다.

보안 프로그램 설치 및 운영은 백신 소프트웨어 등의 보안 프로그램을 설치·운영한다. 그리고 자동 업데이트 기능을 사용하거나 일 1회 이상 업데이트를 실시한다.

물리적 보안으로는 사무실, 상담실, 자료보관실 등 출입통제계획 마련 및 시행하는 것, 또는 개인정보 포함 자료 잠금장치가 있는 안전한 장소에 보관하는 방법이 있다.

〈개인정보의 비식별화 및 식별에 대한 개념〉

개인정보를 비식별화한다는 것은 무슨 의미일까? 통계적으로는 '비식별화'라는 표현에서 알 수 있듯이, 식별 가능한 정보를 더 이상 식별되지 않는 정보로 만들기 위해 특정 정보나 요소를 변환하거나 제거하는 것 등을 의미한다.

그렇다면 '식별'은 무엇을 의미할까? 식별은 '알아볼' 수 있는 상태를 의미한다. 식별의 개념은 대략 세 가지 유형으로 나뉜다.

첫 번째는 주어진 정보를 이용하여 특정 개인의 신원 정보나 개인 식별 정보를 파악하고 확인할 수 있는 상황을 의미한다. 예를 들어, 주어진 데이터베이스에 포함된 정보를 통하여 또는 추가적인 분석을 통하여 특정한 개인의 이름이나 주민등록번호, 연락처 등의 파악이 가능한 상황을 생각할 수 있다. 이와 같은 의미의 식별은 좁은 의미의 식별이다.

두 번째는 좀 더 넓은 의미에서 주어진 데이터를 통하여 특정 개인의 신원 정보를 파악할 수는 없지만, 한 개인의 특징을 파악하거나 서로 다른 데이터베이스에 있는 여러 사람의 정보 중에서 같은 사람의 정보를 추려내는 것은 가능한 상황이 있을 수 있다. 현실 속 비즈니스 맥락에서 특정 개인보다는 한 사회 속한 집단들이 선호하는 경향을 유추할 수 있다는 의미를 갖는다. 특히 인터넷 매체를 활용하는 맥락에서 더욱 중요하다.

세 번째는 개인을 특정할 수는 없지만 범위를 크게 좁힐 수 있는 경우를 가리킨다. 어떤 독특한 특징이나 몇 가지의 특징의 조합을 보이는 개인을 파악하고자 시도하는 상황 등이 해당한다. 한 명의 개인을 특정할 수 없지만, 수십만 명의 모집단으로부터 몇 십 명 또는 몇 명 수준의 소그룹을 추출할 수 있는데, 이는 법적으로 식별했다고는 보기 어려울 수 있으나 두 번째와 마찬가지로 비즈니스 맥락에서 중요한 의미의 식별이 될 수 있다(서울대 법과경제연구센터, 2017).

5. 개인정보의 파기

개인정보의 파기 대상은 개인정보의 수집·이용 목적이 달성된 경우, 개인정보의 보유 및 이용 기간이 끝난 경우, 이용자가 동의를 철회한 경우, 사회복지시설 사업을 폐업한 경우 등이다.

파기방법으로 개인정보가 기록된 출력물, 서면 등은 파쇄 또는 소각해야 하며, 전자적 파일 형태는 복원이 불가능하도록 영구 삭제하는 방법이 있다.

6. 정보 주체의 열람·정정·삭제

정보 주체의 열람 요구가 있는 경우 10일 이내에 조치 내용을 통보하고, 열람 제한·거절사유에 해당하는 경우에는 정보 주체에게 그 사유를 알리고 열람을 제한하거나 거절할 수 있다.

본인 개인정보에 대한 정정 또는 삭제를 요구하는 경우에는 요청으로부터 10일 이내에 조치해야 한다.

본인 개인정보에 대한 처리 정지 요청 시 10일 이내에 조치하며, 처리 정지된 개인정보는 파기 등 필요한 조치가 필요하다.

7. 개인정보의 유출·침해 시 조치방법

개인정보 유출 시 정보 주체에게 지체없이(5일 이내) 유출항목, 유출시점 및 경위, 유출에 따른 피해최소화 정보, 개인정보처리자의 대응조치, 피해신고부서 및 연락처 등을 고지한다. 그리고 1만 명 이상 개인정보 유출 시에는 행정자치부나 한국정보화진흥원(NIA), 한국인터넷진흥원(KISA)에 신고한다.

개인정보 침해 신고를 통한 침해 구제절차는 다음과 같다. ① 개인정보침해 신고센터(전화 118)에 침해사례 접수, ② 개인정보침해신고센터의 사실조사(서면, 방문조사 등), ③ 사실조사 결과 통보 및 위법사실 발견 시 조치(수사 의뢰, 과태료 등), ④ 손해배상, 침해 행위 중지, 재발 방지 등에 대한 분쟁조정 신청(privacy.go.kr), ⑤ 분쟁조정위원회 자료 조사 및 조정안 작성, ⑥ 조정안 제시(당사자들이 조정안 수용 시 재판상 화해 효력), ⑦ 분쟁조정이 실패할 경우 민사소송 또는 단체소송 제기 가능(관할 지방법원) 등이다.

〈사회복지사의 개인정보 보호 이행 수준〉

한국사회복지사협회 사회복지인적자원연구원이 마이크로소프트(Microsoft Co. Korea)의 지원으로 "사회복지사의 개인정보에 대한 인지도 및 사회복지시설의 개인정보 보호 이행 수준 등에 관한 실태 및 개선방안 모색 등"을 목적으로 조사(2014년)한 바에 따르면, 사회복지사들은 개인정보침해의 의미에 대해 상대적으로 '잘 아는 편'이었으며, 개인정보침해의 위험에 대해서도 높은 인식을 가지고 있었다.

그러나 사회복지시설에서 개인정보 보호에 대한 관리는 낮다고 조사됨으로써 개인정보 보호를 위한 실천적 노력이 요구되고 있음을 시사한다.

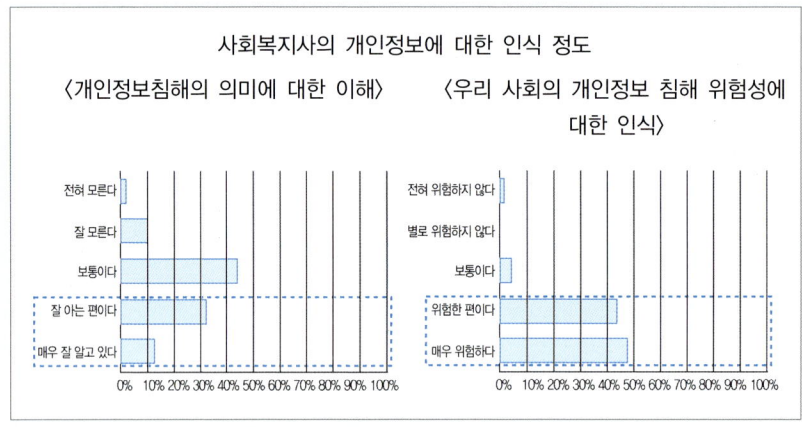

CHAPTER 12 사회복지조직의 성과관리 및 혁신

제1절 사회복지조직에 대한 평가
제2절 성과관리의 개념
제3절 성과관리의 요소 및 접근
제4절 성과관리의 기획 기법
제5절 사회복지조직의 혁신

CHAPTER 12 사회복지조직의 성과관리 및 혁신

제1절 사회복지조직에 대한 평가

1. 평가의 개념

사회복지실천현장에서 최근 가장 뜨거운 주제 중에 하나가 평가(evaluation)이다.

평가의 사전적인 정의는 "일이 이루어진 결과" 또는 "수행할 수 있는 능력"이다(국립국어원, 2021). 「정부업무평가 기본법」 제2조 제1호에서는 평가를 "일정한 기관·법인 또는 단체가 수행하는 정책·사업·업무 등에 관하여 그 계획의 수립과 진행과정 및 결과 등을 점검·분석·평정하는 것"으로 정의하고 있다. 이처럼 평가에는 과거의 성취된 것과 현재 성취할 수 있는 능력의 두 가지 뜻을 가지고 있는 것이다. 즉, 평가란 어떠한 정책이나 프로그램의 개선을 목적으로 일련의 내재적·외재적 기준에 따라 효과성이나 시행된 상태를 체계적으로 조사하는 작업이다.[1]

평가는 목적지향성과 가치지향성을 토대로 프로그램의 목적과 목표달성 여부를 판단하고, 과정 정보 및 결과와의 연계성을 분석하고, 효과성, 효율성, 품질 등 다양한 요소들을 가치판단에 따라 분석하고, 성장과 발전을 촉진하는 개념으로 보았다. 따라서 사회복지 분야의 평가는 사회복지 프로그램이나 기관이 실시한 제반 활동의 "과정"과 "성과"를 체계적으로 가치판단

---

[1] 그러나 평가의 개념이 가치지향적이고 포괄적이며 다의적인 의미를 내포하고 있어서 명확하게 개념 정의를 내리는 것이 쉽지 않을 뿐만 아니라, 목적이나 관점, 학문 분야와 학자들에 따라 다양하게 정의되고 있다.

하는 것으로 봐야 할 것이다. 한편 평가를 목적이나 특성 면에서 정의하는 관점에 의하면 평가는 사회의 편익을 높이기 위한, 또는 사업이나 정책의 개선이라는 목적을 달성하기 위한 수단으로 인식될 수 있다(Eliadis et al., 2001). 이처럼 평가가 사회의 편익을 높이거나 사업, 정책을 개선하기 위한 목적으로 운영된다는 점에서 평가는 가치 판단적 활동이라고 할 수 있다. 따라서 평가는 합리성을 추구하는 과학적 성격을 지닌 동시에 평가 관련 이해관계자들의 가치가 개입되는 정치적 활동이라는 이중적인 성격을 지닌다.

사회복지사업 및 사회보장 등과 관련한 급여 제공, 서비스 및 프로그램 등에서 평가가 중요하게 부각된 이유는 다음의 두 가지 때문이다(조성우·노재현, 2009). 첫 번째는 1970년대 이후 신자유주의 물결에 의해 세계적으로 복지국가위기론이 제기되면서, 사회복지실천의 정당성이 의심받게 되었기 때문이다. 그 결과 국가와 사회는 사회복지의 효율성과 효과성을 객관적 증거로 요구하게 되었고, 그 증거에 따라 사회복지 자원을 배분하기 시작하였다. 두 번째는 사회복지 내부의 변화로서, 사회복지사 등 전문가 스스로 '평가'의 중요성을 인식하기 시작했으며, 전문성에 대한 사회적 승인을 얻고자 실천의 효과성을 객관적 증거로 제시하기 위해 평가를 도입하고자 한 것이다.

이러한 이유로 사회복지사업 또는 사회보장 등에 필요한 국고나 기타 지원금 등을 받고자 하는 모든 사회복지시설·기관들은 객관적이고 타당한 정보에 근거하여 사업성과를 예측(forecast), 평가(evaluation), 보고(report)해야 하고, 이때 그러한 사업들이 과학적 방법론에 근거해 잘 실천되고 있음을 평가로서 증명하는 것이다.

2. 사회복지시설 평가의 연혁

1998년에 개정된 「사회복지사업법」 제43조의2 제1항 및 동법 시행규칙 제27조의2 제1항의 규정에 따라 '사회복지시설평가'는 3년마다 시행하는 것으로 의무화되어 있다. 1999년 정신요양시설과 장애인복지관을 대상으로 평가가 처음으로 시작되었다. 그 이후 평가시행 기간이 세 번 바뀌었고, 평가 대상의 시설 종류 및 그 수가 늘어났으며, 평가지표 등도 매주기마다 바뀌면서 발전한 측면이 있다. 2022년까지 평가 8주기가 이루어질 정도로 많은 양적, 질적 발전이 이루어졌다고 할 수 있다.

〈표 12-1〉 사회복지시설 평가의 특징

주기 (연도)	평가 대상 수 (단위 : 개소)	평가 시행 기관	평가 지표 개발 방향
1 (99~01)	1,066	보건사회 연구원	개별시설 평가지표개발
2 (02~04)	1,255		1기 평가 시 개발 못한 일부 평가지표 추가개발
3 (05~07)	1,464	한국 사회복지 협의회	사회복지현장을 반영한 평가지표 완성도 제고 및 영역별 지표 확대 개발
4 (08~10)	1,787		이용자 등의 인권지표 강화 및 시설 서비스 최소 기준안 반영
5 (11~13)	2,190		전체 공통지표, 생활시설 및 이용시설별 공통지표 구분 개발
6 (14~16)	3,218		평가지표 간소화, 현장의 평가부담 완화, 평가의 실효성 제고 중심으로 보완 및 개선
7 (17~19)	-	사회보장 정보원	평가의 일반화 및 형평성 등의 제고
8 (20~22)	-		평가시설의 특성화 등

평가대상은 설치 이후 3년이 지나간 시설들로, 사회보장정보시스템에 평가 대상시설로 등록되어 운영 중인 곳들이다(보건복지부, 2018). 여기에 사회복지환경이 변화되면서 사회(복지)서비스에 대한 양적 규모가 확대되면서, 또한 그 밖의 사회보장급여 및 사회(복지)서비스 관련 시설에 대한 평가들도 이후에 생기게 되면서 현재는 거의 모든 사회복지조직에 대한 평가가 이루어지고 있다.

사회복지시설 평가에 대한 포괄적인 책임은 보건복지부가 갖고, 평가계획 수립, 평가지표개발 및 확정, 평가 및 사후관리 등을 담당한다. 중앙정부가 주도적인 임무를 수행하는 영국의 경우에는 CQC(Care Quality Commission)에서 서비스제공 주체를 불문하고 모든 서비스에 대한 규제와 검사를 담당하면서 서비스의 질과 안전이 국가가 정한 기준(Essential Standards of Quality and Safety)을 준수하도록 서비스 제공자들을 관리 감독하고 있다(강흥구 외, 2016). 그러나 우리나라는 실제적인 평가 업무 수행에 있어서, 장애인 거주시설 등 11개 유형은 전문평가기관인 사회보장정보원[2])에서 위탁받아 업무를 수행하고 있다. 그 외 지역아동센터는 중앙지원단평가센터에서, 노인보호전문기관은 중앙노인보호전문기관 등 시설유형에 따라 실시 중이다. 한편 지방정부는 평가대상시설에 대한 확인 및 통보, 평가위원 추천 및 평가예산확보 등 지원업무를 담당한다.

현재 사회서비스 분야에서 시행되고 있는 평가기제들은 <표 12-2>와 같다. 사회복지시설 평가와 더불어, 「사회서비스 및 이용권 관리에 관한 법률」에 근거한 사회서비스품질평가, 「노인장기요양보험법」에 근거한 노인장기요양급여평가, 그리고 「영유아보육법」에 근거한 보육서비스평가인증 등이 있다.

---

[2]) 2004~2016년도는 한국사회복지협의회에서 위탁받아 평가실행업무를 담당.

〈표 12-2〉 사회복지시설평가 및 사회서비스 품질 관련 평가기제 현황

구분	사회복지시설	사회서비스 바우처	장애인 활동지원	노인장기 요양급여	보육서비스
근거법령	사회복지사업법 (1998)	사회서비스 및 이용권 관리에 관한 법률(2012)	장애인활동 지원에 관한 법률 (2011)	노인장기요양 보험법(2007)	영유아보육법 (2004)
평가주관	한국사회복지 협의회	한국보건복지 정보개발원3)	국민연금 관리공단	국민건강 보험공단	한국보육진흥원
성격	사회복지시설 평가	사회서비스품질 평가	-	장기요양 급여평가	평가인증
시행연도	1999년	2010~11년 (시범) 2012년	2013년(시범) 2014년	2009~12년 (임의) 2013년	2006년
평가주기	3년	3년	3년	2년	-
평가방식	현장방문평가 (3인 1조)	현장평가 (2인 1조) +이용자만족도 조사	현장방문평가 (2인 1조)	수급자·종사자 현장평가 (3인 1조)	현장관찰 심의
평가인력	학계, 공무원	학계, 공무원	학계, 공무원	공단 직원, 학계	현장관찰자

출처: 양난주(2014 : 16-17)를 수정함.

3. 사회복지시설 평가의 접근 및 유형

평가의 접근 방향에 따라 강조점이나 우선순위가 달라지기도 한다(우수명, 2004). 이에 사회복지시설 평가는 다음과 같은 접근 방향에 따라 이루어지는 경향이 있다.

첫째, 목표 지향적 접근(goal-oriented approach)이 있다. 성과평가와 같이 사전 설정된 프로그램의 목표달성 여부를 평가하는 것으로, 목표달성에 집중한다. 이와 같은 평가는 그 목적이 명확한 반면, 목표 정의의 수준에 따라 폐쇄적이거나 좁은 측면을 다루게 될 가능성도 있다.

---

3) 2015년 7월 1일부터 사회보장정보원으로 명칭 변경

둘째, 의사결정 중심적 접근(decision-focused approach)이다. 평가를 통해 얻은 정보는 프로그램 수행관리를 위한 의사결정 도구로 사용된다. 따라서 평가수행을 위한 다양한 정보 수집과 의사결정은 자유롭게 개방적으로 이루어진다. 평가 관련 정보를 어떻게 수집하고 분석하는가에 따라 평가 수준이 좌우될 수 있다는 단점이 있다.

셋째, 이용자-지향적 접근(user oriented approach)이 있다. 클라이인드 중심의 관점에서 평가를 수행하는 접근방법이다. 클라이언트는 직접 평가에 관여하거나 영향을 미치게 되며, 만족도 조사와 같은 방식이 활용된다. 수혜자의 경우 객관적으로 평가하기 어려울 수 있으며, 사회복지조직과 클라이언트와의 관계가 어떻게 형성되어 있는가에 따른 영향력이 존재하게 된다.

넷째, 반응적 접근(responsive approach)이다. 이 방법은 이용자 지향적 접근과 의사결정 중심적 접근을 결합한 것으로, 이해당사자들의 다양한 관점이나 반응으로부터 정보를 얻는다. 대부분 개별화된 질적 정보를 자료로 활용한다.

평가는 대상, 방법, 주체 등에 따라 유형이 구분된다.

첫째, 평가대상별 유형이다. 평가대상을 무엇으로 규정하느냐에 따라 기관(시설, 조직)중심 평가와 프로그램중심 평가로 구분할 수 있다. 기관중심 평가는 그 기관의 목적에 부합하는 기관이냐를 평가하는 것으로 기관자체의 법적인 정당성과 타당성, 적합성의 측면을 평가하게 된다. 즉, 기관 중심 평가는 기관의 운영 및 경영 전반에 대한 진단과 측정을 의미한다. 반면 프로그램 중심평가는 하나의 목표나 일련의 목표들을 성취하기 위한 행동체계인 프로그램이 추구하는 목표를 달성하였는지를 평가하는 것이다. 따라서 주로 프로그램의 내용과 과정 투입된 자원 및 인력, 그리고 성과 등을 파악하고자 하는 것이다.

둘째, 평가방법별 유형이다. 무엇을 어떻게 평가할 것인가에 따라서 평가방법은 양적 평가와 질적 평가로 구분할 수 있다. 양적 평가(정량평가)는 평가대상을 어떤 형태로든지 수량화하고, 이렇게 수량화된 자료를 가지고 통계적 기법을 이용하여 기술하고 분석하는 평가이다. 기본적으로 양적평가에서 수집된 자료들은 수 혹은 양으로 표현되며, 이렇게 수나 양으로 측정되기 위해서는 평가대상이 객관적인 객체로 존재해야 한다. 실증적으로 제시될 수 없는 것들은 평가의 대상에서 제외시키거나 아니면 검증할 수 있도록 조작하여 측정하거나 제시함으로써 정확성을 기여한다. 평가지표는 측정가능한 객관적 문항으로 개발되고 평가결과 역시 대부분 수치로 나타난다. 양적 평가는 평가대상의 구성요소 분석에 노력하며 결과 중심적이라고 할 수 있다.

셋째, 평가주체별 유형이다. 누가 평가자인가에 대한 평가주체에 따른 분류는 내부 평가(internal evaluation)모형과 외부 평가(external evaluation)모형으로 크게 나눌 수 있다. 내부 평가모형은 프로그램을 직접 수행한 사회복지사나 수행기관, 혹은 프로그램의 영향력이 직접 미치는 대상이 직접 프로그램을 평가하는 방식으로 자기평가라고도 한다. 평가의 목적을 오직 서비스의 질을 높이는 데 두기 위해서는 시설 중심의 평가(agency-based evaluation)가 이루어져야 한다. 시설 중심의 평가제도는 시설이 스스로 개발한 평가기준에 따른 자체 평가과정에 비중을 두기 때문에 서비스의 질을 보장하는 중요한 기제가 된다(Pounder, 2000). 이와 같은 내부평가의 경우에는 프로그램의 내용이나 맥락을 포함한 흐름에 대하여 경험적 자료를 통하여 인식할 수 있으며 정보 접근성도 비교적 폭넓다. 평가결과를 해석하고 활용하여 평가주체의 발전방안을 강구하는 것이 용이하다. 반면에 팔이 안으로 굽는 것처럼 프로그램의 단점을 축소하거나(특히 외부 자원을 받는 경우 더 정치적이 된다), 객관적인 접근보다는 주관적이고 감정적인 평가가 이루어질 가능성이 크다. 즉, 평가의 공정성에 있어서 문제가 될 수 있다(우수명, 2004).

한편 외부 평가는 제3자의 시각에서 본 객관적인 평가를 지향하기 때문에, 전통적으로 프로그램 수행과 직접 관련이 없는 외부인에 의한 평가로 수행되어 왔다. 이로 인해 외부 평가는 내부 평가보다 평가의 신뢰성을 확보할 수 있으며 외부평가위원이 관련 분야의 전문가들로 구성될 가능성이 높기 때문에 전문적인 슈퍼비전도 가능하다. 그러나 외부평가는 평가주체가 외부, 즉 제3자라는 객관성과 신뢰성 부분의 장점인 반면에 단점으로 부각될 수 있다. 일반적으로 제3자는 평가전문가들이지만 평가시설에 대한 책임성을 가지고 있지 않고 평가수행 그 자체에 목적을 가지고 있기 때문에 평가결과에 대한 기관의 환류가 제대로 이루어지지 않아 서비스의 질 향상도 도움이 되지 않은 경우들이 대부분이다. 그리고 외부평가의 평가지표가 평가대상인 시설의 특수성을 고려하지 않아 시설의 효과성을 제대로 평가하지 못할 수도 있다. 특히 평가대상이 되는 사회복지사나 기관과의 관계형성이 어떻게 되는가에 따라 정보접근성의 제한은 물론, 갈등적 위치에 놓이게 될 가능성도 배제할 수 없다(우수명, 2004). 이러한 내부평가와 외부평가의 장단점을 고려하여 사회복지시설의 평가에 있어서 김통원(2005)은 내부평가와 외부평가로 평가체계의 이원화를 제안하기도 하였다.

한편 평가를 위한 조사를 어떻게 하는가에 따른 유형은 세 가지로 설명된다.

첫째, 사회적 개입방법에 대한 개념화와 설계를 위주로 하는 분석적 평가조사의 유형이다. 프로그램 개념화와 설계는 사회적 문제로 인식하는 것에서부터 출발하고 그 문제를 풀기 위한 해결책과 그 문제를 이유하기 위한 조직화된 활동을 말하며, 표적 집단과 표적문제가 얼마나 퍼져 있으며 내용이 무엇인가, 프로그램이 의도된 목표에 적합하게 디자인되었는가, 일관적이고 합리적인가, 성공적인 전달체계를 가질 수 있는 기회가 극대화될 수 있는가, 비용은 얼마인가, 비용이 수익과 효율성에 대해 어떠한가 등에 대한 대답을 요구하게 된다.

둘째, 프로그램 실행(혹은 기관운영)에 대한 모니터링을 하는 모니터링 평가조사의 유형이다. 프로그램 수행에 있어 모니터링과 책임성에서는 휴먼 프로그램의 적절한 매니지먼트와 행정을 위해서 프로그램 관리자들이 매일매일 최대한 효율적인 활동을 해야 하고, 프로그램 후원자와 이해집단들에게 현재 수행하고 있는 프로그램 중 어떤 것에 더 지출해야 하고 더 줄여야 하는지에 대한 명확한 증거를 제공할 수 있어야 하며, 프로그램의 효과성이 있는지를 검증해야 한다. 따라서 이 평가방법에서는 프로그램이 표적 집단에 대해 얼마나 접근성을 가지고 있는지, 또는 특수한 프로그램으로 기능하고 있는지를 검증해야 한다.

셋째, 효과성 및 효율성을 사정하는 결과평가로서 효과성(효율성) 평가조사의 유형이다. 프로그램 유용성 사정방법에서는 프로그램이 얼마나 영향이 있는가, 비용대비 효율성이 있는가의 두 가지 측면을 검증해야 한다. 따라서 여기서는 프로그램이 의도된 목표를 달성하는 데 효과적인가, 프로그램 결과가 이 프로그램이 아닌 다른 과정에 의해서도 설명될 수 있는가, 서비스를 전달하는 데 수혜자에게 지출하는 비용이 얼마이며, 다른 프로그램에 비해 이 프로그램이 자원을 효율적으로 사용하는가 등을 검증할 수 있다(김승권 외, 2004).

제2절 성과관리의 개념

성과는 다양하게 정의된다. 성과와 관련된 영어표현으로는 'outcomes', 'outputs', 'result', 'performance' 등이 있으며 성과, 산출, 결과 등으로 다양하게 표현된다. 사실 성과를 정의할 때 가장 큰 논쟁은 성과를 결과의 개념으로 볼 것인가, 아니면 과정의 개념으로 볼 것인가이다. 이에 관해서 학계에서도 오랜 기간 동안 논쟁 중에 있다. 가장 일반적인 성과개념은 과정

(process)보다는 사업 종결 후의 결과(result)의 개념으로 보는 것이다.

성과관리(performance management)는 공공부문의 전략적 우선순위를 설정하는 한편, 이를 조직의 구체적인 성과목표로 변환시키는 과정, 공공서비스의 수준에서 성과를 관리하고 개발하기 위해서 설계된 모든 과정 또는 체계, 다층적(multi-level)이고 다영역(multi-arena)적인 활동으로서 성과를 모니터링하고 평가한다. 그리고 이를 시스템으로 환류(feedback)시키고, 성과격차를 어떻게 해소할 것인가를 학습하는 것을 의미한다(지은구, 2007). 「정부업무평가기본법」에서는 성과관리를 "정부업무를 추진함에 있어서 기관의 임무, 중·장기 목표, 연도별 목표 및 성과지표를 수립하고 그 집행과정 및 결과를 경제성·능률성·효과성 등의 관점에서 관리하는 일련의 활동"(제2조 제6호)으로 정의하였다.

제3절 성과관리의 요소 및 접근

사회복지공동모금회에서는 사회복지사업을 투입-과정-산출구조로 설명하는 일반체계모델(general system model)의 관점에서 성과관리를 바라보고 있다. 이에 따라 사회복지사업의 성과에 대한 요소를 |그림 12-1|과 같이 투입, 과정, 산출, 성과로 구성하고 있다(조성우·노재현, 2009). 여기서 투입은 사업에 활용되는 인적·물적·시간·정보자원들이며, 과정은 사업이 진행되는 모든 절차들이다. 그리고 산출은 사업 종결 후 나타나는 객관적 산출물이며, 성과는 사업의 목적과 관련된 내용을 담고 있는 클라이언트와 지역사회의 바람직한 변화 등이다.

이에 따라 두 가지 평가접근을 하고 있다. 하나는 과정평가(process evaluation)이며, 다른 하나는 총괄평가(summative evaluation)이다. 과정평가에서는 품질의 상태, 즉 그 수준을 평가하는 것이며, 총괄평가에서는 그러한 품질로부터 나오는 산출과 성과로서 효율성 및 효과성 등을 측정한다.

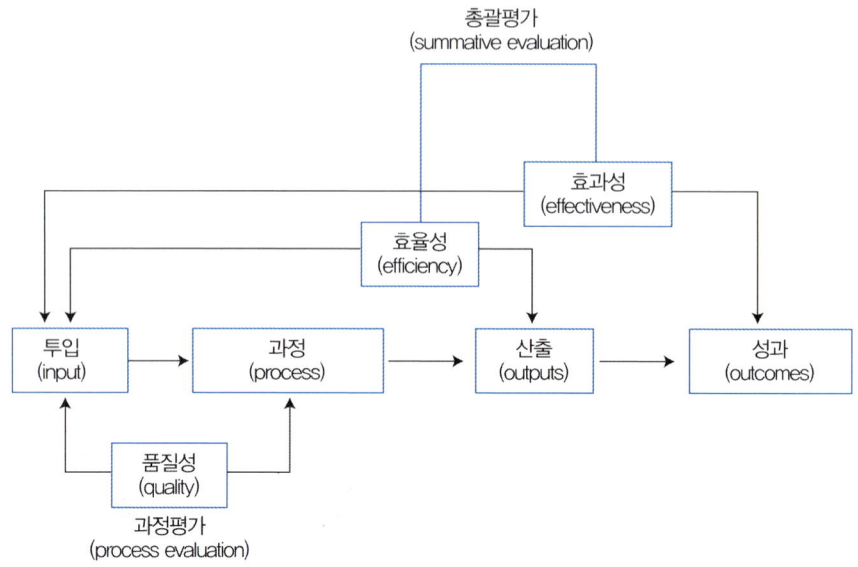

|그림 12-1| 사회복지사업의 성과평가 구성요소
출처: 조성우·노재현(2009 : 9).

 이에 따라 사회복지공동모금회의 경우 배분사업에서 정의하는 성과는 사회복지사업의 실행 후 나타나는 산출(outputs)과 성과(outcomes)를 말한다. 일반적으로 산출(output)은 프로그램이나 사업 등의 활동을 통해 생산된 수행실적 또는 목표된 활동의 양을 의미한다. 이를 테면, 후원업체 발굴 200개, 신규 후원자 모집 1,500명, 민관협력 참여 MOU 체결 130개 기관·단체, 위기가구 발굴 및 자원연계 월 10건 등이 예로 해당한다. 성과(outcome)는 그 산출(목표)의 달성을 통해 실현 또는 달성하고자 하는 결과나 변화의 정도를 의미한다. 이를 테면, 발굴 위기가구의 위기도 감소, 가족건강성 강화, 사각지대 발굴 및 위기해소율 향상, 도움받은 대상자 또는 가족의 지역사회 봉사활동 참여율 증가, 참여자의 참여의식 증진, 지역주민 및 참여기관 실무자의 참여도 증진, 신규자원 발굴 및 연계율 증가, 지역주민의 공동체의식 증진 등이 예로 해당한다.

목표관리 또는 성과관리의 관점에서는 산출목표보다는 성과목표를 더 강조하며, 성과목표의 달성 여부에 초점을 두고 이를 위한 산출목표를 평가하고 있다.

산출(output)목표와 성과(outcome)목표를 설정할 시 사회복지사는 계량화, 측정가능성, 상관성, 선후성, 포괄성 등을 고려해야 한다. 첫째, 계량화는 사업을 통해 해결하고자 하는 문제의 해결 정도, 즉 목표달성 정도를 나타내는 계량화된 지표로 설정하는 것이다. 둘째, 측정가능성은 설정된 목표가 구체적이고 객관적인 방법으로 측정할 수 있어야 한다는 것이며, 셋째, 상관성은 목표달성을 위한 활동을 통해 실제로 생산될 수 있는 결과, 즉 사업의 목적, 성과목표, 산출목표, 활동의 내용은 서로 논리적으로 일치된 위계성과 연속성을 지녀야 한다는 것이다. 넷째, 선후성은 프로그램 또는 개입 이전의 상태와 이후의 상태를 비교하여 프로그램 또는 개입의 효과로 나타난 결과여야 하며, 이러한 인과관계가 검증될 수 있어야 한다는 것이다. 다섯째, 포괄성은 개별 프로그램의 성과를 넘어 전체 사업의 효과로서 나타난 지역사회의 전반적인 변화를 측정할 수 있는 평가 지표들로 제시되어야 한다는 것이다.

제4절 성과관리의 기획 기법

여기서는 일반적으로 많이 활용되는 성과관리에 대한 기획 기법인 목표관리(MBO)와 고전적인 기획관리기법인 프로그램 평가 및 검토기법(PERT), 간트 차트(Gantt chart), 월별 활동계획그래프(Shed-U-Graph), 그리고 방침관리기획(breakthrough planning)을 살펴보고자 한다.

1. 목표에 의한 관리

　목표관리(MBO : Management By Objective)는 피터 드러커(Peter Drucker)가 1954년에 저술한 『The Practice of Management』를 통해서 학문적으로 널리 알려지기 시작했으며, 일반적으로 '목표에 의한 관리'로 의미된다. 부연하면, 조직 구성원에게 업무목표만을 지시하고 달성방법은 그 직원에게 맡기는 관리방법이다. 조직 구성원들이 자신의 업무 설정에 참여하고, 자신에 대한 평가방법을 알며 합의에 의해 설정된 목표달성 정도에 따라 업적을 평가할 수 있는 방법이다. 활동 중심적이고, 결과지향적이며, 참여를 강조한다는 특징을 가지고 있다.

　MBO시스템을 가장 선진적으로 활용하고 있는 분야가 은행 분야인데, 이곳에서는 더 나아가 목표설정까지도 직원에게 맡기는 선진형 제도이다. 관리자는 명령하지 않고 직원의 자율적 결정에 필요한 정보를 주며 직원 상호 간의 조정을 하게 된다. 조직의 거대화에 따른 직원의 무기력화를 방지하고 근로 의욕을 향상시키는 관리방법이다.

　이론적으로 MBO는 관리의 전 과정에서 참여를 강조하는 특징이 있다. 또한 업무자들의 참여를 통해 일정기간 성취되어야 할 장기적인 목적과 단기적인 목표들이 구체화된다. 이렇게 구체적으로 합의된 목적과 목표들이 존재함으로써 그것들이 성취되고 있는지의 성공 여부가 정기적으로 평가될 수 있다.

　이러한 과정이 제대로 진행되기 위해서는 조직의 신념과 가치가 조직 내 모든 영역에서 골고루 퍼져 있어야 하며, 구성원 개개인에게까지 온전히 전달되어야 한다. 또한 전달된 이해의 차이가 최소화되도록 노력할 필요가 있다. 즉, MBO의 성공적인 요인은 구성원 스스로가 조직의 최상위 신념과 가치를 이해하고, 자신이 몸 담고 있는 업무 분야에 그 신념과 가치를 녹여 뛰어난 성과를 낼 수 있는 구체적인 목표와 계획으로 연결되어야 한다.

이러한 관점에서 보면 MBO는 다음과 같은 목적을 가지고 도입된다. 첫째, 조직과 개인의 목표를 긴밀히 연결해 조직이 달성하고자 하는 목적 및 목표를 효과적으로 달성할 수 있는 근간을 세운다. 둘째, 스스로의 참여를 통해 목표를 설정함으로써 자율적인 업무수행이 가능하도록 한다. 셋째, 상급자와 하급자 사이에 협의된 목표를 통해 명확한 성과 평가 근거를 만든다.

따라시 MBO가 잘 정착된다면 동기부여를 통해 성과를 끌어올리는 동시에 목표를 설정하고 실행하며 평가하는 과정을 관리하는 것이 가능하게 된다. 이를 통해 공정한 인사관리와 조직 내 원활한 커뮤니케이션까지도 가능하게 된다. 또한 여러 차례의 협의과정을 거치게 되는 만큼 조직 구성원들에게 일에 대한 권한과 책임을 명확하게 인식시키는 것이 가능해진다.

MBO는 3개 단계의 프로세스를 거치며, 일정 기간을 주기로 반복된다.

1단계는 '함께 계획 세우기(plan)'로 계획을 세울 때에는 상급자와 하급자가 함께 머리를 맞대며 고민하는 시간을 가져야 한다. 무엇을 어떻게 할 것인지 결정하는 시간이다. 이 과정에서 과업의 구체적인 목표를 설정하고, 목표에 적합한 기준을 정하며, 집중해서 해야 할 일을 선택하게 된다.

2단계는 '목표 과업 실행하기(do)'이다. 계획 실행의 주체인 하급자는 목표로 설정된 과업을 실행해 나가고, 상급자는 이를 지원하는 실행의 단계를 진행해야 한다. 과업 실행이 올바르게 이루어지고 있는지 여부는 상급자와 하급자가 매월 확인하며, 방향성을 바로 잡아야 한다.

3단계는 '함께 성과 통제하기(see)'이다. 경영환경에 적합한 평가 주기를 결정하고, 성과를 평가하는 단계를 말한다. 하급자는 자신의 성과를 스스로 평가하고, 상급자는 하급자의 업적을 평가한다. 이때 주의할 점은 하급자의 능력과 태도는 평가의 대상이 아니라는 점이다. 평가 기간 내에 달성한 성과만을 객관적으로 평가하는 것이다.

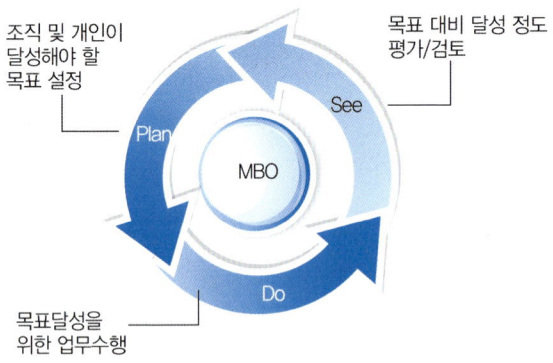

그림 12-2 MBO의 단계

    사회복지조직에서 MBO를 활용할 경우의 장점으로는 다음과 같은 것들이 예상된다. 첫째, 업무자들이 프로그램의 결정사항이나 기관의 방향 선택에 참여할 수 있다. 둘째, 목적과 목표 설정에 업무자들의 참여를 장려함으로써 업무자들의 자발적인 동기를 유발시키고 기관에 대한 개인별 기여를 확인시킬 수 있다. 셋째, 개인별 목표를 취합해서 각 분과별로 목적들을 설정하고, 공동으로 이것들을 추구해 나가는 과정을 강조한다. 넷째, 체계적인 평가를 가능하게 할 수 있다. 다섯째, 장·단기적 목적을 설정하는 것을 장려함으로써 서비스 요청이 주어질 때마다 수동적으로 반응하는 식의 기획을 막을 수 있다.

    MBO 외에도 우리나라 정부조직 등에서 시행하고 있는 성과관리제도의 유형으로는 직무성과계약제도, 자체평가제도, 균형성과제도(BSC) 등이 있다. <표 12-3>을 참조하여, 이러한 성과관리제도 유형에 대한 특징과 장·단점을 이해하고, 해당 사회복지기관에 맞는 유형을 적용해 보는 것이 좋을 것으로 사료된다.

〈표 12-3〉 성과관리제도 유형과 특징

제도	목표관리 (MBO)	직무성과계약	자체평가	균형성과 (BSC)
법적 근거	지방공무원 평정 규칙	공무원 성과평가 등에 관한 규정	정부업무 등의 평가에 관한 기본법	-
도입연도	1999년	2005년	2001/2006년	2005년
평가초점	개인	개인	조직(개인)	조직
목표설정	Bottom-up 방식	Top-down 방식	Bottom-up 방식 Top-down 방식	Top-down 방식
장점	• 통제에서 성과 중심으로 행정관리 방식 변화 • 조직 구성원 간의 성취감 고취 • 성과관리를 통한 성과 보상	• 책임의식과 조직성과 향상 • 조직의 상·하위 목표 간 연계 강화 • 결과 중심의 성과 평가체계 구축	• 성과에 종합적인 개관 • 평가대상의 포괄성 • 성과에 대한 관심 및 역량 강화	• 비전과 전략에 근거한 목표 설정 • 조직 수준 간 목표의 체계적 연계 • 오류 발견 및 수정 용이
단점	• 조직목표와 연계 부족 • 형식적인 목표 및 지표 설정 • 가점의 주관적인 부여	• 목표합의 및 면담 시 시간과 비용 소요 • 성과목표, 평가지표의 적절성 파악 어려움 • 제도의 형식적 운영 가능성	• 조직목표와 연계성 미약 • 평가역량의 부족 • 인센티브 및 환류체계 미비	• 법적 또는 정치적으로 설정된 제약 • 전략 수립에 근거한 업무수행상의 제약 • 조직 재구조화의 한계

2. 프로그램 평가 및 검토기법(PERT)

프로그램 평가 및 검토기법(PERT : Program Evaluation and Review Technique)은 보통 '퍼트(PERT)'라고 불리며, 프로젝트 관리를 분석하거나, 주어진 완성 프로젝트를 포함한 일을 묘사하는 데 쓰이는 기법이다.

1950년대 미 해군이 핵잠수함을 건축과정에서 고안한 것이다. 1958년 세계적인 경영 컨설팅 기관인 부즈 앨런 해밀턴(Booz Allen Hamilton)과 미국 국방부는 특수 프로그램인 폴라리스 잠수함 발사 탄도미사일을 개발하는 프로젝트를 계약하였는데, 이때 비밀리에 수행하면서도 단순하게, 그러나 매우 복잡한 과정을 거치는 것을 효율적으로 진행·관리하기 위해 이 기법을 개발·활용하였다. 그 후 미국 정부에서는 여러 경영관리 측면에서 PERT 사용 약정을 맺고 사용하면서 발전하게 되었다. 단순하지만 커다랗고 복잡한 문제에 사용되었는데, 프로젝트의 일정 중 정확하게 알려지지 않은 세부 요인과 지속기간에 대해 모든 프로젝트의 일정을 만들 수 있게 되어 불확정한 일을 통합하는 것이 가능하다는 장점 때문에 많이 활용되었다. 즉, 이 기법은 작업의 성격이 복잡하여 종합적인 파악이 중요할 때 유용하다(성규탁, 1988 : 최성재·남기민, 1993).

이와 유사한 기법으로 임계통로기법(CPM : Critical Path Method)이 있다. 이는 임계통로(Critical Path)를 이용하여 프로그램 완수에 소요되는 시간을 추정하는 기법이다. 따라서 PERT와 CPM은 비슷한 부분이 많아서 함께 사용되어 현재는 PERT/ CPM 혹은 PERT라고 하면 두 방법이 통합되어 사용되는 것이다.

PERT의 기능은 특정한 프로그램 활동 간의 관계를 행사(원)와 선도활동(선)으로 표현한다. 이는 |그림 12-3|과 같이 그려질 수 있는데, 행사와 세부행사와의 관계의 논리적·시간적 순서를 눈에 보이도록 표현하고 있다. 최종 목적으로부터 역방향으로 연결하는 작업(back ward chaining)으로 기법이 사용되어 필요한 절차나 단계가 누락되지 않도록 하고 있다.

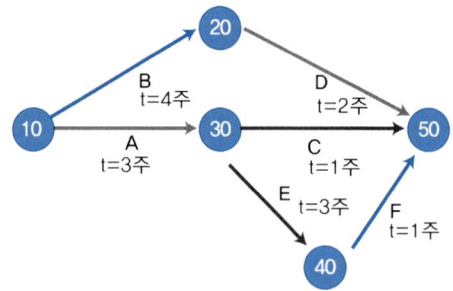

|그림 12-3| PERT 네트워크 차트의 예시

※ t는 기대시간(expecative time)

PERT는 관리기술이다. 따라서 각자의 역할, 진행되는 활동 및 사건의 직전상황을 추적 감독할 시간의 흐름도를 표현하는 것이다. 이때 적절한 영역으로 인원이동을 배치하고 강조해야 한다. 그리고 그것은 PERT 작성 이전에 규정되어야 한다.

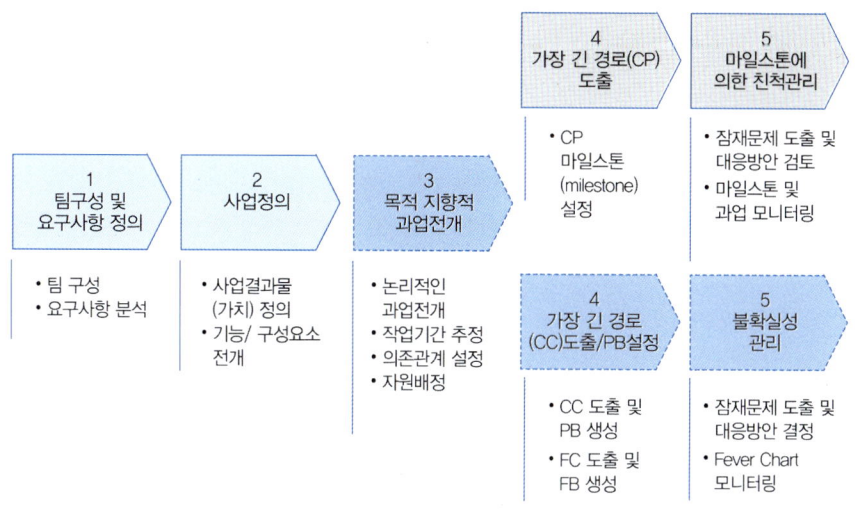

|그림 12-4| PERT/ CPM의 절차

PERT를 사회복지조직에서 적용할 시 이점은 전체 프로젝트의 수행시간을 알려 준다는 것이며, 개별활동과 전체 프로젝트 간의 연계를 한 눈에 알아볼 수 있다는 것이다. 그리고 프로젝트 기간의 단축·연장을 고려하기 쉬우며, 개별활동들의 여유시간을 알 수 있다는 것이다. 그러나 이 기법은 소요시간이 얼마나 걸리는지 예측하기 어렵고, 설사 예측하려 해도 치밀한 계산방식이 따로 필요하며, 이를 도식화하는 데 많은 시간과 비용이 든다는 한계가 있다.

3. 시간별 활동계획표

시간별 활동계획표는 일반적으로 간트 차트(Gantt chart)라고 불린다. 이는 1910년 헨리 간트(Henry Gantt)라는 미국의 사업가에 의해 고안되었다.

순서	작업명	기간	2015년 08월				2015년 9월				2015년 10월			
			08~08	08~10	08~17	08~24	08~31	09~07	09~14	09~21	09~28	10~05	10~12	10~19
1	직무 분석	5일												
2	프로그램 사양 결정	8일												
3	신규기능 문서화	2일												
4	개발요구사항 결정	3일												
5	사용자매뉴얼 작성	27일												
6	설계	15일												
7	개발요원 확보	2일												
8	매뉴얼 리뷰	2일												
9	프로그래밍 테스트	10일												
10	설치	4일												
11	최종테스트	10일												
12	사용자 교육	3일												

|그림 12-5| 간트 차트의 예시

출처 : 한국TOC협회.

프로젝트 일정관리를 위한 바(bar)형태의 도구로서, 각 업무별로 일정의 시작과 끝을 그래픽으로 표시하여 전체 일정을 한눈에 볼 수 있다. 또한 각 업무(activities) 사이의 관계를 보여 줄 수도 있다. 이를 위해 세부목표 및 활동은 세로축에 표시하고, 월별 또는 일별 활동기간은 가로축에 표시한다.

간트 차트의 작성방법은 보통 4단계로 설명된다. 1단계는 목표달성에 필요한 작업을 단계별로 분류하는 것이다. 2단계는 1단계에서 분류된 각각의 작업에 대해 소요되는 시간을 계산하는 것이다. 3단계는 같은 기간에 진행할 수 있는 작업과 연결하여 진행할 작업 등을 정리하는 것이다. 마지막 4단계는 1단계에서 3단계까지의 내용을 토대로 도표화하는 것이다.

간트 차트를 사회복지조직에서 적용할 경우에는 세부 목표 및 활동의 계획을 전체적으로 한눈에 보기 쉬워 프로그램에 필요한 활동을 확인하고, 특정 활동을 완수하는 날짜를 추적할 수 있다는 이점이 있다. 하지만 활동과 활동 사이의 상관관계를 나타내지 않아 계획을 잘 이해하기 힘들다는 단점이 있다.

4. 월별 활동계획그래프

월별 활동계획그래프(Shed-U-Graph)는 간트 차트와 비슷한 성격을 가지고 있는 것이다. 미국의 레밍턴 랜드(Remington-Rand)라는 회사에서 고안해 낸 기법인데, 원래 개발된 모양은 24″×42″(61×107cm) 크기의 바탕종이에 3″×5″(8×13cm) 크기의 카드를 꽂을 수 있는 주머니가 달려 있었다. 이 바탕종이의 위쪽 가로에는 월별 기록이 있고, 특정 활동이나 업무를 조그만 카드에 기입하여 월별 아래 공간에 삽입하거나 붙이는 방법이다. 최근에는 카드를 꽂지 않고 그래프로 그려서 나타내고 있다.

이 기법은 업무의 시간에 따라 변경하여 이동시키는 데는 편하다는 장점이 있다. 하지만 간트 차트에서와 같이 과업과 완성된 행사들 간의 상관관계를 잘 알 수 없다는 단점이 있다.

5. 방침관리기획

방침관리기획(Breakthrough Planning)은 호신칸리(方針管理)라는 일본 기업의 기획방법에 기초한 것(황성철 외, 2003)으로 조직이 목적을 달성하기 위한 수단으로 기획된 모든 계획 및 방침을 체계적으로 달성하기 위한 모든 활동을 말한다. 소위 PDCA(Plan-Do-Check-Act) 사이클에 따른 프로그램 기획 기법으로 이해되기도 하는데, 그것은 이 기법이 계획(Plan)-실행(Do)-확인(Check)-조정(Act)의 PDCA 사이클로 구성되어 있기 때문이다.

계획(Plan)이란 조직의 목표를 최고지도자 층에서 하단직원까지 전달, 전개해서 계획을 수립하는 것이다. 실행(Do)이란 이 계획을 토대로 실행하는 것이다. 확인(Check)이란 실행과정에서 발생하는 문제 및 상황을 확인하는 것이다. 그리고 조정(Act)이란 원래의 계획을 수정 및 조정하는 것이다. 이러한 일련의 절차를 PDCA 사이클에 따라 계속 회전시키면서 점진적인 프로그램의 개선을 도모한다. 따라서 이 기법은 사이클을 피드백시키는 추진과정이 유기적으로 수행되어야 효과를 높일 수 있다.

제5절 사회복지조직의 혁신

사회복지조직의 관리자는 조직구조를 결정하기 위해 조직의 생산성, 효과성 등을 증대시킬 수 있는 다양한 시도들을 행할 필요가 있다(지은구, 2007). 해크먼과 셔틀(Hackman & Suttle, 1977)에 따르면 직무구조를 다시 조정하는 것은 직원과 그들이 행하는 일 사이의 기초적 관계를 바꾸는 것이다. 그들은 조직의 문제는 직원들과 그들이 수행하는 일 사이의 조정으로 해결될 수 있다고 강조하였다. 따라서 직원을 해고하고 신규직원을 뽑는 것에 부담을 가지고 있는 조직들은 조직구조의 변화를 통해 직원들이 새로운 업무와 직원들이 서로 서로에 대한 새로운 관계에 놓이게 함으로써 조직 자체를 새롭게 바꿀 수 있다. 새로운 조직을 만드는 것도 중요하지만 기존의 조직을 새롭게 변화시키는 것도 조직을 새롭게 만드는 것만큼이나 중요하다고 볼 수 있다.

혁신(innovation)이라는 용어는 슘페터(Schumpeter, 1912)가 『경제발전론』에서 기술의 발달에 경제가 얼마나 잘 적응해 나가는지를 설명하는 데 '창조적 파괴(creative destruction)'의 개념과 함께 사용된 데에서 유래하였다(정은하, 2011). 그가 주창한 혁신은 영리기업의 '기술혁신'에 초점이 맞춰진 것으로, 낡은 것을 파괴·도태시켜 새로운 것을 창조하는 발명과 같은 의미이다.

보통 조직변화와 조직혁신은 동의어로 사용되기도 하는데,[4] 특히 사회복지조직 분야의 저서(지은구, 2007; Brager & Holloway, 1978)들은 변화(change)와 혁신(innovation)에 대한 명확한 구분 없이 동등한 개념으로 사용되고 있는 경우가 빈번하다(정은하, 2010).

사회복지조직에 적용가능한 혁신 유형의 논의는 활발하지 못한 상대였다고 평가할 수 있다. 지금까지 이루어져 온 사회복지조직 혁신에 대한 연구들은 사회복지조직 및 서비스 등의 고유한 특성들을 반영하지 못하고 있다.

페리 6(Perri 6, 1993)은 사회복지조직의 혁신 유형을 다음과 같이 분류하였다. 제품·산물혁신의 개념을 서비스를 중심으로 하여 자세하게 분류한 것, 행정·관리혁신에 내부혁신은 물론 타 기관들과의 협력관계와 관련된 외부혁신까지 포함되는 것으로 설명한 것 등이다. 그러나 이 분류 역시 기존 유형분류와 비슷한 모양새이고 사용하고 있는 용어도 비슷하며, 개념 간 포함관계에 약간의 혼동도 있고, 나아가 사회복지조직의 특성을 충분히 반영하지 못했다는 등의 한계가 있다.

---

[4] 사전적으로 혁신(innovation)은 "묵은 풍속, 관습, 조직, 방법 따위를 완전히 바꾸어서 새롭게 함"으로, 변화(change)는 "사물의 성질, 모양, 상태 따위가 바뀌어 달라짐"으로, 그리고 개혁(reform)은 "제도나 기구 따위를 새롭게 뜯어고침"으로 정의된다(국립국어원, 2021). 혁신은 변화의 하위개념으로 파악된다. 모든 변화가 혁신으로 연결되는 것은 아니어도 혁신은 필연적으로 변화를 일으킨다는 점에서, 강력한 의지가 개입되고 그 힘이 변화보다 강력한 것이다.

〈표 12-4〉 페리 6(1993)의 사회복지조직 혁신 유형

조직혁신 유형	하부혁신 유형
제품·산물혁신 (product innovation) 클라이언트 제공 서비스·프로그램 내용 관련 혁신	• 급진적 산물혁신(radical product innovation) : 기존에 제공하지 않았던 새로운 서비스·프로그램의 개발 • 산물차별화 혁신(product differentiation) : 기존에 제공되었던 서비스·프로그램의 다양화·변화 • 수요차별화 혁신(market differentiation) : 기존 서비스·산물을 새로운 클라이언트집단에 확장 제공
공정·과정혁신 (process innovation) 서비스 생산과정 혁신	• 실행혁신(practice innovation) : 기존의 기술을 유지하면서 새로운 생산방법 도입 • 기술혁신(technical innovation) : 새로운 기술을 도입
행정·관리혁신 (administrative innovation) 조직의 내·외적 변화유도 혁신	• 내부혁신(internal innovation) : 기관 내부구조의 새로운 변화를 위한 활동 • 외부혁신(external innovation) : 타 기관들과의 새로운 협력관계를 구축하는 활동

사회복지조직 변화영역을 목표변화, 절차상의 변화, 프로그램의 변화 등으로 분류할 수 있다(최성재·남기민, 2001). 목표의 변화는 목표의 명확화, 목표의 우선순위 변경, 새로운 목표의 추가, 조직의 근본적인 이념의 변경 등이며 이 중에서 목표의 명확화가 목표변화의 형태 중 가장 일반적인 것이고, 조직의 근본적인 이념의 변경이 가장 드물고 찾아보기 힘든 형태이다. 절차상의 변화는 행정·관리혁신의 개념과 유사한 것으로, 페리 6(1993)의 내부적인 변화와 외부관계에서의 변화로 구분해 볼 수 있어 직원들의 변화에 대한 내용을 포함한 인적자원혁신에 대한 개념이 일부 도입되었다. 프로그램의 변화는 제품·산물·서비스혁신의 개념으로, 프로그램이 제공하는 서비스를 수정하려는 노력이다.

〈표 12-5〉 사회복지조직 변화의 형태

변화의 형태	목표의 변화	절차상의 변화		프로그램 변화
		내부적인 변화	외부관계 변화	
변화의 내용	• 목표의 명확화 • 목표 우선순위 변경 • 새로운 목표의 추가 • 근본적 이념의 변경	• 조직 내 권력구조 변화 • 직원 역할 및 보상 변화 • 의사소통구조의 변화	• 조직 간 의사소통 경로 및 용이한 협력절차 마련 • 협력·조정의 태도로 변화	• 서비스의 추가·축소·수정

출처: 최성재·남기민(2001).

〈시장의 변화를 이끄는 요인들〉

평범했던 '시장'이 순식간에 '낡은 시장'이 되어 역사의 저편으로 사라지는 것은, 여러 외부적인 영향으로부터 기인한다. 이를 시장의 '외부 환경' 또는 '거시 환경'이라고 할 수 있는데, 이 범주에 따라서도 변화의 강도나 속도가 달라진다.

그중에서도 '자연 환경'의 변화는 그 무엇보다 강력한 '시장의 변화'를 요구한다. 그보다 약한 정도는, 기술 혁신에 기반한 산업혁명이 있다. 기술로 인해 산업계가 크게 변화하며 존재했던 거의 모든 시장의 변화를 요구한다. 다음으로는 법과 체제의 변화가 있다. 사회를 구성하는 법이나 정치 체제의 변화는 '시장'의 범위나 작동 원리를 변화시킨다. 마지막으로 변화의 강도나 속도는 약하지만 제대로 대응하지 못할 경우 시장 자체가 사람들로부터 외면받거나 거부당할 수 있는 문화와 인식의 변화가 있다.

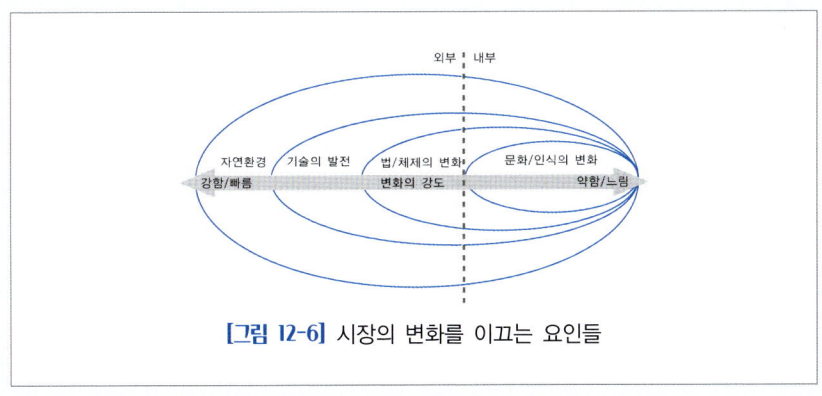

[그림 12-6] 시장의 변화를 이끄는 요인들

출처: 이윤주(2021: 212-213).

사회복지행정론

CHAPTER 13

사회복지서비스 품질관리

제1절 사회복지 품질관리의 필요성
제2절 품질관리의 개념
제3절 서비스 품질 결정 요인
제4절 서비스 품질관리의 기법

사회복지서비스 품질관리

제1절 사회복지 품질관리의 필요성

사회복지서비스는 도움이 필요한 모든 국민에게 상담·재활·직업소개 및 지도·사회복지시설 이용 등을 제공하여 정상적인 사회생활이 가능하도록 지원하는 제도를 지칭한다. 사회복지서비스는 서비스의 특성과 그 맥락을 같이 하지만, '사회적'과 '서비스'가 가지는 다중적인 의미의 중첩으로 그 개념을 명확하게 정의하기에는 많은 한계가 있다. 그러나 '사회적'이라는 용어가 가지는 공공성이 더욱 강조되는 특징이 있다.

여기서 사용되는 '서비스'의 주요 특성은 무형성, 비분리성, 이질성, 소멸성으로 대표된다(이봉주 외, 2012).

첫째, 무형성(intangibility)은 실체를 보거나 만질 수 없으며, 그 때문에 서비스가 무엇인지 상상하기 어려운 특성을 의미한다. 따라서 서비스의 실체적 특성이 강조되어야 하며, 서비스 전 과정에서 커뮤니케이션의 중요성이 강조될 필요가 있다.

둘째, 비분리성(inseparability)은 생산과 소비가 동시에 일어나는 서비스의 특성이다. 제품과 그 특성을 비교하자면, 제품은 생산 후에 소비가 되지만, 서비스는 생산과 동시에 소비가 이루어진다. 이것은 서비스 생산과정에 소비자가 참여하여 서비스 내용을 형성한다는 것을 의미한다. 서비스는 구입 전 시험사용을 할 수 없기 때문에 품질통제가 더욱 어렵다는 특징도 내포하고 있다.

셋째, 이질성(heterogeneity)은 서비스의 전달과정에 가변적 요인이 작용하여 소비자마다 이용하는 서비스가 다를 수 있음을 말한다. 이러한 이유로 서비스의 규격화, 표준화에 상당한 어려움이 발생한다. 서비스의 이질성은 소비자의 이질성에 의해 발생할 수도 있기 때문에 서비스 이용자에 따른 개별화(customization)를 통해 서비스 품질 향상 기회를 마련할 수 있다.

넷째, 소멸성(perishability)은 재고와 저장이 불가능하다는 것이다. 이는 과잉생산으로 인한 손실과 과소생산으로 인한 이익기회 상실이 발생할 수 있음을 의미한다. 따라서 서비스는 수요와 공급을 조절하는 기제가 더욱 체계적으로 작동해야 한다.

이러한 서비스의 특성으로 인해 서비스가 생산-소비되는 과정에서 품질관리의 중요성이 더욱 부각되고 있다. 서비스 품질의 개념은 관점과 접근방법 등의 여러 가지 환경적 특성에 따라 달라진다. 품질에 대한 연구는 유형적 제품의 품질로부터 유래되었기 때문에 제품 및 제조 중심의 품질에 관한 정의가 많으며, 이러한 제품 품질 개념은 서비스만이 지닌 특성으로 인해서 서비스 품질에 그대로 적용하기에는 다소 무리가 있다. 이 때문에 일반적으로 서비스 품질에 대한 주관적인 설명을 고객이 가지는 주관적인 평가속성 즉, 고객이 지각하는 바에 의존하여 이루어질 수밖에 없다.

사회복지서비스의 품질관리 필요성은 다음과 같다(김은정, 2008).

첫째, 사회복지서비스를 공공부문이 직접 제공하거나 혹은 민간기관과 서비스 위탁계약을 맺는 방식에서는 서비스 공급기관에 대한 직접적 개입을 통해 일정 정도의 품질의 확보가 가능하지만, 이용자 재정지원방식은 서비스 공급 주체에 대한 보다 직접적인 품질통제를 어렵게 하므로 이를 보완하기 위한 품질관리 체계가 필요하다.

둘째, 이용자 재정지원방식에서는 서비스의 전달이 공공, 민간, 특히 민간의 영리와 비영리 기관 중 누구에 의해 제공되는지는 정책적으로 그다지 큰 고려요소가 아니며, 다수의 제공 주체가 존재하도록 환경을 조성하는 것을 중요하게 고려한다. 이에 따라 다수의 영리 민간기관의 참여를 유도하기 때문에 이윤추구의 동기로 인해 원래의 의도가 훼손될 수 있는 가능성이 증가하므로 사회서비스의 공공성을 더욱 선명하게 확보하기 위해서라도 추가적인 품질관리 노력이 요구된다.

셋째, 사회복지서비스의 특성상 대면적 측면이 강하고, 많은 경우 서비스 이용자들이 다양한 이유에서 소비자로서 일정 정도의 취약성을 지닐 수도 있다. 이러한 현상은 특히 정보 비대칭성 현상으로 나타날 수 있는데, 취약성이 가진 이용자들의 경우 정보 수집력이나 이해력, 분석력이 더 약하기 때문에 기존 공급자 직접 전달방식보다 더 낮은 질의 서비스를 할 수 없이 선택할 가능성이 증가할 수도 있다. 따라서 이용자 보호를 위한 차원에서 적절한 품질관리 노력이 더욱더 필요하다.

〈노인장기요양시설에서 서비스 품질 지향성의 의미〉

최근 사회복지조직의 서비스 제공환경은 공급자 중심에서 수요자 중심으로 변화하고 있으며, 노인요양시설 역시 양적인 성장과 함께 서비스이용자들의 권리의식이 점차 높아지고 있다. 노인요양시설은 이용자 및 가족의 눈높이에 맞는 책임성 있는 기관운영을 강조받고 있다. 노인요양시설의 서비스 질에 대한 다양한 사회적 욕구는 서비스에 대한 방법과 태도 및 행동 등에 변화를 가져오게 하였을 뿐 아니라, 노인요양시설의 서비스지향성에 대한 가치 변화의 제고가 필요한 시점이 되었다 할 수 있다. 즉, 노인요양시설은 급속도로 변화되고 있는 복지환경에서 살아남기 위해 스스로 서비스 이용자의 다양한 욕구 만족과 이용자 중심적인 서비스의 질적 향상을 통해 적극적으로 이용자를 유치해야 할 현실에 직면해 있는 것이다.

이러한 변화는 그동안 영리기업의 경영철학처럼 여겨져 왔던 '이용자 만족', '서비스 지향', '이용자 지향' 등의 개념이 노인요양시설 운영에서도 도입될 필요성을 갖게 하였다. 노인요양시설에서 서비스의 질과 생산성을 높이고, 다양한 복지욕구를 해소시키기 위해 이용자 중심의 서비스를 제공하고, 운영성과를 향상시키며, 서비스 이용자와 자원의 적절한 연계 등을 위해 서비스지향성이 강조되고 있다.

서비스지향성(service orientation)은 서비스조직이 다른 경쟁조직들에 비하여 우월적 위치를 선점하기 위한 차별화 노력을 전개하는 것이며, 서비스지향성이 높은 조직

일수록 타 경쟁조직에 비하여 자신들의 이용자들에게 탁월한 가치를 제공하게 된다. 파킹톤과 슈나이더(Parkington & Schneider, 1979)는 서비스지향성을 경영진의 정책, 경영목표에 내포된 철학 및 업무처리 절차로 정의하였다. 그리고 이들은 서비스지향성을 다시 조직이 이용자에게 서비스를 제공하는 데 있어 고객들과 유연하고 자유로운 형태의 서비스를 유지하도록 지원하는 이용자 중심적 서비스지향성(enthusiastic orientation)과 조직의 에너지를 고객에게 서비스로 전달하는 데 있어서 대인적 문제보다는 규칙, 질차와 시스템관리를 강조하는 조직 중심적 서비스시향성(bureaucratic orientation)의 두 가지로 구분하였다. 리틀, 홈과 모콰(Lytle, Hom & Mokwa, 1998)는 서비스지향성을 시장정보에 대한 전략적 반응으로서 뛰어난 서비스의 창출 및 전달을 구축하기 위한 서비스 기업의 조직적 활동의 집합이라고 정의하였다. 그들은 이러한 서비스지향성에 대한 SERV*OR(service orientation) 태도를 측정하기 위하여 네 가지 요소로서 측정도구를 개발하였다.

네 가지 요소는 서비스 리더십, 서비스 태도, 인적자원관리, 시스템구축 등이다. 첫째, 서비스 리더십은 조직이 효과적이고 능동적으로 서비스지향성을 창출하고 지속하는 데 없어서는 안 될 가장 중요한 요소인데, 관리자 리더십과 서비스 비전이라는 것이다. 둘째, 서비스 태도는 종사자와 이용자와의 상호작용을 말하며, 고객대우와 종사자 권한위임이 해당한다. 셋째, 인적자원관리는 조직의 서비스지향적인 인력관리를 위해 우수한 종사자의 확보 및 종사자의 서비스훈련과 보상이 해당한다. 넷째, 서비스시스템은 종사자가 이용자에게 지속적으로 우수한 서비스를 제공하기 위해 다양한 서비스 절차가 얼마나 잘 설계되고 있는지를 의미한다.

출처 : 곽의수 · 김관용 · 김제선(2014)

제2절 품질관리의 개념

품질(quality)의 정의에 대해 가빈(Garvin, 1988)은 여덟 가지의 접근으로 제시하였다. 수행(performance), 특징(features), 적합성(conformance), 신뢰성(reliability), 내구성(durability), 서비스 가능성(serviceability), 미학(aesthetics), 지각된 품질(perceived quality) 등이다.1)

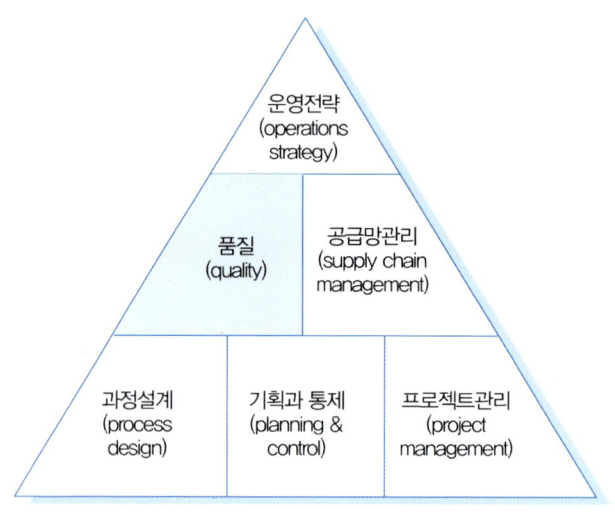

[그림 13-1] 품질관리(quality management)의 위치

서비스 품질은 서비스 이용자들의 욕구를 충족시킬 수 있는 능력으로 이용자의 만족도와 같은 서비스제공의 성과와 관련되는 결과적 품질뿐만 아니라, 서비스제공기관의 환경적·운영 체계적 적합성과 관련되는 구조적 품질, 서비스제공 과정의 적절성과 관련되는 과정적 품질, 사회적 책임성 준수 또는 공공성과 관련되는 사회적 품질까지 포함하는 보다 총체적이고

---

1) 그는 서비스 품질은 고객의 욕구에 부여함에 있어서 의도된 우수성의 정도를 달성하는데 변화에 대한 관리가 중요하다고 하였다. 여기에는 설계 품질, 적합 품질 및 이용 품질이라는 세 가지 요소가 포함되는데, 이 중 가장 중요한 것은 고객의 욕구에 부합하는 이용품질이라고 하였다(Gravin, 1988).

포괄적인 개념이라고 할 수 있다(김은정, 2008). '사회서비스 품질관리'란 사회서비스를 어떻게 만들고 전달하며, 그 결과를 어떻게 평가하여 최종 목표 수준 대비 성과 및 만족도 증진에 이바지할 수 있는지에 대한 구체적 해답을 찾기 위한 활동, 그리고 이를 위한 총체적 노력으로 정의될 수 있다(Löfler, 1995; Fatout & Rose, 1995; 김학주, 2009에서 재인용).

서비스 마케팅 분야에서 가장 널리 사용되고 있는 서비스 품질에 대한 정의는 파라슈라만, 자이사믈과 베리(Parasuraman, Zeithaml & Berry, 1988)가 제시한 '지각된 서비스 품질(perceived service quality)'의 개념이다. 지각된 서비스 품질은 제공될 서비스에 대한 소비자의 기대와 실제로 제공된 서비스의 성과에 대한 인식의 차이라 할 수 있다. 소비자의 성과인식과 기대 간에 나타나는 차이의 방향성과 그 정도가 서비스 품질을 결정한다. 인식과 기대 간의 차이, 즉 그러한 '갭(gap)'을 줄여 나가는 것을 서비스 품질관리로 보고, 그 '갭'의 발생지점과 원인을 파악하기 위한 개념적 모델로 '서비스 품질의 갭 모델(the gaps model of service quality)'을 개발하였다. 갭은 서비스 이용자와 서비스 제공자 양 측면으로 분류된다(이봉주 외, 2012 재인용).

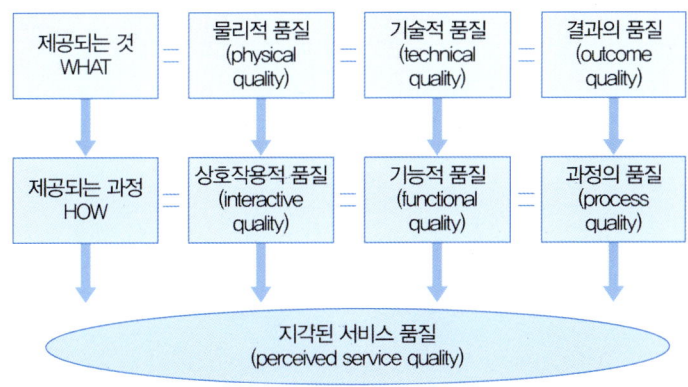

|그림 13-2| 지각된 서비스 품질의 개념

서비스 품질에 대해 수요자에 대한 효과 및 영향 측면에서 5가지로 구분하고, 각각의 품질 특성에 따른 관리를 해야 한다. ① 사용자 눈에 보이지 않는 내부적 품질, ② 사용자 눈에 보이는 품질, ③ 사용자 눈에 보이는 유연한 품질, ④ 심리적 품질, ⑤ 서비스 시간 및 신속성 등의 품질에 대한 개별관리가 이루어져야 한다. 이 외에도 서비스 품질은 조직과 서비스의 상대적 열등감이나 우월감에 대한 소비자의 전반적인 인상에 의해 영향을 받는다.

제3절 서비스 품질 결정 요인

서비스 품질을 결정하는 요인은 접근법에 따라 이차원, 삼차원, 다항목 차원으로 분류된다. 초창기 연구에서는 이차원적인 분류였으나 최근으로 올수록 다차원적인 분류가 대세를 이루고 있다. 대체로 파라슈라만 등(Parasuaman et al., 1988)의 주장에 동조하는 경향을 보이기 때문이다. 그들은 서비스 품질 결정요인 연구에서 처음에는 열 개의 요인을 제시하였다가, 그러한 요인들이 상호 중복되는 부분이 있고, 그 내용을 명확히 구분할 수 없으며, 고객의 욕구나 제공되는 서비스의 특성에 따라 구성요소들 간 상대적 중요성에서 차이가 난다는 비판으로 다섯 가지 구성요소로 압축하여 제시하였다. 유형성(tangibles), 신뢰성(reliability), 반응성(responsiveness), 확신성(assurance), 공감성(empathy) 등이 바로 그것이다.

〈표 13-1〉 파라슈만 등(1988)의 서비스 품질 결정요인

초반의 결정요인	후반의 결정요인	내용
유형성	유형성(tangibles)	물리적 시설, 장비, 종업원, 커뮤니케이션 자료의 외형
신뢰성	신뢰성(reliability)	약속한 서비스를 믿을 수 있고 정확하게 수행할 수 있는 능력
반응성	반응성(responsiveness)	고객을 돕고 신속한 서비스를 제공하려는 의도
고객이해(understanding), 접근성(access), 커뮤니케이션(communication)	확신성(assurance)	종업원의 지식과 예절, 신뢰와 자신감을 전달하려는 능력
안정성(security), 신용도(credibility), 능력(competence), 예절성(courtesy)	공감성(empathy)	회사가 고객에게 제공하는 개인적 배려와 관심

서비스 품질관리를 위해서는 성과인식과 기대 간의 차이를 줄여 나가는 노력이 필요하고, 이를 위해서 서비스가 제공되는 전 과정에 대한 지속적인 점검이 요구된다. 서비스 품질관리 향상을 위해서는 먼저 이용자들의 서비스 기대수준과 그 영향요인을 정확하게 파악하는 것이 필요하다. 나아가 서비스 품질 기준을 설정하는 것이 필요한데, 이를 위해서는 서비스 질 향상을 위한 관리자들의 적극적인 참여, 서비스의 목표 설정, 서비스 작업의 표준화, 측정·평가 및 피드백 등 일련의 과정이 체계적으로 진행되어야 하며 최종적으로는 해당 서비스가 이용자에게 정확히 전달되어야 한다.

〈만족스러운 서비스를 만드는 조건〉

① 편리해야 한다.
  (중략) 2015년 출시한 카카오택시를 생각해 보자. … 2020년 코로나 바이러스로 주목을 받은 마켓컬리를 생각해 보자. … 이렇듯 낡은 시장의 핵심적인 문제를 해결하는 방법 중에 가장 파급력이 큰 부분은 어떻게 보면 편리함일지도 모른다.

물론 편리함의 대가가 너무 비싸다면 무용하겠지만, 적당한 비용에 이 편리함을 누릴 수 있도록 해준다면 정말로 만족스러운 새로운 시장을 열어줄 수 있을 것이다.

② 저렴해야 한다.

새로운 시장은 저렴해서 만족스럽다. 더 낮은 가격에 더 많은 사람들이 누릴 수 있다. 기술을 기반으로 변화하는 시장의 가장 큰 특징은, 소수만 누릴 수 있던 종류의 라이프스타일을 대중화할 수 있도록 비용을 낮춘다는 점이다. … 이렇게 저렴하게, 시간 단위로 서비스가 쪼개질 수 있었던 것은 단순히 기술 때문만은 아니다. 기술이 있기 전에 해소되지 못했던 '필요'가 있었고, 이를 적절한 기술을 활용해 충족시켜 줄 수 있었던 것이다.

③ 품질이 좋아야 한다.

새로운 시장은 더 품질이 좋은 상품이나 서비스를 제공하기에 만족스럽다. 기술을 기반으로 변화하는 시장은 고품질의 서비스를 누구나 누릴 수 있도록 한다. … 품질은 높이면서 비용은 저렴하게 만드는 방식으로 새로운 시장이 될 수 있는 영역들이 있다. 다른 분야보다 더 많은 사람들에게 이롭다는 점에서 더욱 의미가 깊다.

④ 친절해야 한다.

새로운 시장은 더 친절하기에 만족스럽다. 누구나 두려움 없이 더 쉽고 친근하게 다가갈 수 있도록 하고, 그래서 사용자 스스로 조금 더 똑똑하다고 느낄 수 있도록 해준다. … 당근마켓은 '안전하고 친근한' 문화를 조성하기 위해 서비스의 디자인과 사용자에게 설명하는 언어도 매우 친절하고 부드럽게 만들었다.

⑤ 자유로워야 한다.

새로운 시장은 사람을 조금 더 자유롭게 하기에 만족스럽다. 많은 정보를 편리하게, 저렴하게, 친절하게 제공함으로써 사용자들이 더 많은 자유를 누릴 수 있도록 해준다. … 새로운 시장은 누군가 폐쇄적으로 가지고 있던 정보를 공개하고, 알기 쉽게 함으로써 사용자들을 더 똑똑하게 하고, 더 자유롭게 한다.

출처 : 이윤주(2021 : 77-92).

제4절 서비스 품질관리의 기법

품질 관점에서 가장 중요한 관점의 제공자는 클라이언트이다. 서비스의 대상자인 클라이언트가 바로 서비스의 근간이 되기 때문이다(Kettner & Martin, 2008). 따라서 품질 측정에 있어서 클라이언트의 서비스에 대한 느낌과 인식, 그리고 경험적 의견 등이 중요한 영역이 된다. 결과성과와 산출성과는 일반적으로 서비스 제공자 혹은 외부 평가 시 제3자의 평가자의 입장이므로 클라이언트의 시각과 경험에서 나오는 의견 반영이 어려운 경우가 많다. 품질을 측정하는 대표적인 방법으로 이용자만족도 조사를 활용한다. 품질을 측정하고자 할 때 다차원적인 관점에서 접근해야 하므로 이용자만족도 조사 역시 단순한 만족도 조사가 아니라 프로그램의 구성요소나 다른 표현의 만족도와 같은 다차원에 대한 이해가 중요하다.

서비스 품질을 관리하는 데 있어서는 여러 기준에 따라 다르게 적용된다.

첫째, 주관성 여부에 따라 객관적 품질이나 주관적 품질로 나눌 수 있다. 객관적 품질은 제품의 우수성이나 기술적인 우월성을 나타내는 개념으로 이성적인 품질기준이나 표준에 의해 측정가능하며 등급을 매길 수 있는 계량화된 측면을 강조한 것이다. 반면 주관적 품질은 소비자와의 판단으로 특정서비스에 대한 장기적이며 전체적인 평가를 의미하는 태도로서 고객 개개인이 인식하는 지각화된 품질이다.

둘째, 서비스 품질을 과정과 결과에 따라 과정적 품질과 결과적 품질로 분류한다. 과정적 품질은 서비스를 받는 동안 고객에 의해서 평가됨을 의미하고, 결과적 품질은 서비스가 수행된 이후에 고객에 의한 판단을 의미한다.

서비스 품질은 추상적이고 주관적이어서 객관적인 평가방법을 개발하는 것은 어려운 일이나, 대체적으로 파라슈라만 등(1988)의 연구로부터 논의되었다. 그들은 SERVQUAL 모형이라고 하는 서비스품질 측정 항목들을 개발하였다. 이러한 측정항목으로 고객들의 서비스에 대한 기대와 성과를 각각 측정하도록 구성되었고, 이들 간의 차이를 바탕으로 서비스 품질을 측정하도록 하였다.

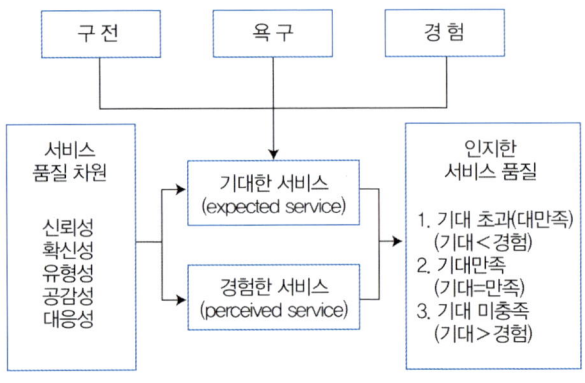

|그림 13-3| SERVQUAL 모형

그러나 크로린과 테일러(Cronin & Taylor, 1992)는 이러한 갭이론에 문제점이 있다고 비판하고, 서비스 품질의 개념에 대한 측정방법으로서 네 가지 기준을 제시하고 그것을 통해 가중치가 부과되지 않은(unweighted) SERVPERF 모형을 주장하였다.

SERVQUAL 모형과 SERVPERF 모형을 비교하면 <표 13-2>와 같다.

〈표 13-2〉 ERVQUAL과 SERVPERF의 비교

구 분	SERVQUAL 모형	SERVPERF 모형
제안자	파라슈라만, 자이사믈과 베리(1988)	크로린과 테일러(1992)
모델의 구성	성과-기대	성과
기대의 정의	규범적 기대 (제공해야만 할 수준)	기대 측정 안함

브래디와 크로닌(Brady & Cronin, 2001)의 3차원 품질 측정 위계모형은 과정·결과 및 환경 차원 중심의 품질 측정모형이다. '상호작용 품질(interaction quality)', '결과 품질(outcome quality)', '물리적 품질(physical environment)'의 세 개 차원은 아홉 가지의 하위요인으로 이루어진다는 것을 확인하였다. 이전의 품질 모형이 평면적인 구조였다면 위계 구조모형은 소비자들이 서비스 품질을 지각할 때 서비스 품질 차원을 여러 가지 하위차원으로 분해하는 경향이 있어 인간 지각 과정의 복잡성을 보다 자세하게 설명해 줄 수 있다(Carman, 1990). 또한 서비스 품질의 다면적인 측면을 모두 포괄할 수 있는 추상적인 개념으로서 실용적인 관점에서 볼 때 매우 논리적인 모형으로 평가된다(Pollack 2009).

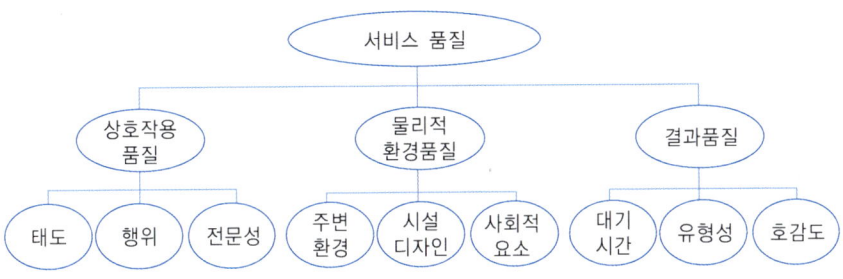

|그림 13-4| Brady & Cronin의 3차원 품질 측정 위계모형

출처: Brady & Cronin(2001).

품질에 의한 관리를 대표하는 모형으로는 총체적 품질관리(TQM : Total Quality Management)를 들 수 있다(지은구, 2007).

TQM은 1980년대 초반 기업조직에서 처음으로 제안된 것이다. 국제경쟁에서 일본기업에게 추월당하던 미국기업들이 일본기업 조직이 보이는 경쟁력을 연구하는 과정에서 일본기업 조직은 최종 생산물을 중심으로 조직을 운영하기보다는 산출물의 결함을 제거하는 품질을 보다 중요시하는 조직관리를 한다는 것을 발견하였다. 이에 미국 기업조직에서도 일본식 품질경영의 중요성이 인식되어 반영되기 시작하였다.

TQM의 개념은 "고객관리만족을 품질향상의 제1의 목표로 삼고 조직 구성원들의 광범위한 참여하에 조직의 과정 및 절차를 지속적으로 개선함으로써 장기적, 전략적으로 품질을 관리하기 위한 관리 철학 내지 원칙"(지은구, 2007)으로 정의된다.

사회복지조직들이 TQM에 대해 관심을 갖는 이유에 대해 마틴(Martin, 1993)은 다음과 같이 설명하고 있다. 첫째, 사회복지조직은 미국의 정부조직이 그러했듯이 클라이언트, 일반 대중, 후원자로부터 신뢰성을 상실하는 품질의 위기를 경험했기 때문이다. 둘째, 양질의 서비스는 기관이 필요로 하는 고객을 확보할 수 있도록 해주며, 이는 잃어버린 신뢰성을 회복하는 계기를 만들 수 있게 해주기 때문이다. 셋째, 양질의 서비스 확보는 추가적 비용을 필요로 하는 것은 아니기 때문이다. 넷째, 과거의 다른 관리기법과는 달리 품질관리는 전통적 사회복지의 가치와 양립하기 때문이다.

TQM에서는 일곱 가지의 원칙을 중요시하게 다루고 있다. 첫째, 무엇보다 고객이 궁극적으로 품질을 결정하는 것이다. 둘째, 품질은 생산 또는 서비스 과정의 마지막 단계보다도 초기단계부터 고려되어야 한다. 셋째, 품질이 변질되지 않도록 예방하는 것이 고품질 생산에 있어 핵심이다. 넷째, 품질은 조직 구성원의 개인적 노력보다는 조직체계 내에서 함께 협력하여 일하는 사람들로부터 생겨나는 것이다. 다섯째, 품질은 투입과 과정의 지속적 개선으로부터 생겨나는 것이다. 여섯째, 품질의 개선은 적극적 직원참여를 필요로 한다. 일곱째, 품질은 모든 조직 구성원들의 헌신을 필요로 한다.

CHAPTER 14
사회복지조직의 마케팅

제1절 마케팅의 개념 및 원리
제2절 사회복지조직에서 마케팅의 의미
제3절 사회복지 마케팅의 가치
제4절 사회복지 마케팅의 전략
제5절 사회복지 홍보 방법

CHAPTER 14 사회복지조직의 마케팅

제1절 마케팅의 개념 및 원리

1. 마케팅의 개념

홍보와 마케팅이라는 말은 일반적으로 혼용되어 사용되는 경향이 있다. 그러나 홍보를 위해 마케팅을 활용하는 것에서 두 개념은 다르다고 할 수 있다. 홍보의 사전적 정의는 널리 알림 또는 그 소식이나 보도를 말하며(국립국어원, 2021), 마케팅(marketing)은 교환이 일어나는 시장을 만드는 과정이다(Oxford University Press, 1995). 엄밀히 말하면, 마케팅이 곧 시장화이다. 마케팅은 제품을 생산자로부터 소비자에게 원활하게 이전하기 위한 기획활동으로 시장 조사, 상품화 계획, 선전, 판매 촉진 따위로 정의할 수 있다.

연구자들에 따라서는 마케팅의 개념을 조금 다르게 정의하는 경우도 있다. 코틀러(Kotler, 1967)는 마케팅이란 "교환을 완성시키고 촉진시키도록 지도된 인간행동의 집합"이라고 정의하였다. 시장과 대중들과의 교환관계에 대한 조직의 효과적인 경영이라는 관점을 강조한다. 에니스(Enis, 1974)는 마케팅이란 "하나의 기본적인 인간행동으로서 인간의 원함을 만족시키기 위한 개인과 집단에 의해 수행되는 교환행동의 모든 것"으로 정의하였다. 키니어와 베른하르트(Kinnear & Bernhart, 1983)는 마케팅이란 "소비자들에게 재화와 서비스의 흐름을 인도하는 기업경영의 수행능력"으로 정의하였다. 이는 기업경영의 측면에서 마케팅은 기업이 생산해낸 또는 제공하는 재화와 서비스에 대한 시장교환의 역동성과 구조 속으로의 체계적인 통찰력을 만들어 낸다는 의미이다.

울프(Wolf, 1988)는 마케팅이란 "클라이언트 또는 소비자들의 변화하는 욕구와 그 욕구를 성취하기 위해 고안해 내는 전략들에 대한 끊임없는 진단과 분석"으로 정의하였다. 즉, 마케팅은 클라이언트의 변화하는 욕구와 그 욕구를 성취하기 위해 필요한 전략을 만들어 내기 위한 끊임없는 진단과 기획 그리고 분석이라고 할 수 있으며, 목적수행을 위한 구체적인 요소로서 분석, 기획, 수행 그리고 통제의 행동을 포함한다.

요약하면, 마케팅은 교환을 촉진시키기 위한 하나의 접근방법이며, 서비스 개발과 전달의 전략이나 철학으로 정의된다. 따라서 마케팅은 시장에서 기대하는 교환의 목표를 성취하기 위한 분석, 기획, 수행 그리고 통제를 포함하는 것이다.

2. 마케팅의 원리

마케팅은 교환이론(exchange theory)에 기초하고 있다. 즉, 시장을 교환이 이루어지는 집합체라고 규정한다면, 교환이 이루어지도록 하는 과정이 곧 마케팅의 원리라 할 수 있다.

교환은 자신이 필요로 하는 것을 가지고 있는 사람으로부터 갈망하는 상품을 획득하는 행위라고 설명할 수 있다. 이때 두 가지 전제요소가 필요하다. 하나는 교환의 대상이 되는 상품(goods)이 있어야 한다. 이를테면, 상담, 지역조직, 서비스, 돈, 정보, 아이디어, 정치적 영향력, 의지, 의미(meanings), 힘(energy), 유순한 행동 등의 유형 또는 무형의 상품 등이다. 또 다른 하나는 거래의 조건(terms of the transaction)이다. 발생할 거래를 위해 교환에 참석하는 각각의 참가자들은 교환할 상품에 대한 정보를 필요로 하며, 그리고 상품을 교환할 욕망을 필요로 하는데, 이것들이 거래적 조건이다.

교환은 경제적 교환(economic exchange)과 사회적교환(social exchange)으로 나눌 수 있다. '경제적 교환'은 보상에 대한 구체적인 기대감을 가지는 반면, '사회적 교환'은 교환의 효과를 측정하는 데 어려움이 있기 때문에 교환에 따른 구체적인 기대감을 갖는 것이 어렵다는 특징이 있다.

이 중에서 사회복지영역의 교환은 사회적 교환에 해당한다. 그런데 이러한 사회복지영역에서의 사회적 교환은 사회복지서비스나 프로그램에 대한 효과, 즉 지역개발, 클라이언트에 대한 원조, 사회적 지위 등은 경제적 교환과 비교했을 때 효과를 측정하기 어렵기 때문에 사회복지마케팅에 대한 구체적인 기대감과 측정이 어렵다는 한계가 있다.

교환이 이루어지기 위해서는 다음과 같은 구조적 형태를 충족해야 한다(Hardcastle, Powers & Wenocur, 2004). ① 둘 이상의 참가자가 있어야 한다. ② 각각의 참가자들에게 있어 교환에 따른 혜택이 유용한 것으로 인식되어야 한다. ③ 각각의 참가자는 상대 참가자에 의해서 혜택을 전달할 수 있는 능력을 가지고 있는 것으로 인식되어야 한다. ④ 각각의 참가자는 다른 참가자에게 혜택을 전달할 수 있는 능력을 보여 주어야 한다. ⑤ 각각의 참가자는 교환을 거절하고 수용할 수 있어야 한다. ⑥ 교환에서 교환의 당사자인 두 참가자는 이득을 얻고 지불을 해야 한다 등이다.

코틀러(Kotler, 1967)는 마케팅을 위한 몇 가지 전제조건들을 제시하였다. ① 마케팅을 위해서는 개인, 집단, 조직, 지역 또는 국가 등을 포함하는 두 개 이상의 사회적 단위들이 있어야 한다. ② 적어도 하나의 사회적 단위는 하나 이상의 다른 사회적 단위들로부터 구체적인 반응이나 응답이 필요하다. ③ 파는 사람이나 시장의 응답이나 반응을 바꿀 수 있다는 것이 전제되어야 한다. ④ 효과적인 마케팅은 사려는 사람에게 갈망하는 반응을 제공하도록 하는 계산된 행동을 포함해야 한다 등이다.

제2절 사회복지조직에서 마케팅의 의미

최근의 사회복지서비스 또는 사회복지 프로그램에 대한 '질(quality)'이 강조되면서 마케팅과 홍보에 대한 관심 역시 높아지고 있다.

마케팅은 다양한 집단들을 위해 각기 나름대로의 필요성 때문에 나타난다. 여기서의 다양한 집단들은 클라이언트나 잠재적인 클라이언트, 그리고 클라이언트와 관련이 있는 집단, 재정후원자나 자원봉사자 그리고 일반 대중으로 구분할 수 있다.

사회복지영역의 경우 사회복지사들은 항상 그들의 업무와 그들이 일하는 기관이 일반인들이나 심지어 대상자집단에게 제대로 알려져 있는지에 대해 관심을 가진다. 사회복지의 원리인 사회적 연대(social solidarity)를 이끌어 내고 사회복지사업의 지지를 획득하기 위해 그들의 업무와 기관의 실체를 올바르게 대중들에게 인식시켜야 할 필요성이 제기되고 있기 때문이다. 또한 조직적 차원에서는 사회복지시설, 그리고 시설이 제공하는 서비스나 프로그램에 대한 인식이나 이미지를 제고하기 위한 방법으로 홍보, 교육 그리고 광고 등의 마케팅기법이 이용되고 있다. 이는 사회복지행정가들이 그들 조직과 서비스 그리고 프로그램을 다양한 사람들에게 알려주어야 하는 책임이 있기 때문이다(Schneider & Sharon, 1982).

사회복지조직에서 마케팅이 필요한 이유는 다음과 같다. 첫째, 마케팅은 잠재적 클라이언트나 실제 클라이언트들이 사회복지조직에서 제공하는 유용한 서비스에 대해 알 수 있도록 하는 방법 중의 하나이기 때문이다. 둘째, 조직은 후원자들이나 지지자들이 조직의 서비스를 제공하는 데 참여할 수 있도록 해야 할 필요가 있기 때문이다. 셋째, 마케팅은 클라이언트도 아니고 지지자도 아니고 후원자도 아닌 일반 대중들로부터 지지를 얻기 위해 설득하기 위한 하나의 방법이기 때문이다. 넷째, 책임성의 시대와 결부지어서 클라이언트들이 해결하고자 하는 문제나 욕구를 정확히 파악하고 해결하기 위한 방안이기 때문이다. 다섯째, 소비자주의적 관점에서 클라이언트들이 원하는 것이나 선호 또는 욕구가 어떠한 과정을 거쳐서 어떻게 해결될 수 있는지에 대한 정보를 제공할 수 있기 때문이다. 여섯째, 거시적인 입장으로서 사회복지조직이나 사회복지사들에게 있어 마케팅은 계속적으로 증가하는 경쟁적이고 급변하는 과업환경 속에서 효과적인 서비스를 전달 또는 제공하기 위해 필요하기 때문이다.

비영리기관의 마케팅에 대한 중요성을 처음 주장한 사람은 코틀러(Kotler, 1967)이다. 마케팅의 아버지라 불리는 코틀러의 등장으로 기업경영에서 과학적이고 통합적인 방법론에 의한 본격적인 마케팅 시대가 열리게 되었다. 이전까지 단순한 판매기법 정도로 치부되던 마케팅을 경영과학의 차원으로 끌어올린 것이다. 여기에 더해 그는 마케팅을 물질적 가치를 창조하고 그 가치를 사람들에게 널리 알리며 전달해 줄 수 있는 것이기에 마케팅을 '생활수준을 향상시키는 예술이며 과학'으로도 표현하였다.

사회복지에서 홍보의 의미는 사회복지시설의 목적, 사업과 프로그램 등을 참가자와 지역사회 등에 알리는 과정이다. 사회복지에서 마케팅의 의미는 사회복지조직에서 이념과 정책 등을 구체적인 복지서비스로 전달하는 과정에 클라이언트에게 교환을 촉진시키기 위한 하나의 접근방법이고, 서비스 개발과 전달의 전략이나 철학으로 정리된다. 즉, 클라이언트들이 선호하는 것을 해결할 수 있는 교환을 촉진시키기 위한 시도를 의미한다. 그리고 이것은 사회복지의 윤리와 가치와 양립할 수 있으며 클라이언트의 자기결정권을 강화하고 서비스에 대한 지지 세력을 확장하는 데 실질적으로 도움이 된다는 등의 특징을 가진다.

사회복지 마케팅은 사회복지조직이 제공하는 프로그램의 서비스 또는 혜택의 설계계획을 포함하여 실제 프로그램이 실행되어 서비스나 혜택이 클라이언트에게 제공되기까지의 전 과정을 포함하고 있다. 따라서 서비스나 혜택이 클라이언트의 욕구사정과 지역이나 사회문제분석에 기초하여 파악되고 어떻게 전달될 것인지에 대한 전달체계를 확보한다는 의미를 가지고 있고, 클라이언트나 대상인구집단을 포함하는 일반시민들에게 사회복지시설·기관이 제공하고 있는 프로그램을 홍보한다는 의미 또한 가지고 있다.

사회복지 마케팅은 사회복지조직에서 이념과 정책 등을 구체적인 복지서비스로 전달하는 과정에 클라이언트에게 교환을 촉진시키기 위한 하나의 접근방법이며, 서비스개발과 전달의 전략이나 철학으로 정의할 수 있다. 즉, 클라이언트가 선호하는 것을 해결할 수 있는 교환을 촉진시키기 위한 시도라고 할 수 있다. 그리고 이것은 사회복지의 윤리와 가치와 양립할 수 있으며 클라이언트의 자기결정권을 강화하고 서비스에 대한 지지 세력을 확장하는 데 실질적으로 도움이 되는 특징을 가지고 있다.

영리조직의 마케팅에 비해 사회복지시설 등을 포함한 비영리조직의 마케팅은 다음의 특징이 있다. 첫째, 영리조직은 소비자집단으로 구성된 하나의 시장을 가지고 있지만, 비영리조직은 두 개의 시장과 상호작용을 하는 구조를 가진다. 두 개의 시장이란 비영리기관이 서비스를 제공해 주는 고객들로 구성된 시장과 비영리기관의 활동을 지원하는 후원자들로 구성된 시장을 말한다. 둘째, 비영리조직의 마케팅은 이윤추구보다는 그 조직체가 추구하는 목표를 얼마나 효과적으로 달성하는가에 중점을 둔다. 즉, 비영리마케팅은 이윤의 극대화와는 달리 또 다른 여러 개의 목표가 추구될 수 있으므로 이 모든 목적을 충족시키기 위한 전략은 더욱 어려워진다. 셋째, 마케팅의 대상이 일반 제품이라기보다는 무형의 서비스일 경우가 많다는 것이다. 넷째, 서비스가 다양하고 복잡하다는 것이다. 이는 사회복지서비스가 이용자의 개별적인 욕구를 중시하고, 서비스와 관련된 이해집단이 다양하기 때문이다. 다섯째, 윤리적인 측면과 더불어 투명성이 강조된다. 이는 마케팅의 과정이 대중과 직접적인 대인서비스로 진행되기 때문이며, 후원자의 개발과 대상자의 선정과정, 후원금의 전달과정에 윤리성과 투명성이 요구된다. 여섯째, 유형의 상품과는 달리, 사회복지서비스는 소멸성이 있기 때문에 마케팅은 가능한 한 최적의 조건에서 제공된다는 것을 확신시키는 전략이 요구된다. 일곱째, 서비스를 받는 대중으로부터 평가가 이루어지지만, 그 보상(혹은)반대급부는 보조금 및 후원금 등으로 나타난다.

비영리조직은 서비스이용자나 기부자 등과 관련된 시장에서 경쟁적 우월성을 확보하기 위한 체계적인 노력을 필요로 하며, 이는 시장지향성이라는 개념으로 구체화되고 있다. 비영리 사회복지조직인 장애인 직업재활시설의 시장지향성의 수준은 비교적 낮은 편이었으며, 조직리더의 전문적 태도와 경쟁적 환경에 대한 조직의 인식이 이들 조직에서의 시장지향성에 영향을 미치는 요인임을 제시하였다(노연희, 2008).

〈표 14-1〉 기업(영리조직)마케팅과 사회복지(비영리조직)마케팅의 비교

기준	기업(영리조직)마케팅	사회복지(비영리조직)마케팅
초점	• 기업의 내부 욕구 강조 • 상품과 서비스	• 복지조직의 외부욕구 강조 • 상품, 서비스, 장소, 조직, 사람
목적	목표시장이나 사회에 이익을 부여하면서 동시에 주 목적인 이윤창출	이윤 추구 없이 목표시장과 사회이익을 위해 봉사함
마케팅 대상	기업은 아이디어를 수단으로 제품과 용역을 마케팅함	사회 전반적인 이슈나 이념을 마케팅함
교환	화폐 형태	무형(지지, 노력 등)의 형태
목표	조직목표는 일반적으로 재정적인 것이며 투자에 대한 이익, 판매, 보고의 형태로 진술됨	조직의 목표는 상당히 복합적이고 재정적인 문제점들을 벗어남
고객	단일한 고객시장이 존재함	두 고객, 즉 수혜대상자와 후원자 시장을 보유함

출처: 우종모·김재호·조당호(2004).

이처럼 사회복지 마케팅은 기업(영리조직)마케팅과 구분된다. 기업마케팅은 영리를 추구하는 기업이 주체되며, 상품의 판매가 목적이다. 그리고 상품의 교환하는 관계는 시장에서 이루어진다. 반면 사회복지 마케팅은 비영리를 추구하는 정부기관이나 민간기관이 주체가 되며 프로그램이나 서비스

를 알리는 것이 주된 목적이다. 그리고 인적·물적 자원의 개발과 확보도 부수적인 목적이다. 또한 서비스나 혜택의 교환관계는 사회복지조직에서 이루어진다.

일반 기업에서 다루는 재화와 서비스와는 달리 사회복지 분야에서 다루는 재화와 서비스는 사회복지시설이나 기관을 통해서 제공되는 프로그램의 서비스나 혜택이 된다. 따라서 영리를 목적으로 하는 일반 기업의 경영적 차원에서 다루어지는 마케팅의 원리가 비영리를 목적으로 하는 사회복지의 분야로 적용되는 것은 쉽지 않을 것이다.

〈공익연계마케팅〉

공익연계마케팅(CRM : Cause-Related Marketing)은 기업이 상품의 이윤 중 일부를 공익적인 활동에 사용하는 나눔의 형태이다. 즉, 소비자가 공익연계상품을 구입하면 기업은 상품 이익의 일부를 공익재단에 기부하는 것이다. 공익연계마케팅으로 인해 기업은 좋은 이미지가 만들어지고 자사상품의 소비를 촉진시킬 수 있다. 또 공익재단은 이웃들을 도울 수 있는 기금마련이 가능하게 되고, 소비자는 자신에게 필요한 물건을 구입하면서 좋은 일에 동참하는 기회를 갖게 된다.

공익연계마케팅이라는 용어는 1983년 미국의 아메리칸익스프레스가 공익단체와 함께 자유의 여신상 복구 지원 캠페인을 하면서 생겼다. 아메리칸익스프레스사는 카드를 사용할 때마다 1센트의 기금을 공익단체에 기부하였고, 당시 소비자들의 호응으로 170만 달러의 복구금이 모였다. 또한 아메리칸익스프레스사의 고객은 27% 늘었으며 신규가입자도 10% 증가라는 놀라운 성과를 거두었다. 이후 많은 기업들이 다양한 공익연계마케팅을 진행했다. 대표적으로 세계적인 화장품업체 에스티로더는 '핑크 리본'을 단 제품이 팔릴 때마다 수익의 일정액을 유방암을 위한 연구에 기부하였고, 스포츠 브랜드인 나이키는 '레드 축구화 끈' 판매를 통해 얻어진 수익을 전액 아프리카 에이즈 퇴치 기금으로 사용하였다.

국내에서도 공익연계마케팅을 진행 중인 기업들이 점점 늘어나고 있다. 파스퇴르 유업은 국내 대형할인점과 함께 분유제품의 매출 3%를 기부하였으며, 의류 브랜드 베이직 하우스는 신규브랜드 '더클래스'의 론칭을 기념, 전국 매장판매 수익의 일부를 사회복지공동모금회에 기부하기도 하였다. 최근에는 인쇄·출판업체인 동아사가 매출액의 2%를 사회공헌성금으로 내기로 하였으며, 롯데주류BG㈜도 자사

브랜드인 '처음처럼'이 판매될 때마다 병당 20원씩 적립해서 사회복지공동모금회로 전달하고 있다.

출처 : 사회복지공동모금회 보도자료, "모두를 행복하게 만드는 '공익연계마케팅'

제3절 사회복지 마케팅의 가치

사회복지조직에서 마케팅을 실행하는 데 있어 가장 경계해야 하는 것이 '생산물 중심의 마케팅'이라고 할 수 있다(Andreasen, 1984; Cooper & McIlvain, 1983; Kotler, 1967; Lovelock & Weinberg, 1984). 마케팅이 사회복지가 추구하는 가치와 윤리성, 그리고 사회복지의 특수성과 전문성에 일치하여야 한다는 점이 강조된다고 할 때 마케팅은 생산물이 중요시되는 것보다 사람의 중심이 되는 마케팅으로 이루어져야 한다. '사람 중심의 마케팅'은 클라이언트의 자기결정권이 강조되고 클라이언트의 역량을 강화시키는 것이 강조되며 사회복지의 가치에 부응하는 것을 특징으로 한다. 즉, 마케팅에서 사람이 중심이 된다는 것은 클라이언트가 중심이 된다는 것을 강조하는 것이다. 반면 생산물 중심 마케팅에서 생산물이 중시된다는 것은 물건이나 상품, 즉 사회복지조직에서 제공되는 서비스와 제공자가 강조된다는 것을 의미한다.

1. 사회복지 마케팅으로서 시장세분화와 대중

일반적인 마케팅에 대한 중요 개념과 아이디어 중에서 사회복지조직에서 적용 가능한 것으로는 시장조사(market research)와 시장세분화(market segmentation) 등이 있다.

시장조사는 기존에 기관의 서비스나 프로그램의 제공과 관련이 있는 제3자들과의 관계를 고양시키기 위해서, 그리고 기관의 지지자나 대상자가 되는 표적 집단을 확인하기 위해서 사용될 수 있다.

시장세분화는 성공적으로 자금을 모집하기 위해서 사용된다(Lohmann & Lohmann, 2002). 결국 사회복지마케팅은 새로운 욕구의 분석과 이의 해결을 위한 프로그램 개발 및 평가, 그리고 전략적 기획 같은 과정과 동일시될 수도 있다. 사회복지조직이 새로운 욕구에 대한 분석을 수행하고 이를 해결하기 위한 적절한 방법을 모색하기 위해서는 욕구사정과 프로그램 개발 및 평가 또는 전략적 기획 등을 수행해야 하기 때문이다.

사회복지 영역에서 시장세분화(market segmentation)는 잠재적으로 서비스를 제공받지 못하는 그리고 충분한 서비스를 받지 못하고 있는 클라이언트에게로의 접근을 증진시키기 위해 그리고 사회서비스에 대한 대중들의 지지와 이해를 고취시키기 위해서 필요하다.

시장세분화를 위해 대중에 대한 정확한 이해를 하는 것이 중요한데, 대중이란 실제적이거나 또는 잠재적인 관심을 가지고 있는 그리고 조직에 영향을 미치는 사람들이나 조직의 집단을 말한다.

이러한 대중은 사회와 지역에 따라 다양하게 구성될 수 있다. 첫째, 투입대중은 조직에 자원과 속박을 동시에 제공하는 대중이다. 둘째, 내적 대중은 조직의 자원활동가, 직원, 이사진 등을 의미한다. 셋째, 매개대중(또는 중개대중)은 재화와 서비스를 최종 소비자에게 분배하고 촉진시키는 사람들로서 운송을 맡은 사람들, 창고주인, 중개상 등을 의미하기 때문에 사회복지기관에서는 그 중요성이 상대적으로 약한 대중을 의미한다. 넷째, 소비대중은 실제 재화와 서비스를 이용하는 소비자 또는 클라이언트를 의미한다.

사회복지행정에서 대중은 다원적 측면을 가지고 있는 것으로 이해된다. 일반적으로 사회복지조직들은 지역으로의 개입과 지역을 향한 또는 지역으로부터의 지지라는 중요한 측면에서 활동하고 있기 때문에 일반 기업의 마케팅에서 다루는 일차원적인 대중(상품의 소비자 중심)들에 대한 인식보다는 다차원적인 대중에 대한 인식이 필요한 것이다. 사회복지기관에는 보다 높은 대중에 대한 인식과 소명감이 자리잡게 된다. 사회복지행정가들은 대중의 관심, 주의력 그리고 사회복지기관에 대한 소명감의 수준을 증진시키기 위한 노력을 수행해야 한다.

2. 사회복지 마케팅으로서 이미지경영

이미지경영(image management)은 홍보, 광고 등과 함께 사회복지조직이 성공적인 경영을 펼치기 위해 중요한 요인으로 이미지 경영을 강조하는 것이다. 이는 이미지 경영을 위한 활동들이 성공적인 경영을 위한 주요한 요인으로 작용한다는 것을 강조하는 것으로서 대중들이 가지고 있는 조직에 대한 이미지가 경영활동에 결정적인 역할을 담당하는 것을 의미한다.

홍보 그리고 광고는 이미지 경영을 위한 방법이라고 볼 수 있다. 이것들을 통해서 대중을 향한 조직의 이미지를 창조하고 또는 수정하는 것이 가능하기 때문이다.

조직의 이미지에 영향을 미치도록 하기 위해 사용할 수 있는 방법은 ① TV나 라디오 등을 통한 서비스 광고, ② 기관의 프로그램이나 서비스를 설명하는 팸플릿이나 소책자의 사용, ③ 언론매체 프로그램으로의 참석 그리고 특별행사의 개최 등이 있다.

제4절 사회복지 마케팅의 전략

전통적인 사회복지 마케팅은 '4P'로 불린 마케팅 믹스(marketing mix) 전략을 주로 적용하는 추세였다. 시장 세분화를 통해 표적시장을 선정하고, 목표를 수립한 이후에는 마케팅 믹스 프로그램을 개발한다.

마케팅 믹스는 조직이 표적시장에서 목적을 달성하기 위해 사용되는 통제 가능한 변수들의 집합(구장완, 2001)으로 고객의 행위에 영향을 주기 위해 판매자들이 동원할 수 있는 도구들을 의미한다. 이는 제품정책(Products), 가격결정(Price), 유통경로(Place), 판매촉진(Promotion) 등이다. 사회복지조직에서는 자원개발 등 모금활동에 있어서 핵심적인 과정으로 적용될 수 있다.

파인(Fine, 1992)은 비영리조직에서 이러한 4P만을 가지고 최적의 효과를 내는 것은 무리가 있다고 하면서 추가적으로 3P를 제시하였다. 마케팅을 하는 주체인 생산자(Producer), 마케팅을 통해 호소를 해야 하는 대상자인 구매자(Purchaser), 과학적인 탐구과정인 조사(Probing)가 그것이다.

지은구(2007)는 마케팅을 전략적으로 실행하기 위해 필요한 요소로 파인(1992), 코틀러(Kotler, 1967), 윈스턴(Winston, 1986) 등을 토대로 조사(Probing), 구매자(Purchasers), 상품(Products), 가격(Price), 장소(Place), 그리고 증진(Promotion)의 '6P'를 강조하였다.

첫 번째인 조사는 시장조사(market research)를 의미한다. 시장조사는 표적시장 구분(target market segment)을 결정하기 위해서, 즉 구매자를 결정하기 위해서 그리고 잠재적, 실제적인 교환 파트너를 결정하기 위해서, 또한 그들의 선호를 결정하기 위해서 마지막으로 선호가 해결될 수 있는 방법을 결정하기 위해서 활용되는 공식적 과정이고 방법이다. 시장조사를 위해서 사용되는 방법으로는 개별사례조사, 특정 구매 대상을 위한 설문조사, 초점집단조사, 대형상가에서 쇼핑을 즐기는 사람들을 대상으로 하는 대형상가설문조사(mall survey), 서비스를 제공하는 경쟁자 기관이나 기관 자체의 과업환경에 대한 정보를 수집하는 시장감사(market audit) 등이 있다.

두 번째인 구매자는 기관의 목표를 성취하기 위해 필요한 자원을 제시하고 통제하는 과업환경의 부분을 의미한다. 구매자는 표적시장세분(target market segment)과 비슷한 의미로 사용되며, 시장구분을 통해 구매자가 구분된다. 즉, 시장세분화(market segmentation)는 시장을 구분하는 것으로서 보다 쉽게 표현하면 구매하는 사람들을 구분하는 것이라고 할 수 있다. 시장세분화의 목적은 구매자 각각을 위한 생산, 가격, 장소 그리고 증진전략을 개발

함으로써 교환을 촉진시키기 위해 그들에게 정확하게 필요한 물건을 획득하는 것으로 구매자 각각의 선호에 가장 적합한 상품을 제공하기 위해 구매자들을 구분한다. 따라서 표적시장세분(구매자)을 결정하고 설정하는 시장세분화는 효과적인 상품 개발과 마케팅에 있어 매우 중요하다.

    세 번째인 상품은 음식과 같은 유형의 상품과 사회복지조직이 제공하는 상담과 같은 무형의 상품인 서비스 그리고 사고 등이 포함된다. 상품은 특정 구매자의 선호를 충족시키기 위해 설계되어야 하는데, 이를 상품변덕(product mutability)이라고 한다. 사회복지조직이 제공하는 사례관리, 훈련, 상담 등과 같은 서비스상품은 구매자들로부터 행동의 변형을 창출하기 위해 설계된다. 시장을 구분한 후에 상품관리(product management)를 하게 되는데, 상품관리란 구매자를 구별하고 상품을 설계하며 상품을 시장에 위치시키고 상이한 구매자들에게 적절한 상품을 제공하는 것을 의미한다. 상품설계는 구체성, 유연성, 성취성, 경쟁적 우위 등의 요소들이 포함되어야 한다.

    네 번째인 가격은 구매자에 의해서 상품제공자에게 상품과 그것의 혜택을 위한 교환으로 지불되는 돈, 시간, 에너지, 노력, 정신적 비용, 삶의 스타일 변화 등을 의미한다. 사회복지조직과 그 조직 안의 구성원들은 그들이 제공하는 상품인 서비스를 클라이언트가 일반적으로 화폐로 지불하지 않기 때문에 공짜상품으로 바라보는 경향이 있는데, 이는 사회복지상품의 대부분의 재원이 공적 조직이나 후원으로부터 오기 때문이다. 하지만 클라이언트는 화폐가격을 지불하지는 않지만 사회적 가격을 지불한다는 것을 반드시 명심하여야 한다. 사회적 가격(social price)이란 화폐가치로 지불되지는 않지만 시간, 에너지, 노력, 생활양식이나 정신 등으로 지불되는 가격을 의미하며, 그 유형으로는 시간가격(time price), 에너지와 노력가격, 생활양식가격(lifestyle price), 정신가격(psyche price) 등이 있다.

다섯 번째는 장소이다. 성공적인 마케팅 전략은 교환이 발생하는 장소를 필요로 하는데, 장소는 교환이 발생하는 물리적 위치(location)와 성격(characteristics)을 포함한다. 물리적 시설이나 환경 그리고 구매자와 판매자가 상품에 도달하기 위한, 서비스에 접근하기 위한, 그리고 교환이 일어나기 위한 경로 등은 장소와 연관이 있는 물리적 요소들이다.

여섯 번째인 증진은 서비스를 제공하는 기관이 클라이언트에게 제공하는 상품이나 서비스, 서비스가 클라이언트의 욕구나 선호를 해결하는 방법, 서비스의 가격, 장소 그리고 교환의 과정에 대한 정보에 대해 의사소통(communication)하는 것을 의미한다. 따라서 증진은 종종 광고와 비슷한 의미로 취급받기도 하지만, 일반적으로 증진은 광고 이상의 의미를 포함한다. 즉, 증진은 기관이나 직원들이 클라이언트의 욕구를 해결하는 서비스의 능력이나 클라이언트의 관점, 기관이나 직원들에 대한 클라이언트의 가치 등의 모든 메시지를 클라이언트에게 의사전달하는 것을 포함한다. 증진을 위해 사용하는 기법은 서비스의 가격이나 혜택, 클라이언트가 취해야 하는 행동, 교환이 이루어지는 방법, 클라이언트가 정보를 획득하는 방법 등을 분명히 하고 구체화하는 것, 즉 증진은 서비스와 관련된 제 측면에 대해 클라이언트와 의사소통하는 것이라고 할 수 있다. 의사소통을 증진시키기 위해 사용하는 방법으로는 홍보, 광고, 교육 등이 있다.

〈사회복지 후원개발 전략〉

'열악한 재정상태'는 사회복지계의 고질적인 숙제이다. 사회복지시설에서 질 높은 복지서비스를 지역주민에게 제공하기 위해서는 직·간접인 후원네트워크를 만드는 것이 중요하다. 이때 후원자가 먼저 시설에 후원의사를 밝히는 경우도 있겠지만, 대개는 사회복지사가 직접 발로 뛰며 후원자를 개발하게 되는데, 상대를 내 편으로 만드는 『슈퍼을의 법칙』(저자 이동영)을 따른다면, 후원자 '갑'에게 언제든 당당할 수 있는 자신을 발견하게 될 것이다.

1. 처음에 반하게 만들어라.
   처음에 반하게 만들어라? 이는 멋진 옷과 헤어스타일을 말하는 것이 아니다. 좋은 '첫인상'은 첫 단추일 뿐이다. 첫 만남에서 상대의 마음이 반하도록 하는 것이 중요하다. 하지만 말이 쉽지 처음에 반하게 만드는 것이 가능할까 의문스럽다. 물론 이는 하루아침에 되는 일이 절대 아니다.
   상대의 모든 행동에 감사하고 의미를 부여해 주는 일에 몸과 마음이 기계적으로 반응해야 한다. 준비된 사람에게만 찾아오는 마력 같은 능력이다. 갖기 힘들지만 일단 그러한 능력이 길러진다면 어떤 후원자를 만나게 되더라도 당신 편으로 만들 수 있을 것이다. 상대를 이해하고 배려할 수 있는 여유와 따뜻함을 가진 사람. 바로 반하고 싶은 '슈퍼을'이 되는 시작이자 마침표이다.
2. 상대가 원하는 것을 먼저 말하라.
   "후원자를 찾고 있습니다. 저소득 어린이들에게 희망을 선물하세요. 5,000원 소액기부도 가능하세요. 자동이체로 편하게 기부하실 수 있으니 나눔활동에 함께 참여해 주세요."
   길을 가다 모금하는 자원봉사자들에게 한 번쯤 들어봤을 법한 멘트이다. 하지만 솔직한 심정으로 선뜻 지갑이 열리지는 않는다.
   평소에 기부를 하려던 마음이 있던 사람이 아니라면 그 자리에서 설득될 확률은 높지 않다. 요즘은 좀 더 다양한 방법으로 후원자를 발굴한다. 기금뿐만 아니라 물품, 서비스 등 후원자가 선택해 기부할 수 있는 맞춤형 기부는 물론 라인형 만들기, 모자 뜨기 캠페인 등 후원자에게 재미와 감동을 함께 줄 수 있는 기부형태도 나오고 있다.
   내가 원하는 것이 무엇인지 먼저 생각하기보다, 후원자를 좀 더 배려할 수 있는 방법을 고민하는 것이다. '생각의 여과기'를 언제나 켜두고 생각을 입 밖에 내기 전에 순화하고 정제하는 훈련을 반복한다면 '슈퍼을'이 되는 길은 멀지 않다.
3. 표현이 구체적이어야 확실히 얻는다.
   흔히 사람들은 '개떡'같이 말해도 '찰떡'같이 알아들어 주기를 바라지만, 실은 '찰떡'같이 말해도 '개떡'같이 알아듣는 경우가 훨씬 많다.
   말하기가 조심스럽다는 이유로 모호하게 말을 뭉갠다면 자신이 원하는 것과는 전혀 다른 결과가 나올 수 있다. 후원자에게 부탁할 때도 "해줄 수 있는 만큼 적당히 해주세요."라는 말보다는 구체적으로 요구하고 함께 조율한다면 좀 더 확실한 성과를 얻을 수 있을 것이다.

"서비스 기부를 해주시기로 하셨는데, 한 달에 한 번 혹은 두 번씩 어르신들이 와서 무료식사를 하고 가셔도 괜찮을까요?"라고 묻는 것이 상대방도 더 편할 뿐더러, 상대방의 입에서 좀 더 구체적인 답변이 나올 가능성이 커진다.

4. 남들에게 "No"할 때 당신에겐 "Yes"하게 만들어라.

후원자를 개발하면서 매번 긍정적인 대답을 들을 수는 없다. 하지만 긍정의 답을 끌어낼 수 있는 전략적인 질문의 프레임을 만들어 둔다면 'Yes'의 확률은 좀 더 높아지게 된다.

예를 들어, "저희 기관에 후원하실 수 있으신가요~?"라는 질문을 슈퍼을 버전으로 옮긴다면 "평소에 나눔활동에 대해 관심이 있으셨는지 궁금하네요. 많이 가진 사람만 나눌 수 있는 것이 아니라, 자신이 가진 것에서 조금 나눌 수 있는 것이 더 의미 있는 나눔이라 생각되시지 않나요?"라고 묻는다면 후원에 관심이 없던 사람도 한 번쯤 '나에게도 어려운 사람들과 함께 나눌 수 있는 게 있지 않을까' 고민해 볼 수 있을 것이다. 같은 목적을 가지고 질문을 하더라도 어떤 틀에 넣고 풀어내느냐에 따라 당신은 'Yes'를 부르는 '슈퍼을'이 될 수도, 'No'를 부르는 소심한 '을'이 될 수도 있을 것이다.

출처 : 김혜경, "후원개발왕 사회복지사 되기", 서울복지재단 웹진(2011년 2월호).

제5절 사회복지 홍보 방법

홍보 전략도 다양해져 드라마나 영화를 통한 간접 홍보나 전사원의 홍보맨화 그리고 멀티미디어 정보화 시대에 맞는 PC 통신과 인터넷을 통한 사이버 홍보전략 등 새로운 홍보의 패러다임이 창출되고 있다.

사회복지조직의 홍보 역시 일반 기업의 홍보와 같이 홍보전략의 기획, 홍보매체의 활용, 홍보자료의 제작 등 기본적인 틀에서 크게 다를 바 없다. 사회복지조직의 홍보의 전문화를 이루기 위해서는 먼저 일반 기업의 홍보전략과 내용을 살펴보는 것이 도움이 된다. 사회복지조직의 홍보가 일반 기업과 다른 면이 있다면 그것은 '복지실현'이라는 공익적 가치의 실현에 있을 것이다.

전통적인 주요 홍보 매체로는 신문, 방송(TV, 라디오), 잡지 등이 있다. 아직까지 이들 홍보매체가 지닌 비중은 가장 크다고 볼 수 있다. 이들 전통적 홍보매체 외에 회사, 기관의 사보나 신문을 활용하는 것도 좋은 방법이다. 이를 위하여 사전에 주요 회사나 기관의 사보를 수집하여 내용을 파악해두는 것이 좋다. 일반 기업의 고객 홍보나 관리, 판매를 위한 홍보 매체를 이용하면 홍보 및 후원금개발 등에 큰 효과를 거두고 있다. 그러나 무엇보다도 현대에 있어서 가장 중요한 홍보매체로 등장한 것은 PC 통신, 인터넷 등 정보통신매체이다. 인터넷 상에서 홍보하는 방법을 웹 프로모션(Web promotion)이라고 하는데 웹 프로모션은 서치엔진의 등록, E-Mail, BBS, News Group, Webzine, Mailing List, Link Exchange, 배너광고 등의 다양한 방법을 통해 효과성을 높일 수 있다. 이중 효과적인 홍보를 위해 가장 기본적인 작업이 홈페이지를 검색엔진에 등록하는 일이다.

　인터넷을 이용한 배너광고, 키워드광고나 스폰서 광고는 아무래도 보는 이들이 많으니 신문·잡지·방송처럼 단발성 광고로 끝나는 것이 아니라 사용자가 인터넷에 접속해서 해당 사이트에 들어갈 때마다 언제든지 볼 수 있기 때문에 시간이나 공간에 제약을 받지 않는다. 더군다나 동영상을 게재하거나 광고 관련 사이트를 상호 링크시킬 수 있어 사용자 확보의 도구로도 활용되고 있다. 또한 인터넷 카페나 개인 블로그를 통한 홍보수단도 이용되고 있다.

　사회복지조직에서 제작하는 홍보물은 타깃과 목적에 따라 다양하게 나뉜다. 특히 최근처럼 클라이언트들의 욕구가 다양화되고 복합화되면서 홍보물도 세분화되고 전문화되는 경향이 있다. 홍보물의 종류에는 인쇄물(브로슈어, DM, 프레스 키트, 매뉴얼 리포트, 지속가능성 보고서 등), 동영상(홍보 비디오, 홍보 CD 등), 파일(온라인 동영상, 모바일 동영상 등), 현수막, 그리고 SNS 등이 있다.

　한편 사회복지조직에 대한 홍보와 달리, 사회복지조직에서 시행하고 있는 프로그램이나 사업에 대한 홍보를 하는 방법은 다음의 <표 14-2>와 같다. 처음에는 프로그램에 대한 홍보할 자료를 제작하고, 두 번째는 프로그램 참가자 모집과 프로그램 안내 등의 사전 홍보를 한 다음, 마지막에는 프로그램의 성과를 홍보하기 위한 자료 작성과 지역사회 등에 알리는 결과 홍보가 이루어지게 된다. 이때 주로 활용하는 홍보 방법에는 인쇄물, 동영상, 파일, 현수막, SNS 등을 비롯하여 보도자료 등을 작성, 지역사회나 참가자 등이 널리 알 수 있도록 배포하는 것 등이 해당한다.

〈표 14-2〉 사회복지 프로그램의 홍보방법

1. 홍보자료 제작	1-1. 홍보물 제작	• 시설 내 게시판, 소식지, 홈페이지에 수록할 홍보물 제작 • 웹용(인터넷 포털사이트, SNS) 홍보물 제작
	1-2. 보도자료 제작	• 언론매체 및 유관기관용(공공, 민·관) 보도자료 제작
2. 사전 홍보	2-1. 프로그램 참가자 모집	• 제작된 홍보자료를 활용하여 프로그램 참가자 모집
	2-2. 프로그램 안내	• 제작된 홍보자료를 활용하여 지역사회에 프로그램 안내 • 제작된 홍보자료를 활용하여 잠재적 후원자에게 프로그램 안내
3. 결과 홍보	3-1. 성과 홍보자료 작성	• 프로그램의 목적과 목표달성 정도에 초점을 맞추어 성과 요약
	3-2. 성과 홍보	• 진행된 프로그램의 성과를 지역사회에 홍보 • 프로그램의 성과를 참가자와 가족에게 안내

참고문헌

강남호(2002). 지역개발을 위한 제3섹터의 활성화 방안. 산업경제연구, 15(6), 281-295.
강흥구 외(2016). 사회복지시설평가 중앙-지방정부 역할분담 방안 연구. 보건복지부.
고종욱 역(1999). 현대조직이론. 한올출판사.
곽병훈·박보영(2011). 사회자본과 거버넌스의 연계를 통한 사회복지전달체계의 현대화
: 복지 거버넌스를 향하여. 노동연구, 22, 187-213.
곽의수·김관용·김제선(2014). 노인요양시설의 서비스지향성이 친사회적 행동에 미치는
영향. 한국콘텐츠학회논문지, 14(5), 166-178.
국립국어원(2021). 표준국어대사전.
국립사회사업지도자훈련원(1969). 사회사업교직자연찬회 회의자료.
국민권익위원회(2010). 사회복지시설 위탁운영 및 보조금 집행의 투명성 제고. 국민권익
위원회.
권희완·김동길·김병서·김정선·남성희·박명선·박옥희·양옥남·이동원·이윤희·
장하진·전숙자·조성남·함인희(1993). 현대사회학의 이해. 이화여자대학교 출판부.
김도희·하상근(2013). 울산광역시 남구 민관협력거버넌스의 추진실태분석에 따른 성공
요인과 정책적 효과분석: 지역재생을 위한 '지붕 없는 미술관' 신화마을 조성사업을
중심으로. 지방정부연구, 17(3), 93-123.
김미숙·주인중·김덕기·오혁제(2012). 면허형 국가자격의 보수교육 실태 분석. 한국직
업능력개발원.
김병식·박용순·변보기·윤도현(2007). 사회복지행정론. 창지사.
김석준(2000). 뉴 거버넌스의 이론과 사이버 거버넌스. 이화여자대학교 뉴 거버넌스 교
육연구단 콜로키움 자료집, pp. 3-21.
김성남(2020). 수평 조직의 구조. ㈜스리체어스.
김소야자·유호신·이영휘·전시자·현명선·황경자·홍경자·김경운(2002). 간호사 보수
교육에 대한 평가 연구(1996~2000년도). 대한간호, 41(2), 72-82.
김수영(2000). 노인을 위한 인터넷 정보활용 활성화 방안. 노인복지연구, 8, 61-93.
김승권·김제선·박종철·유재윤·오혜인(2014). 민관협력 활성화 시범사업 모니터링 및
성과평가 연구. 보건복지부·한국사회복지사협회.
김영종(1999). 한국 사회복지조직들의 혁신을 위한 과제와 조건. 1999년도 한국사회복지
행정학회 추계학술대회 발표자료집, 41-76.
_____(2001). 민간 사회복지조직의 재원과 서비스전달. 한국사회복지학회 추계 학술대회
자료집.

_____(2010a). 사회복지행정론. 학지사.

_____(2010b). 한국사회행정학의 역사적 평가와 과제. **한국사회복지행정학**, 12(1), 177−204.

김영종·손지현·배은석(2016). 읍면동 복지허브화 사업 효과성 검증 및 발전 방안 연구. 한국사회복지행정학회.

김제선(2004). 복지부패의 실태와 문제점 : 사회복지시설을 중심으로, 2004년도 한국부패학회 정기학술대회 발표자료집, 191−218.

_____(2010). 사회복지의 책임성 변화에 대한 비판적 고찰. **한국사회복지행정학**, 12(2), 22−42.

김제선·고강호·강석주·김재원·이규태(2015). **사회복지행정론**. 양서원

김제선·문용필(2012). 노인복지시설의 웹 접근성 실증분석 : 경기도를 중심으로. **노인복지연구**, 55, 223−247.

김제선·유재윤(2012). 2012년 사회복지사 기초통계연감. 보건복지부·한국사회복지사협회.

김제선·윤정혜(2014). 사회복지사 보수교육 참여자의 만족도 및 영향요인. **職業敎育硏究**, 33(5), 1−18.

김제선·전재현·황성조·박재현·김성복(2018). 사회복지전담공무원의 충원 효과 및 인사제도의 실효화 방안. 한국공공복지연구소.

김진우·강혜규·최영식·노수현(2009). 민간 사회복지전달체계의 지역맞춤형 기능조정 방안 연구 보고서. 보건복지가족부·덕성여대 산학협력단.

김필두 외(2008). 시·군·구 유형별 민관협력체계 실태 및 발전모형에 관한 연구. 기획예산처.

김필두·류영아(2008). 읍·면·동 중심의 주민자치 강화방안. 한국지방행정연구원.

김혜경(2011). 후원개발왕 사회복지사 되기. 서울복지재단 웹진(2011년 2월호). 서울복지재단.

김희경·신호철(2019). 서번트 리더십이 직무열의에 미치는 영향. **대한경영학회지**, 32(3), 421−443.

나운환(1998). **복지정보체계론**. 홍익재.

노대명 외(2013). 고용복지 연계정책의 국제비교연구. 한국보건사회연구원.

노병일(1999). 21세기의 복지환경과 사회복지주체의 역할. 한국사회복지학회. 1999년 춘계학술대회 자료집.

노연희(2007). 비영리 사회복지조직에서의 책임성은 무엇을 의미하는가 : 책임성의 주체. 대상 및 확보방안을 중심으로. **사회복지연구**, 33, 35−64.

_____(2008). 비영리 사회복지조직의 시장지향성에 대한 탐색적 연구 : 장애인 직업재활시설을 중심으로. **한국행정학보**, 42(2), 305−326.

류현숙·오시영·진종순(2010). 중간관리자 이하 직무분석 활성화 방안 연구. 한국행정연구원.
박경숙·김영종·강혜규·민소영·최민정(2012). 공공사회복지 전달체계 개편방안. 한국사회복지행정학회·한국사회복지행정연구회.
박경원·김희원(1998). 조직이론강의 : 구조, 설계 및 과정. 대영문화사.
박차상(1999). **한국사회복지행정론**. 대학출판사.
보건복지부 한국보건복지정보개발원(2013). 사회복지통합관리망 사용안내 : 변동관리.
보건복지부(2014). 사회복지시설 관리안내.
＿＿＿＿＿＿(2018). 사회복지시설 관리안내.
사회복지공동모금회(2009). 사회복지 성과측정 자료집. 사회복지공동모금회.
＿＿＿＿＿＿＿＿＿＿＿(2011). 모두를 행복하게 만드는 공익연계마케팅. 사회복지공동모금회 보도자료.
서울대 법과경제연구센터(2017). 데이터이코노미. 한스미디어.
성규탁(1998). **사회복지행정론**. 법문사.
손연기(2000). 노인복지에 있어서 정보화의 역할. 노인복지연구, 8, 7－29.
신복기·박경일·장주탁·이명현(2002). **사회복지행정론**. 양서원.
신재은·박미경·박지영·서창현(2012). 경기도 사회복지종사자의 종합적 교육계획 수립을 위한 교육현황 및 수요 분석연구. 경기복지재단.
안문석(1997). **정보체계론**. 학현사.
양난주(2014). 사회복지시설평가 15년을 평가한다. 2014년 한국사회복지행정학회 춘계학술대회 자료집, 5－31.
오석홍(2013). **행정학**. 박영사.
오수길(2006). 민관협력의 거버넌스－지방의제 21 추진과정의 경험. 한국행정학회 기획세미나 발표논문집.
옥필훈(2013). **사회복지법제론**. 동문사.
우수명(2004). TP 사회복지 Program 개발과 평가. 인간과 복지.
우종모·김재호·조당호(2004). **사회복지행정론**. 양서원.
원석조(2012). **사회복지행정론**. 양서원.
유진아(2011). **사회복지서비스에 대한 민관 협력 필요성**. KiRI Weekly.
윤영민·박영란(1996). 사회복지서비스와 정보화 : 컴퓨터 활용이 자원봉사관리에 미치는 효과를 중심으로. 한국사회복지학, 30, 77－93.
이면우(1992). W 이론을 만들자. 지식산업사.
이명석(2009). 공공문제 해결과 정부의 역할, 국가 거버넌스 연구. 법문사.
이봉주·김기덕(2008). 사회복지 프로그램 기획의 이해와 적용. 신정.
이봉주·이선우·백종만(2012). **사회복지행정론**. 나남.

이윤주(2021). 판교의 젊은 기획자들 : 존재하지 않던 시장을 만든 사람들. 멀리깊이.
이정주(2005). 장애인 일자리 창출을 위한 파트너십 거버넌스 고찰 : 정부・민간 파트너십(PPP)을 중심으로. 한국사회복지조사연구, 13, 59-81.
이종수・윤영진 외(2012). 새행정학. 대영문화사.
이준영・김제선(2012). 사회보장론 : 원리와 실제. 학지사.
이준영・서우석・김제선(2011). 복지급여의 효율성 제고를 위한 사회복지 전달체계의 개선방안 연구. 국회입법조사처.
이 진(2009). 한국 사회복지 전달체계 개선방안에 관한 연구 : 지방정부 역할을 중심으로. 국민대학교 일반대학원 박사학위논문.
이태수(2010). 사회복지전달체계의 개편과 민관협력. 학지사.
이현주(2007). 사회복지 전달체계 관련 조직 및 인력 개선. 한국보건사회연구원.
임창희(2013). 인적자원관리. 비앤엠북스.
임채숙(2009). 행정조직문화와 단체장의 리더십이 조직효과성에 미치는 영향 : 경상남도 기초자치단체를 중심으로. 계명대학교 대학원 박사학위논문.
장동일(2006). 사회복지행정론. 학문사.
장연신(2013). 지역사회중심의 민-관협력 복지전달체계 모형개발. 한국사회복지협의회 연구보고서.
장인협・이정호(2006). 사회복지행정론 : 이론과 실무. 서울대학교출판부.
장중탁(2000). 노인복지 정보화 추진 전략. 노인복지연구, 8, 31-60.
전기석・한준구・이용권(2019). 긍정적 및 부정적 카리스마적 리더십 행동에 대한 인식과 효과성에 관한 연구 : 민간조직과 군대조직 비교. 한국인적자원개발학회 2019년 춘계 학술대회 논문집. 439-462.
정은하(2011). 사회복지조직의 혁신유형화에 관한 시론적 연구. 사회복지연구, 42(2), 123-153.
조흥식 외(2010). 사회복지학개론. 창지사.
주인중・서유정・장주희(2011). 직무분석 활용실태 및 분석기법 연구. 한국직업능력개발원.
지방행정연수원・시도공무원교육원(2014). 2014 공통교재 행정업무운영실무.
지은구(2005). 사회복지 프로그램 개발과 평가. 학지사.
_____(2007). 사회복지행정론. 청목출판사.
최돈민(2010). 전문직의 계속교육 체제 구축 실태와 개선방안 : 기술사 계속전문교육 시스템을 중심으로. 직업교육연구, 29(4), 1-20.
최성은・선우덕・구인회・김인춘・백인립・임완섭・이주연・이기주(2011). 선진 4국과 우리나라 사회보장체계 비교연구. 보건복지부・한국보건사회연구원.
최성재・남기민(2002). 사회복지행정론. 나남출판.
최일섭(1987). 전후세대의 복지의식. 사회과학과 정책연구, 9(1), 1-33.

최창호·하미승(2010). 새 행정학개론. 삼영사.
카바40년사편찬위원회(1995). 외원사회사업기관 활동사(외국 민간 원조기관 한국연합회 40년사). 홍익재.
한국보건복지정보개발원(2014). 사회복지시설정보시스템 공통분야 교육자료.
한국사전연구사(1996). 간호학 대사전. 한국사전연구사.
한창수 외(2011). 디지털 시대의 CEO 경쟁력 제고 방안. 삼성경제연구소.
현대경영연구소(2010). 최고의 기획 만들기 비결. 도서출판 승산서관.
홍용기(2000). 조직론. 형설출판사.
황복주(2020). 지역자활센터 종사자의 서번트리더십이 지역자활센터 사업단의 경영성과에 미치는 영향: 회복탄력성과 자기존중감의 매개변수를 중심으로. **경영교육연구**, 35(6), 1-24.
황성철·정무성·강철희·최재성(2009). 사회복지행정론. 학현사.

宮崎辰雄(1950). コミュニティ行政の課題と展望. 神戸都市問題研究所 編.
松原治郎(1975). コミュニティの性格と意義、続コミュニティ続本. 地方自治制度研究会 編. 東京: ぎょうせい.
杜进军·秦牧欣(2006). 人事管理,人力资源管理及战略人力资源管理区分指标体系构建探析. **商场现代化**, 476, 305-306.

Alderfer, C. P.(1972). *Existence, Relatedness, and Growth : Human Needs in Organizational Settings*. New York: Free Press.
Aldrich, H. E.(1979). *Organizations and Environments*. Englewood Cliffs, N.J.: Prentice-Hall, Inc.
Argyris, C.(1964). *Integrating the Individual and the Organization*. N.Y.: John Wiley & Sone.
Armstrong, M.(1992). *Human Resource Management : Strategy & Action*. London: Kogan page.
Barker, R.(2013). *The Social Work Dictionary*(6th ed.). NASW Press.
Bass, B. M.(1985). *Leadership and performance beyond expectations*. NY: Free Press.
Blau, P. M., & Scott, W. R.(1962). *Formal Organizations : A Comparative Approach*. San Francisco: Chandler.
Bohlander, G. W., & Snell, S. A.(2010). *Principles of Human Resource Management*(15th ed.), 김원중·차종석·하성욱 공역(2011). 인적자원관리. 한경사.
Bradshaw, J. R.(1972). The taxonomy of social need. In McLachlan, G.(Ed.), *Problems and Progress in Medical Care*. Oxford: Oxford University Press.

Brady, M. K., & Cronin, J. J.(2001). Some New Thoughts on Conceptualizing Perceived Service Quality : A Hierarchical Approach. *Journal of Marketing, 65*(3), 35-49.

Brager, G. A., & Holloway. S.(1978). *Changing Human Service Organizations : Politics and Practice.* New York : Free Press.

Carter, R. K.(1983). *The Accountable Agency.* Beverly Hills : Sage Publications.

Chandler, A. D.(1962). *Strategy and Structure.* Cambridge, MA : MIT Press.

Chemers, M. M.(2002). Meta-cognitive, social, and emotional intelligence of transformational leadership : Efficacy and Effectiveness. In R. E. Riggio, S. E. Murphy, F. J. Pirozzolo(Eds.), *Multiple Intelligences and Leadership.* Lawrence Erlbaum Associates Publishers.

Conger, J. A., & Kanungo, R. N.(1987). Towards a behavioral theory of charismatic leadership in organizational setting. *Academy of management review, 12,* 637-647.

Cook, B. J.(1996). *Bureaucracy and self-government : reconsidering the role of public administration in American politics.* JHU Press.

Cooper, S. S.(1972). This I believe about continuing education in nursing. *Nursing Outlook, 20*(9), 579-583.

Cronin, J. J., & Taylor, S. A.(1992). Measuring service quality : A reexamination and extension. *Journal of Marketing, 56*(3), 55-68.

Daft, R. L.(2008). *The Leadership Experience.* 4th Edition. Stamford : Thomson Corporation.

Dawson, P., & McLoughlin, I.(1986). Computer Technology and the Redefinition of Supervision : a study of the effects of computerisation on railway freight supervisors. *Journal of Management Studies, 23*(1), 116-132.

Deal, T. E., & Kennedy, A. A.(1982). *Corporate Culture : The Ritesand Rituals of Organization.* Reading Massachusetts : Addison-Wesley.

Dessler, G.(2000). *Human Resource Management*(8th ed.). Prentice-Hall International Inc.

Devanna, M., Fombrun, C., & Tichy, N.(1981). Human Resource Management : A Strategic Perspective. *Organizational Dynamics, 10*(3), 51-67.

Drucker, P. F.(1954). *The Practice of Management.* New York : Harper Collins.

Drucker, P., 남상진·조광현 공역(2007). CEO의 조건. 지평.

Ebener, D. R., & O'Connell, D. J.(2010). How might servant leadership work? *Nonprofit Management and Leadership, 20*(3), 315-335.

Etzioni, A.(1964). *Modern Organizations.* New Jersey : Prentice-Hall.

Ferguson, G.(2006). *Reconceptualizing Continuing Professional Development : A Framework for Planning*. Great Urban Schools : Learning Together Builds Strong Communities.

Fisher, C. D.(1989). Current and recurrent challenges in human resource management. *Journal of Management, 15,* 157−180.

Friedlander, W. A., & Apte, R. Z.(1980). *Introduction to Social Welfare*. Englewood Cliffs. New York : Prentice−Hall.

Fulmer, R.(1998). *The New Management*(4th ed.). New York : MacMillan.

Garthwait, C.(2012). *Dictionary of Social Work*. The University of Montana.

Garvin, D. A.(1988). *Managing Quality : The Strategic and Competitive Edge*. New York : Free Press.

Gilbert, N., & Specht. H.(1974). *Dimensions of Social Welfare Policy*. Englewood Cliffs N.J. : Prentice−Hall Inc.

Glisson, C.(2001). The effect of leadership on workers in human service organizations. *Administrative Science Quarterly, 18.*

Goldsmith, S., & Eggers, W.(2004). *Governing by Network : The New Shape of the Public Sector*. Washington, DC : Brookings Institution Press.

Gray, B.(1989). *Collaborating : Finding Common Ground for Multiparty Problems*. San Fransisco : Jossey−Bass Publishers.

Greenleaf, R. K.(1970). The Servant as Leader. Indianapolis: The Robert K. Greenleaf Center for. https://doi.org/10.1007/978−3−540−70818−6_6

Hackman, J. R., & Suttle, J. L.(1977). *Improving Life at Work : Behavioral Science Approaches to Organizational Change*. Santa Monica, CA : Goodyear.

Hall, R. H., & Tolbert, P. S.(2009). *Organizations : Structures, Processes, and Outcomes*(9th ed.). Upper Saddle River, NJ : Prentice Hall.

Hardcastle, D. A., Powers, R. R., & Wenocur, S.(2004). *Community Practice : Theories and Skills for Social Workers*. New York : Oxford University Press.

Harrison, M. I., & Shriom, A.(1999). *Organizational Diagnosis and Assessment : Bridging Theory and Practice*. London : Sage Publications.

Hazenfeld, Y.(1983). *Human Service Organizations*. Englewood Cliffs, N.Y. : Prentice−Hall.

Hilvert, C., & Swindell, D.(2013). Collaborative service delivery : What every local government manager should know. *State and Local Government Review, 45*(4), 240−254.

Hofstede, G. H.(1984). *Culture's Consequences : International Differences in Work-Realted Values*. Newbury Park : Sage Publications.

Hoobler, J. M., & Johnson, N. B.(2004). An analysis of current human resource management publications. *Personnel Review, 33*(6), 665-676.

House, R. J.(1977). A 1976 theory of charismatic leadership. In J. G. Hunt and L. L. Larson (Eds.), *Leadership, The cutting edge*. Carbondale : Southern Illinois University Press. 189-207.

Jones, G. R.(1983). Transaction costs, property right and organizational culture : An exchange perspective. *Administrative Science Quarterly, 28*, 454-467.

Jones, G. R.(1995). *Organizational Theory*. Reding, Mass. : Addison Wesley.

Keith, K. M.(2003). *Do It Anyway : The Handbook for Finding Personal Meaning and Deep Happiness*. New World Library.

Kennevan, W.(1970). MIS Waver : Se. *Data Management, 8*, 62-64.

Kimberly, J. R.(1976). Organizational size and the structuralist perspective : A review, critique, and proposal, *ASQ, December,* 571-597.

Kotler, P., & Andreasen, A. R.(1987). *Strategic Marketing for Nonprofit Organizations*. Englewood Cliffs, N.J. : Prentice-Hall.

Kotler, P.(1967). *Marketing Management : Analysis, Planning and Control*. Englewood Cliffs, N.J. : Prentice-Hall.

Kotler, P.(2010). *Market 3.0*. 안진환 역(2011). 마켓 3.0. 타임비즈.

Levine, E. L., Ash, R. A., Hall, H., & Sistrunk, F.(1983). Evaluation of job analysis methods by experienced job analysts. *Academy of Management Journal, 26*, 344.

Lowndes, V., & Skelcher, C.(1998). The Dynamics of Multi-Organizational Partnerships : and Analysis of Changing Modes of Governance. *Public Administration, 76*(1), 313-333.

Lytle, R. S., Hom, P. W., & Mokwa, M. P.(1998). SERV*OR : A managerial measure of organizational service orientation. *Journal of Retailing, 74*(4), 455-489.

Mangum, S. L.(1982). Recruitment and job search : The recruitment tactics of employers. *Personnel Administrator, 27*, 96.

Martin, L. L., & Kettner, P. M.(1997). Performance Measurement : The New Accountability. *Administration in Social Work, 21*(1), 17-29.

Martin, L. L.(1993). *Total Quality Management in Human Service Organization*. Newbury Park, C.A. : Sage.

Maslow, A. H.(1954). *Motivation and Personality*. N.Y. : Harper and Row.

McCarthy, J. J., & Prince, A.(1995). Faithfulness and reduplicative identity. In Beckman, J., Dickey, L. W. & Urbanczyk, S.(Eds.), *Papers in Optimality Theory*. University of Massachusetts Occasional Papers, 249−349.

McGregor, D.(1960). *The Human Side of Enterprise*. N.Y. : McGraw Hill.

Merton, R. K.(1942). The Normative Structure of Science. In Merton, Robert K.(Ed.), *The Sociology of Science : Theoretical and Empirical Investigations*. Chicago : University of Chicago Press.

Mintzberg, H.(1979). *The Structure of Organization*. Englewood Cliffs, N.J. : Prentice−Hall.

Mintzberg, H.(1983). *Structure in Fives : Designing Effective Organizations*. Englewood Cliffs, N.J. : Prentice Hall, Inc.

Moorhead, G., & Griffin, R.(1992). *Organization Behavior : Managing People and Organizations*. Boston : Houghton Mifflin.

Nalbandian, J.(1999). Facilitating community, enabling democracy : New roles for local government managers. *Public Administration Review, 59*(3), 187−197.

National Association of Social Workers(2003). NASW Standards for Continuing Professional Education.

Nigro, F., & Nigro, F. A.(1988). *Modern Public Administration*(7th ed.). N.Y. : Harper & Row.

Office of the Deputy Prime Minister(2005). *Local Strategic Partnerships : Shaping their Future*. London : Office of the Deputy Prime Minister.

Osborne, Stephen P.(Ed.)(2000). *Public−Private Partnerships : Theory and Practice in International Perspective*. London : Routledge.

Ouchi, W. G.(1981). *Theory Z : How American Business Can Meet the Japanese Challenge*. New York : Aveon.

Oxford University Press(1995). *Oxford Advanced Learner's Dictionary*(5th ed.).

Parasuraman, A., Zeithaml, V. A., & Berry, L. L.(1988). SERVQUAL : A multiple−item scale for measuring consumer perceptions of service quality. *Journal of Retailing, 64*(1), 12−40.

Parkington, J. J., & Schneider, B.(1979). Sone correlates of experienced job stress : A boundary role study. *Academy of Management Journal, 22*(2), 270−281.

Pascale, R. T., & Athos, A. G.(1981). *The Art of Japanese Management*. New York : Penguin Books.

Patti, R. J.(1983). *Social Welfare Administration : Managing Social Programs in a developmental context*. Englewood Cliffs, N.Y. : Prentice−Hall.

Peattie, L. R.(1968). Reflections on advocacy planning. *American Institut of Planners Journal, 34,* 80–87.

Perri, T.(1993). Innovation by nonprofit organizations : Policy and research issues. *Nonprofit Management and Leadership, 3*(4), 397-414.

Perrow, C.(1967). A Framework for the Comparative Analysis of Organizations. *American Sociological Review, 32,* 194–208.

Peter, T. J., & Waterman, R. H.(1982). *In Search of Excellence : Lessons from America's Best Run Companies.* New York : Harper & Row.

Petters, B. Guy, & Pierre, J.(1998). Governance without Government? Rethinking Public Administration. *Journal of Public Administration Research and Theory, 2,* 223–243.

Pettigrew, A. M.(1979). On Studying Organizational Cultures. *Administrative Science Quarterly, 24*(4), 554–574.

Public Service Committee(2006). *Standards in Public Life : First Report of the Committee on Standards in Public Life.* Cm2850(June 12. 2006).

Rhodes, R. A. W.(1997). *Understanding Governance : Policy Networks, Governance, Reflexivity and Accountability.* Buckingham : Open University Press.

Robbins, S. P.(1990). *Organizational Theory : Structure, Design, and Applications*(3rd ed.). New Jersey : Prentice Hall.

Schein, E. H.(1985). *Organizational culture and leadership.* San Francisco : Jossey–Bass.

Schumpeter, J. A.(1912/1934). *English Translation Published in 1934, The Theory of Economic Development.* Cambridge, MA : Harvard University Press.

Scott, R. W.(1987). The Adolescence of Institutional Theory. *Administrative Science Quarterly, 32*(4), 493–511.

Shafritz, J. M., & Ott, J. S.(1986). *Facts on File Dictionary of Nonprofit Organization Management.* New York : Facts on File.

Shamir, B.(1991). Meaning, self, and motivation in organizations. Organization studies, 12, 405–424.

Shergold, P.(2008). Governing through Collaboration. In O'Flynn, J. & Wanna, J.(Eds.), *Collaborative Governance : A New Era of Public Policy in Australia.* Anupress.

Skidmore, R. A.(1983). *Social Work Administration.* Englewood Cliffs, N.Y. : Prentice–Hall.

Spears, L. C.(2002). Focus on Leadership: Servant Leadership for the twenty–first Century. NY: John Wiley.

Storey, J.(1989). *New Perspectives on Human Resource Management*. London : Routledge.

_____(1995). *Developments in the Management of Human Resources*. Oxford : Blackwell.

Taylor, F. W.(1911). *The Principles of Scientific Management*. New York and London : Harper & brothers.

Thompson, J. D.(1967). *Organizations in Action*. New York : McGraw-Hill.

Titmuss, R. M.(1974). *Social Policy*. London : Allen and Unwin.

Townley, B.(1994). *Reframing Human Resource Management*. London : SAGE Publications.

Velasquez, J.(1992). GAIN : A Locally Based Computer System Which Support Line Staff. *Administration in Social Work, 16*(1), 41-50.

Waddock, S. A.(1989). Understanding Social Partnerships : An Evolutionary Model of Partnership Organizations. *Administration & Society, 21*(1), 78-100.

Weber, M.(1947). *The Theory of Social and Economic Organization*. trans. A. M. Parsons & T. Parsons. New York : Free Press.

Weiner, M.(1990). *Human Service Management : Analysis and Application*(2nd ed.). Belmont, C.A. : Wadsworth Publishing.

Williamson, O. E.(1996). *The Mechanisms of Governances*. New York : Oxford University Press.

Wolf, C. Jr.(1988). *Markets or Governments : Choosing between Imperfect Alternatives*. Cambridge, MA : MIT Press.

Wolf, T., 강승구·한신범현 공역(2020). 21세기 NPO경영, 이렇게 하라. 재단법인 행복세상.

Woodward, J.(1965). *Industrial Organization : Theory and Practice*. London : Oxford University Press.

York, R.(1986). *Human Service Planning : Concepts, Tools, and Method*. Chapel Hill. NC : The University of North Carolina Press.

가양7종합사회복지관 홈페이지. http://www.gayang7.or.kr
위키디피아(Wikipedia) 홈페이지. http://www.wikipedia.org

저/자/약/력

■ 김제선

백석예술대학교 사회복지학부, 조교수
The University of Auckland(뉴질랜드), Visiting Research Fellowship
한국사회복지사협회 사회복지인적자원연구원, 연구위원
서울시립대학교 사회과학연구소, 연구원
서울시립대학교, 강사
한신대학교, 강사
국무총리소속 일제강점하강제동원피해진상규명위원회, 조사위원
대통령소속 의문사진상규명위원회, 전문위원

전국시장군수구청장협의회 복지대타협위원회, 자문위원
서울특별시 공무원(사회복지) 시험출제, 검증위원
사회복지사 1급 국가시험출제, 출제위원

서울시립대학교 일반대학원 졸업(사회복지학 박사)
서울시립대학교 일반대학원 졸업(사회복지학 석사)
충북대학교 일반대학원 졸업(경제학 석사)
한신대학교 사회복지학과 졸업(문학사)

질병·의료획득이 수원 노인의 우울증에 미치는 영향 및 국민건강보험료 부담감의 매개효과 (수원학, 2020), 조부모와의 친밀감이 대학생의 부양의식에 미치는 영향(인문사회21, 2019), 의료보장을 위한 지방정부의 사회보험료 지원 자치법규에 관한 고찰(의료법학, 2019), 내담자 욕구에 따른 서비스 제공의 일치성이 통합사례관리 효과성에 미치는 영향 : S시의 일자리 영역을 중심으로 (상담복지경영연구, 2018), 접근성이 비도시지역 장애인의 복지관 이용에 미치는 영향(한국지역사회복지학, 2017), 준고령자의 노인일자리사업 참여 지속성 요인(한국콘텐츠학회 논문지, 2016), 사회복지사의 임금결정 및 임금격차에 관한 연구(한국비영리연구, 2015), 사회복지사 보수교육 참여자의 만족도 및 영향요인(직업교육연구, 2014), 한국 사회복지교육의 실태와 개선방향(한국사회복지교육, 2013), 사회복지사 등의 보수체계에 관한 비판적 고찰 : 보수실태조사의 논쟁을 중심으로(한국사회복지행정학, 2013), 노인복지시설의 웹 접근성 실증분석 : 경기도를 중심으로(노인복지연구, 2012), 노인의 의료보장 사각지대 진입 및 탈출 요인(사회보장연구, 2011), 사회복지의 책임성 변화에 대한 비판적 고찰(한국사회복지행정학, 2010) 등의 논문 게재

사회복지개론 2판(어가, 2020), 노인복지론(정민사, 2018), 사회보장론 : 이론과 실제 3판(학지사, 2015), NCS 기반에 의한 사회보장행정 이해(양서원, 2015) 등의 저서 출간

사회복지행정론

|저자| 김제선

|1판 1쇄| 발행 2021년 9월 1일

|발행인| 김동훈
|발행처| **공동체**

|주소| 경기도 고양시 일산동구 호수로 358-39, 동문타워Ⅰ 905호(백석동)
|전화| 031) 920-8305(대표)
|팩스| 031) 920-8308
|홈페이지| http://www.compub.co.kr
|전자우편| compub@naver.com
|출판등록| 2005년 10월 6일
|등록번호| 제396-2005-36호

|ISBN| 979-11-6105-781-1
정가 19,000원

저자와 협의하여 인지를 생략합니다.
무단전재와 복제를 금합니다.

MEMO

MEMO